谨以此书献给敬爱的公公、婆、舅舅、舅妈、姨、姨丈和我最亲爱的妈妈。

——吴荔明

梁启超

梁思顺

梁思成

梁思永

梁思忠

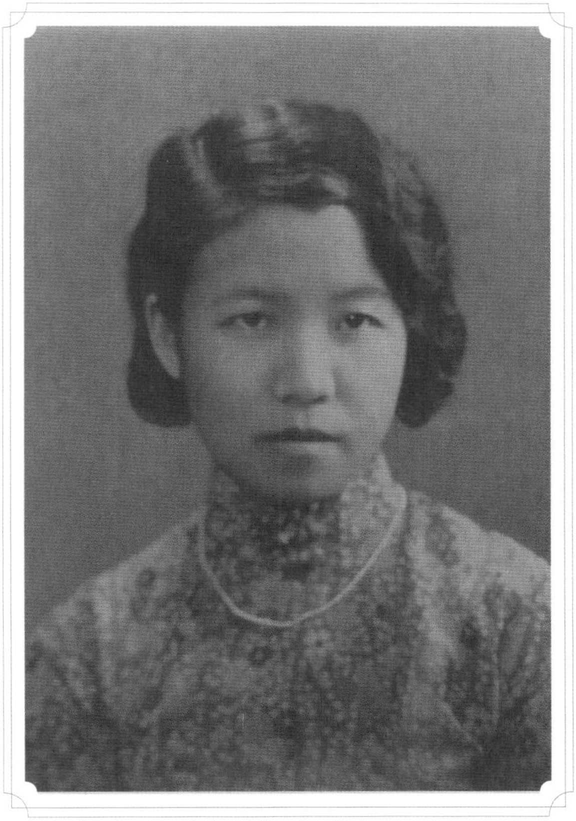

梁思庄

梁思达

梁思懿

梁思宁

梁思礼

1908 年，双涛园群童梁思顺（后排最高者）、梁思永（梁思顺前）、梁思庄（中间座椅上最年幼者）、梁思成（右一）、梁思忠（右二座椅中）等摄于日本。

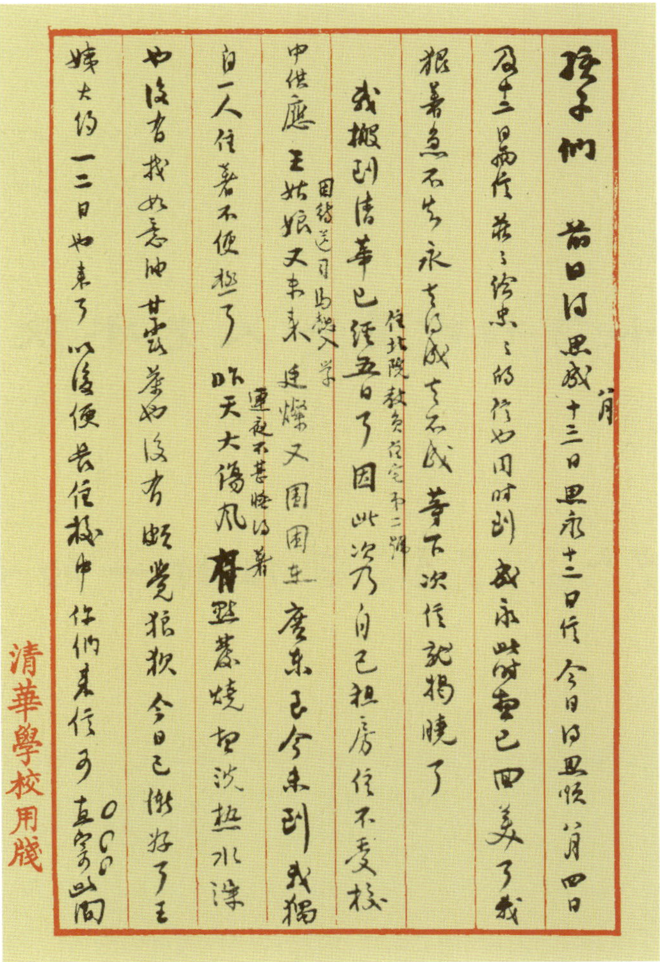
孩子們：前日得思成（八）月十三日、思永十二日信，今日得思順八月四日及十二日兩信，莊莊給思成的信也同時到。我計思成此時要已回美了，我很着急，不知永去成去不成，等下次信就揭曉了。

我搬到清華已經五日了，因此次乃自己租房住（住北院教員住宅第二號），不受校中供應，王姑娘又未來（因須送司馬懿入學），達燦又困在廣東至今未到，我獨自一人住著不便極了。昨天大颳風，着點涼（連夜不甚睡得着），燒點熱水洗澡也沒有，找如意油、甘露茶也沒有，很覺狼狽，今日已漸好了。王姨大約一二日也來了，以後便長住校中，你們來信可直寄此間。

清華學校用箋

梁启超致孩子们书信手迹

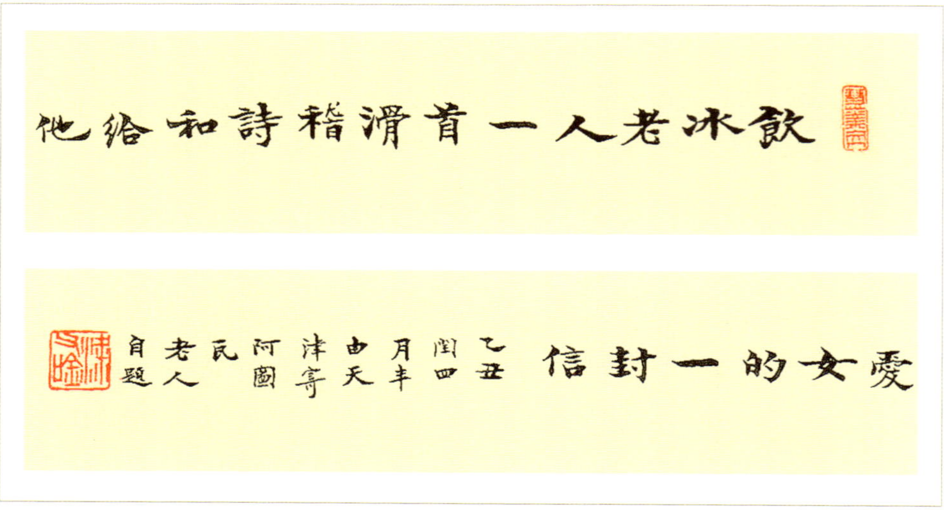

梁启超写给女儿梁思庄的一首“滑稽诗”和一封信，
他请人将其装裱后题为“千里一笑”。

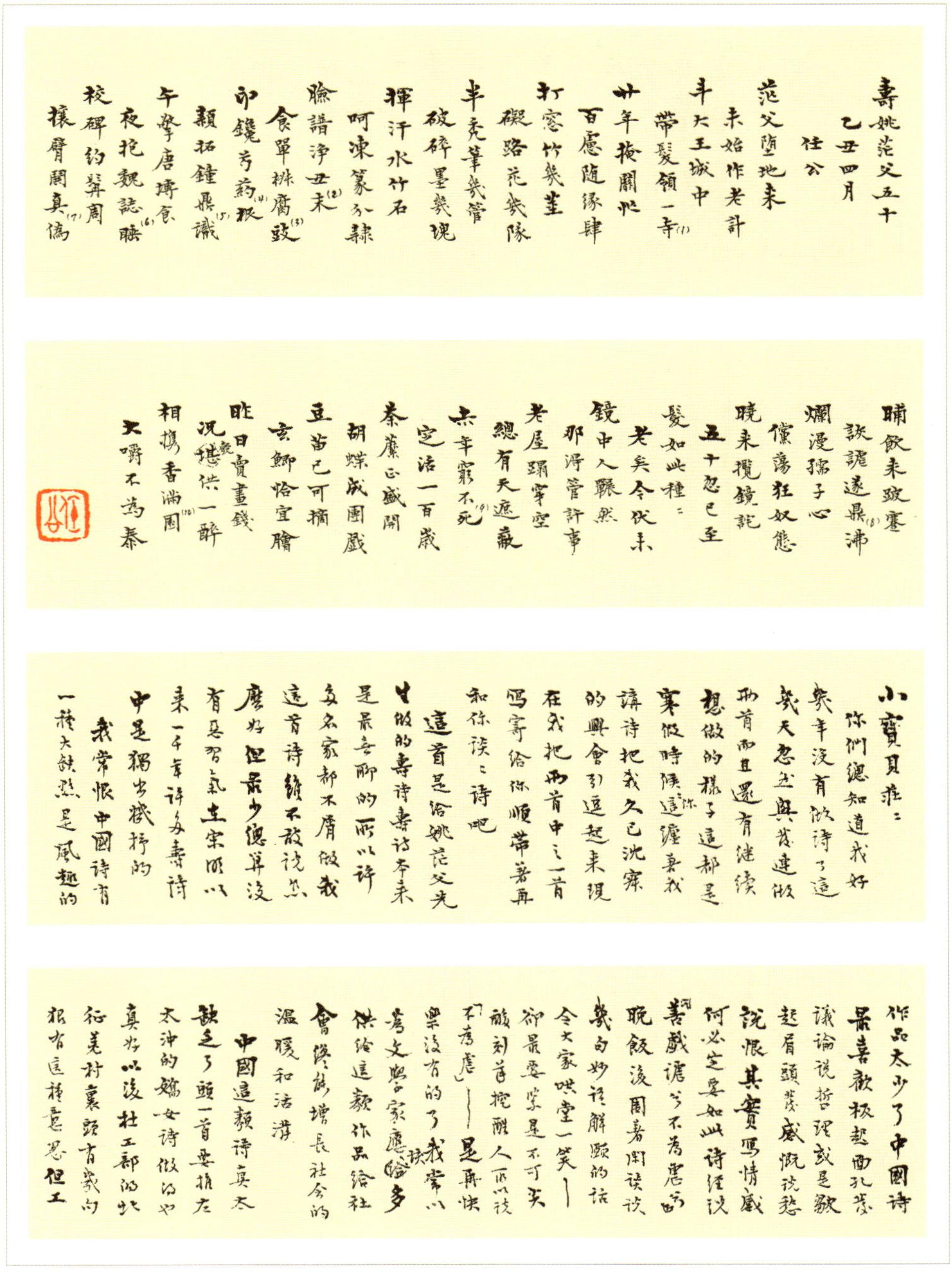

寿姚茫父五十
乙丑四月
任公
茫父墮地來，未始作老計。斗大王城中，帶髮領一寺(1)。廿年掩關臥，百慮隨緣肆。打窗竹幾莖，礙路花幾隊。半禿筆幾管，破碎墨幾塊。揮汗水竹石，呵凍篆分隸。臉譜淨丑末(2)，食單糠腐豉(3)。印鐫旁藥根(4)，穎拓鐘鼎識(5)。午拏唐磚食，夜抱魏誌睡(6)。校碑約算周，攘臂鬭真僞(7)。晡飲來致塞，詼謔遂鼎沸(8)。爛漫孺子心，儻蕩狂奴態。曉來攬鏡詫，五十忽已至。髮如此種種，老矣今伏未。鏡中人驟然，那得管許事。老屋蹋穿空，總有天遮蔽。六年窮不死(9)，定活一百歲。荼蘼正盛開，胡蝶成團戲。豆苗已可摘，玄鯽恰宜膾。昨日賣畫錢，況堪供一醉。相攜香滿園(10)，大嚼不為泰。

小寶貝莊莊：
你們總知道我好幾年沒有做詩了，這幾天忽然興發，連做兩首，而且還有繼續做的樣子，這都是你寫信時候這纏著我講詩，把我久已沈寂的興會引起來。現在我把兩首中之一首寫寄給你，順帶著再和你談談詩吧。
這首是給姚茫父先生做的壽詩，壽詩本來是最無聊的，所以詩名家都不屑做，我這首詩總不敢說怎麼好，但最少總算沒有惡習氣，生宋以來一千年詩多壽詩中是獨出機杼的。
我常恨中國詩有一種大缺點，是風趣的作品太少了。中國詩最喜歡板起面孔發議論說哲理，或是皺起眉頭發感慨說愁說恨，其實寫情感何必定要如此，詩經說「善戲謔兮，不為虐兮」，昨晚飯後圍著閒談談幾句妙語解頤的話，令大家哄堂一笑——卻最要緊是不可尖酸刻薄挖苦人，所以說「不為虐」——是再快樂沒有的了。我常以為文學家應該多供給這類作品給社會，能增長社會的溫暖和活潑。
中國這類詩真太缺乏了，頭一首要推左太沖的嬌女詩，做的也真好，以後杜工部的北征羌村裏頭有幾句，根有這種意思，但工

梁启超写给女儿梁思庄的一首“滑稽诗”和一封信之一

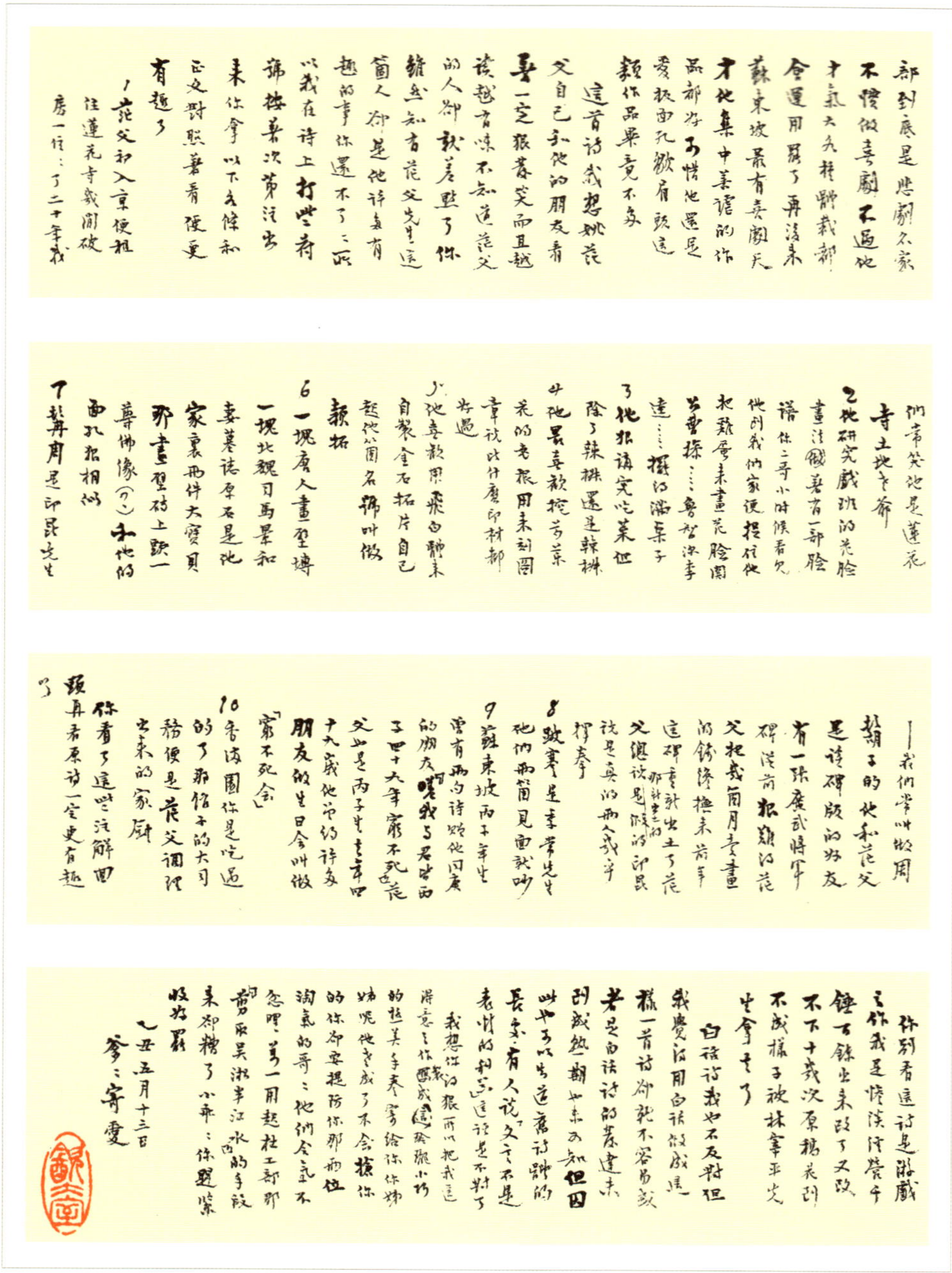

部到底是悲剧名家不惯做喜剧不过他才气大又推翻截部会运用罢了再后来苏东坡最有喜剧天才他集中华谱的作品都好可惜他还是爱板面孔缺有头这类作品毕竟不多

这首诗我想姚茫父自己和他的朋友看了一定很发笑而且越读越有味不知道茫父的人却就差点了你虽然知有茫父先生这个人却是他许多有趣的事你还不了了所以我在诗上打些符号按着次第注出来你拿以下大条和正文对照着看便更有趣了

1 茫父初入京便租住莲花寺我闹破房一住：了二十年我们常笑他是莲花寺主地主爷

2 他研究戏班的花脸画法着有一部脸谱你二哥小时候看见他到我们家便捉住他叫花脸来画花脸图为画像……鲁智深李逵……撰的滑桌子

3 他很讲究吃菜但除了辣椒还是辣椒

4 他最喜欢挖苦菜花的老根用来刻图章说比什么印材都好过

5 他喜欢用飞白体来自制金石拓片自己题他的名称叫做颖拓

6 一块广人画砖一块北魏司马景和妻墓志原石是他家里两件大宝贝那画砖上头一尊佛像(7)和他的面孔很相似

7 韩弃周是印昆先生——我们常叫做周胡子的他和茫父是该碑版的好友有一张广武将军碑从前很难得茫父把我藏有重画的铸像拓本前年这碑重新出土了茫父说是假的（那时出土的）印昆说是真的两人几乎打起拳

8 致寒是素常先生他们两个见面就吵

9 苏东坡丙子年生曾有两句诗赠他同庚的朋友嗟我与君皆丙子四十九年穷不死茫父也是丙子生去年四十九岁他常引诗为朋友做生日会叫做「穷不死会」

10 香海园你是吃过的了那馆子的大司务便是茫父调理出来的家厨

你看了这些注解回头再看原诗一定更有趣了

你别看这诗是游戏之作我是惨淡经营千锤百炼出来改了又改不下十几次原稿我到不成样子被林宰平先生拿去了

白话诗我也不反对但我觉得用白话做成像一首诗却就不容易故若是白话诗的发达未到成熟的期也未可知但因此也可以知道旧诗体的长处有人说"文言不是表情的利器"这话是不对了

我想你们很可以把我这滑稽之作装成玲珑小巧的短篇手卷寄给你你妹妹呢她已成了不会讨你的你却要提防你那两位淘气的哥哥他们会气不忿呢。第一用起杜工部那剪取吴淞半江水的手段来却糟了小弟弟你赶紧收好罢

乙丑五月十三日

爹爹寄爱

梁启超写给女儿梁思庄的一首“滑稽诗”和一封信之二

梁启超和他的儿女们

〔增订本〕

吴荔明——著

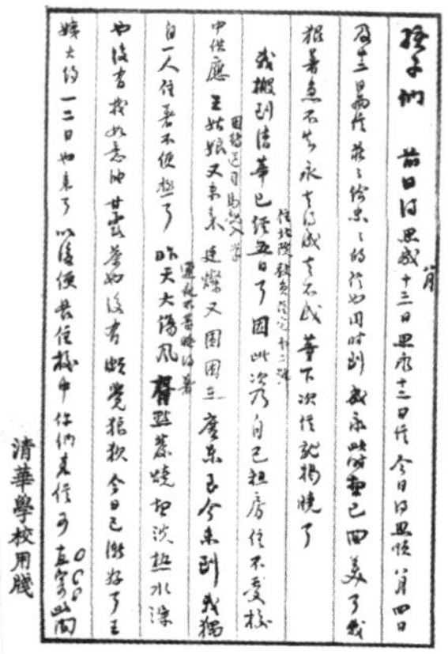

中国大百科全书出版社

图书在版编目（CIP）数据

梁启超和他的儿女们 / 吴荔明著．—增订本．—北京：中国大百科全书出版社，2021.1
ISBN 978-7-5202-0853-6

Ⅰ．①梁… Ⅱ．①吴… Ⅲ．①梁启超（1873-1929）—家族—史料 Ⅳ．① K820.9

中国版本图书馆 CIP 数据核字（2020）第 202500 号

出 版 人 刘国辉
策 划 人 王一珂 曾 辉
责任编辑 王一珂
责任印制 魏 婷
封面设计 今亮后声
出版发行 中国大百科全书出版社
社　　址 北京阜成门北大街 17 号
邮政编码 100037
电　　话 010-88390969
网　　址 www.ecph.com.cn
印　　刷 三河市宏达印刷有限公司
开　　本 710 毫米 ×1000 毫米 1/16
印　　张 30.25 **插页** 16
字　　数 337 千字
印　　次 2021 年 1 月第 1 版 2022 年 6 月第 4 次印刷
书　　号 ISBN 978-7-5202-0853-6
定　　价 88.00 元

目　录

严父慈母　舐犊情深

满门学子　成就非凡

严父慈母 舐犊情深

一

公公梁启超

——我心目中的“趣味主义者”

很小的时候妈妈就告诉我：我有一个很风趣、很有人情味儿的外祖父。他叫梁启超（1873—1929），字卓如，号任公，又号饮冰室主人，广东新会县人。我应叫他公公。虽然公公于 1929 年就已去世，我从未见过他；但是在我心目中他长得很帅，风度翩翩，我希望能更多地了解他。

他是著名的戊戌维新运动的领导者之一，从小受父辈悉心教育，“八岁学为文，九岁能缀千言”，有“神童”之称。十二岁中秀才，十七岁中举人，名列第八。之后，目睹清朝腐败，外国侵略，中国面临亡国之危，他满腔义愤，一心救国。他认为：“上下千岁，无时不变，无事不变”，“墨守祖宗成法”是荒谬的，只有改革才是“立国之元气，致强之本原”。1895 年，他和康有为一起组织“公车上

◀

1910年，梁启超抱着两岁的梁思庄和三岁的梁思忠摄于日本。

照片上的梁启超额头宽大，双目炯炯，双眉浓黑。他的嘴很有特点：嘴唇略厚，下唇微突，嘴角稍向下弯。他的儿女们的嘴都和他很相像，因此就有了独具特色的“梁家嘴”，一代一代传下去。

书”。他主办《时务报》，著《变法通议》等文章，主办湖南时务学堂等，竭力用西方资本主义之法来维新救国，促使广大知识分子的觉醒。他大量介绍西方学说，直接或间接地“陶铸国人之精神，冶炼国人之灵魂”；对长期闭关锁国下生活的中国人而言，他的举措起到了极大的启蒙作用，尤其是对爱国的青年们。当时，他的文章、言论、思想，都在不同程度上影响着中国知识分子。郭沫若在《自传》中写道：“梁任公的地位，在当时确实不失为一个革命家的代表。”那时的青少年“可以说没有一个没有受过他的思想或文字的洗礼的。他是资产阶级革命时代的有力的代言者”。作为政治家，他在历史上的功过已有很多论著给予评说。同时，他又是一位勤奋的思想家和学问家。他平均每天能写五千字，下笔成章，甚至许多不必修改。他的《清代学术概论》一书内容无所不包，只花了十五天就完成了。他只活了短短的五十六年，却是当时著述最多的一位学者，他的著作数量超过了在他之前的朱熹、王船山等人。他一生写下一千四百余万字的著述，广涉政治、经济、教育、哲学、佛学、文学及新闻等各方面，为中华民族的文化宝库留下了一笔丰富的遗产。关于他的著述，已有许多学者发表了各种文章，进行了系统研究。

公公眼里的“学问”与“人生”

公公的性格非常鲜明。历史学界视野中的梁启超优点、缺点都很突出，是近代史上一个非常有趣的人物。他富于进取心，学识渊博，聪明过人，极其敏感；他才气过人，锋芒毕露，热情洋溢富于活力。他的作品气势一泻千里，笔端富于情感的魅力，一度风靡天下，以至当时各阶层人士都爱其文笔之妙。他勇敢、自信、率直、豁达，敢于淋漓尽致地发表每一个意见——正像他在《答和事人》那篇文章里所说的：“反抗于舆论之最高潮，其必受多数之唾骂，此真意中事……”[①]他把这当作自己对于社会的责任。他落落大方，一生中曾与许多人激烈争论，如康有为、章太炎、杨度、孙中山等，但从不记私仇，从不斤斤计较于个人恩怨，不因政见不合影响自己与他人的关系和对他人的评价。

他对自己的缺点也颇有自知之明：“吾生性之长短，吾最自知之，吾亦与天下人共见之……故自认为真理者，则舍己以从；自认为谬误者，则不远而复；如恶恶臭，如好好色，此吾生之所长也。若其见理不定，屡变屡迁，此吾生之所短也。”[②]当然，他的一生中有着稳定不变的另一面：爱国之心未变，立宪之志未变，新民之道未变。[③]

梁启超的性格很风趣，热情好动，他的风趣体现在他的全部生活之中。他在《趣味教育与教育趣味》这篇演讲中有一段风趣的论

---

① 丁文江、赵丰田编：《梁启超年谱长编》，上海人民出版社，1983 年第 1 版，334 页。

② 丁文江、赵丰田编：《梁启超年谱长编》，上海人民出版社，1983 年第 1 版，334 页。

③ 李华兴：《论梁启超的变与不变》，《南方日报》，1983 年 10 月 3 日。

1924年，梁启超接待来华访问的印度著名诗人泰戈尔。潇洒飘逸的印度抒情诗人与才华横溢的中国文化巨子相得益彰，珠联璧合。他们的会面，轰动了当时的文化界。

述："假如有人问我，你信仰的甚［什］么主义？我便答道：我信仰的是趣味主义。有人问我，你的人生观拿甚［什］什么做根柢？我便答道：拿趣味做根柢。我生平对于自己所做的事，总是做得津津有味，而且兴会淋漓，什么悲观咧，厌世咧，这种字面，我所用的字典里头可以说完全没有。我所做的事常常失败——严格的可以说没有一件不失败——然而我总是一面失败一面做，因为我不但在成功里头感觉趣味，就在失败里头也感觉趣味。我每天除了睡觉外，没有一分钟一秒钟不是积极的活动，然而我绝不觉得疲倦，而且很少生病。因为我每天的活动有趣得很，精神上的快乐，补得过物质上消

梁启超与兄弟们的感情也很真挚。这是他四十七岁时摄于巴黎的照片，他将其寄给了二弟梁启勋。照片左上角有梁启超的亲笔题字。

耗而有余。”①

他的确是“除了睡觉之外，没有一分钟一秒钟不是积极的活动”。外婆（我们称为“婆”）王桂荃曾讲过公公的一则趣事：有次公公下班坐包月车回家，一路上专心地酝酿一篇文章。到家时，文章腹稿已成，烟头却把棉衣烧了个小洞，他自己一点儿没察觉。我小时，公公的听差曹五告诉我：公公在书房写作时经常是左手拿着茶杯饮茶，右手拿着毛笔写字，若想起一件事情杯笔不放，叫声：“来人啊！”等在门外的听差应声而入，他交代好事情后，立即继续写作。可见，他一生那些大量的著述都是抓紧一分一秒时间积极努力的成果。

① 丁文江、赵丰田编：《梁启超年谱长编》，上海人民出版社，1983 年第 1 版，953 页。

公公梁启超很重感情，富有人情味儿，他的整个人生观贯穿着“爱”和“美”。他在文章《人生观与科学》中写道：“人类生活，固然离不了理智，但不能说理智包括尽人类生活的全内容，此外还有一极重要一部分——或者可以说是生活的原动力，就是情感。情感表出来的方向很多，内中最少有两件的的确确带有神秘性的，就是‘爱’和‘美’。”[①]他对师友和家人都有挚深的情意。李惠仙婆于1924年去世，他悲痛万分，当即撰《悼启》一文回忆了婆的生平美德。次年又撰《祭梁夫人文》，以极悲痛的文笔尽情地抒发了自己对妻子的爱和悼念：

> 呜呼哀哉！自君嫔我，三十三年。仰事父母，俯育儿女，我实荒厥职，而君独任其仔肩。一家之计，上整立规范，下讫琐屑米盐，我都弗恤；君理董之，肃然秩然。君舍我去，我何赖焉？
>
> 我德有阙，君实匡之；我生多难，君扶将之；我有疑事，君榷君商；我有赏心，君写君藏；我有幽忧，君噢使康；我劳于外，君煦使忘；我唱君和，我揄君扬。今我失君，只影徬徨！
>
> 呜呼哀哉！君我相敬爱，自结发来，未始有忤……[②]

婆葬在北京卧佛寺附近的山上，文中最后写道：

---

① 丁文江、赵丰田编：《梁启超年谱长编》，上海人民出版社，1983年第1版，997页。

② 丁文江、赵丰田编：《梁启超年谱长编》，上海人民出版社，1983年第1版，1022页。

呜呼哀哉！有怀不极，急景相催。寒柯辞叶，斜径封苔；龙蛇素旐，胡蝶纸灰；残阳欲没，灵风动哀；百年此别，送君夜台。尘与影兮不可见，羌蜷局兮余马怀——五里一反顾，十里一徘徊。

呜呼！人生兮若交芦，因缘散兮何有？情之核兮不灭，与天地兮长久。碧云兮自飞，玉泉兮常溜。卧佛兮一卧千年，梦里欠伸兮微笑。郁郁兮佳城，融融兮隧道，我虚兮其左，君宅兮其右。海枯兮石烂，天荒兮地老，君须我兮山之阿！行将与君兮于此长相守。

呜呼哀哉！尚飨！[①]

这一年，公公真是痛苦到万分。他生平最讲乐观，最讲趣味，此时却不能自胜了。五年之后（1929 年），公公去世，与婆合葬，实现了“我虚兮其左，君宅兮其右”的愿望，与李蕙仙婆“于此长相守”。

被误割了好肾

公公的身体一直很好，性格乐观，但不幸因肾病恶化去世，终年五十六岁。我小时妈妈梁思庄告诉我：公公的一个好肾被协和医院割掉了，保留下来一个坏肾，致使他不治而去世。这个医疗事故公公自己是知道的。1926 年 9 月 14 日，在给孩子们的信中，公公较详细地讲述了他的病情：

---

① 丁文江、赵丰田编：《梁启超年谱长编》，上海人民出版社，1983 年第 1 版，1023 页。

他[1]已证明手术是协和孟浪错误了，割掉的右肾，他已看过，并没有丝毫病态，他很责备协和粗忽，以人命为儿戏，协和已自承认了。这病根本是内科，不是外科。在手术前克里、力舒东、山本乃至协和都从外科方面研究，实是误入歧途。但据连德的诊断，也不是所谓“无理由出血”，乃是一种轻微肾炎。西药并不是不能医，但很难求速效……我从前很想知道右肾实在有病没有，若右肾实有病，那么不是便血的原因，便是便血的结果。既割掉而血不止，当然不是原因了。若是结果，便更可怕，万一再流血一两年，左肾也得同样结果，岂不糟吗。我屡次探协和确实消息，他们为护短起见，总说右肾是有病（部分腐坏），现在连德才证明他们的谎话了。我却真放心了，所以连德忠告我的话，我总努力节制自己，一切依他而行（一切劳作比从前折半）。[2]

公公动手术之前，朋友劝他不必割治，并说有人患此病吃中药已治好，但他相信“协和”，结果丢掉了一个好肾。二公（梁启勋）在《病床日记》中写道：

友人有劝其就医者，因先入德国医院，由克里大夫检查，结果不能断定病原所在。因改入协和医院，由协和泌尿科诸医检验，谓右肾有黑点，血由右边出，即断定右肾为小便出血之原

---

① 指伍连德大夫。

② 丁文江、赵丰田编：《梁启超年谱长编》，上海人民出版社，1983 年第 1 版，1088 页。

因。任公向来笃信科学，其治学之道，亦无不以科学方法从事研究，故对西洋医学向极笃信，毅然一任协和处置。其友人中有劝其赴欧美就名医诊治者；有劝其不必割治，辞却一切事务专心调养者；有劝其别延中医，谓有某人亦同患此病，曾服某中医之药而见痊者；众论纷歧，莫衷一是。而任公微笑曰："协和为东方设备最完全之医院，余即信任之，不必多疑。"①

作为一名受害者，公公不但没有状告"协和"，相反在徐志摩等人对"协和"口诛笔伐时，还写文章为"协和"说话——他怕因为这件事使社会上的人们失去对西医的信任，他把西医看作是科学的代表，认为维护西医的形象就是维护科学。

"自有勋劳垂学史"

梁启超十分爱护青年，鼓励他们进步，在时务学堂、大同学校和清华大学研究院，培养了蔡锷（松坡）、唐才常、蔡尚思、谢国桢等许多学者、英才。他逝世后，北平各界与广东旅平同乡会在广惠寺公祭，祭联、哀章约有三千余件。他在北平大殓时，有法界名人在广惠寺抚棺恸哭，言"先知先觉，人人得而哭之，如梁新会者可谓不负中华民国矣"。

① 丁文江、赵丰田编：《梁启超年谱长编》，上海人民出版社，1983 年第 1 版，1199 页。

章太炎闻讯后，哀叹："平生知友零落殆尽，恻怆何极。"

熊希龄挽联：

十余年患难深交，有同骨肉，舍时去何先，著书未完难瞑目；

数小时行程迟误，莫接声容，悲余来已晚，抚棺一痛更伤心。

蔡元培挽联：

保障共和，应与松坡同不朽；

宣传欧化，宁辞五就比阿衡。

杨杏佛挽联：

文开白话先河，自有勋劳垂学史；

政似青苗一派，终怜凭藉误英雄。

杨度挽联：

事业本寻常，成固欣然，败亦可喜；

文章久零落，人皆欲杀，我独怜才。

1929 年 2 月 17 日北平公祭梁启超时，广惠寺内佛堂均为祭联、哀章所布满，到场者有清华大学研究院、香山慈幼院、松坡图书馆等团体代表，社会名流有熊希龄、丁文江、胡适、袁同礼等，学生有杨鸿烈、汪震、蹇先艾、吴其昌、侯锷、谢国桢等共五百余人。[①]

这么多人缅怀他，可见他的思想、精神影响之深广。和大家一样，梁启超作为历史人物一直树立在我的心中，我总是希望了解他、认识他。我查阅历史资料，访问我的姨舅们，回忆妈妈给我讲的点点滴滴的小故事。我希望能从外孙女的视角，以客观的态度，写出一些具有历史意义的追忆，奉献给大家。

我爱他，尊敬他，他不仅仅是我的公公，他更属于大家，属于中国，属于中华民族。

① 丁文江、赵丰田编：《梁启超年谱长编》，上海人民出版社，1983 年第 1 版，1205—1210 页。

二

“我唱君和，我揄君扬”
——公公和李蕙仙婆

“我唱君和，我揄君扬……君我相敬爱，自结发以来，未始有忤……”，公公梁启超这段为李蕙仙婆写的祭文就是他俩感情的写照。

清朝礼部尚书的堂妹

1891年，公公梁启超十九岁时与李蕙仙婆结婚，婆比公公大四岁，是清朝礼部尚书李端棻的堂妹。1889年（光绪十五年），李端棻以内阁大学士衔典试广东。当时年仅十七岁的梁启超参试，他因文章立意新颖畅达，受到李端棻的赏识而中举。李端棻当即看上了这位才貌双全的小伙子，做主把自己的堂妹许配给梁启超为妻；婚礼在北京李家举行，由李端棻亲手操办。他们二人完婚后始终恩爱如初，在学术界传为佳话。

李端棻舅公是位了不起的人物，他比梁启超大四十岁。这样悬殊的年龄，两人的认识本应有“代沟”，但他们相识之后却成了忘年之交，在思想和学识上互相补益。李端棻深受梁的影响，开始接受西方政治、学术思想，趋向于中国政治制度的改良；康梁等变法维新人物能受到光绪帝的重用，很大程度上是由于李端棻的鼎力举荐。李端棻在变法维新运动和中国近代教育变革中都起了重要的作用。1898 年 6 月，光绪帝下《定国是诏》宣布变法；7 月，李端棻被授予礼部尚书职，主管全国文教。不久变法失败，任礼部尚书仅两个半月的李端棻因积极参与变法而被革职发配新疆。可想而知，这对一位奋进的老人是多么沉重的打击。1898 年 10 月中旬，李端棻顶着秋风上路了，由于年老体弱，他病倒了，停留在甘州。1901 年，他被赦回原籍贵阳。他并不因此而气馁，回到贵阳后，追求民主自由的志向不变，在严修创办的经世学堂讲学，将卢梭与中国历史上的圣人孔子、孟子相提并论，在学生中传阅梁启超主编的《新民丛报》，还召集学生到家中为他们介绍赫胥黎的《天演论》等。他的这些思想遭到当地封建保守派的诽谤。当时贵阳街头曾出现这样的诗："康梁遗党至今多，请尔常将颈子磨。死到临头终不悔，敢将孔孟比卢梭。""居心只想做奸臣，故把康梁分外亲。此君曾被康梁误，复把康梁再误人。"面对压力，李端棻以坦荡襟怀，泰然处之。1907 年，李端棻在贵阳逝世，终年七十五岁。梁启超为他撰《清光禄大夫礼部尚书李公墓志铭》，高度赞颂了他的贡献和业绩。他是一位一生为真理而奋斗的可敬老人，他用进步思想影响、教育了堂妹李蕙仙，使她一直理解和支持丈夫梁启超的事业。

“怡堂书室”中的新娘

李蕙仙婆虽出身名门，自幼熟读诗书，家庭生活也较优裕，父亲很宠爱她，但她这宦门闺秀与寒素之家的梁启超结婚后，第二年（1892年）即随丈夫一起回到老家广东新会县茶坑村，这也是她堂兄李端棻对她的要求。李端棻觉得她应当回去拜见翁姑，去尽晚辈的礼仪。梁家是个贫苦家庭，祖父、父亲都靠教书维持生活，过着半耕半读的日子，只有几间房屋。尽管清贫，但梁启超的父亲还是把一间古书室布置成新房，让新婚夫妇暂住其间。这间书屋名为

1981年，“梁氏姐弟还乡团”摄于梁启超当年的读书楼前。前排右起：梁思懿、梁思庄、李福曼、梁思礼、梁思乾（梁启雄之子）。

1995年11月，梁氏后人在“怡堂书室”前合影。左起：梁旋（梁思礼之女）、周有斐（梁思顺之子）、许维馨（周有斐夫人）、梁思礼、麦秀琼（梁思礼夫人）、梁柏有（梁思永之女）、托托（梁思礼外孙女）、倘国恩（梁思礼女婿）。

“怡堂书室”，是梁启超的曾祖父所建。南方炎热潮湿的天气，加之习惯不同及语言不通，生活上有很多不便，这种环境对自小在北方富裕家庭中长大的姑娘来说的确十分艰苦，但李蕙仙没有任何怨言。她努力适应南方的生活，尽力操持家务。

1983年，我参加“纪念梁启超诞辰一百一十周年大会”，和梁家长辈及表兄妹们一起，怀着极大的兴趣，到新会县茶坑村参观公公梁启超的故居。我们要亲眼看看年轻时公公和婆居住的地方。现在这里已是全国重点文物保护单位。为了迎接大会的召开，这里早已修缮一新。

故居共分三处，第一处是青砖黑瓦的平房，造型别致，显出浓郁的民族风格。有一间正厅，一间便厅（偏厅）。两厅门前都有一个面积不大的天井。正厅和便厅中隔水巷，水巷有座石梯，通便厅顶的阳台。阳台又一分为二，有一半地方覆盖着长形（原顶）的小楼亭，四角飞檐小巧玲珑。从便厅的天井跨进正厅的横门，进入小天井，可见一间古色古香的屋子，就是梁启超的故居。故居厅昂梁高，厅侧两边的耳房有小楼阁，阁上均有走马灯式的曲折栏杆，给这座古建筑平添了雅趣。这间故居是清末民初梁启超的父亲梁宝瑛（字莲涧）修建的。新会县在这里设置了梁启超陈列室，陈列展出了近年梁启超的后代捐献的部分历史文物。

另两处是梁启超当年读书的地方，其中一处是故居前面的“怡堂书室”，也即是梁启超夫妇当年的新房，灰墙土地，典型的农舍。1893年，他们的长女、我的大姨思顺就诞生在这里。站在这间简陋的小屋里，公公和婆当年在此生活的情景浮现在我眼前。我仿佛看见身躯娇小的婆抱着大姨坐在那屋里，我也想象得出当年不懂广东话的婆是怎样努力地去尽一个长媳的义务。正如公公在《悼言》中所述：“先室李夫人，实贵筑京兆公讳朝仪之季女，累代清门，家学劭茂。……启超故贫，濒海乡居，世代耕且读，数亩薄田，举家躬耘获以为恒。夫人以宦族生长北地，嫔炎乡一农家子，日亲井臼操作，未尝有戚容。”

在农村，李蕙仙很受婆母的喜爱，虽然婆母（公公的继母）只比她大两岁，但“夫人愉愉色养，大得母欢，笃爱之过所生”[①]。

---

① 丁文江、赵丰田编：《梁启超年谱长编》，上海人民出版社，1983年第1版，1020页。

任公的闺中良友

1898年，戊戌变法失败，梁启超只身亡命日本，李蕙仙带着女儿思顺避难澳门，梁启超的父亲梁宝瑛也带着其他家属一起避居澳门。当时境遇艰险，新会原籍虽然有查搜，但没有酿成大祸。梁启超惦念着家眷的安危，给李蕙仙写了很多书信。在1898年9月15日的家信中，公公这样写道："南海师来，得详闻家中近状，并闻卿慷慨从容，辞色不变，绝无怨言，且有壮语。闻之喜慰敬服，斯真不愧为任公闺中良友矣。"当时，李蕙仙在极艰难的情况下，代梁启超服侍老人，抚养幼女，使梁启超非常感动，以致在信中不断地表

约1918年，李蕙仙婆（左四）带着梁思忠（左一）、梁思成（左二）、梁思庄（左三）、梁思达（左五）、梁思永（左六）五个孩子摄于天津。

露感激之情和敬佩之心。梁启超最挂念父亲，他在信中写道：“大人遭此变惊，必增抑郁，惟赖卿善为慰解，代我曲尽子职而已。卿素知大义，此无待余之言，惟望南天叩托而已。”① 同年10月6日，又有一信，其中写道：“大人当此失意之时，烦恼定不知几多，近日何如？不至生病乎？吾今远在国外，侍奉之事，全托之于卿矣。卿明大义，必能设法慰解，以赎吾不孝之罪，吾惟有拜谢而已……卿我之患难交，非犹寻常眷属而已。”② 从这些信中，可见梁启超对父母的孝心和他们这对患难夫妻之间的互敬互爱、彼此信任的深挚情感。

李蕙仙是大家闺秀，但并不娇气。她意志坚强，遇事果断，虽然在澳门时日子过得很孤寂，并在给丈夫的信中透露了自己在家中的愁闷，但当知悉梁启超要游历美洲、决定暂缓接眷属去日本时，她很能顾全大局。梁启超在《壮别》一诗中写道：

丈夫有壮别，不作儿女颜。
风尘孤剑在，湖海一身单。
天下正多事，年华殊未阑。
高楼一挥手，来去我何难。

① 丁文江、赵丰田编：《梁启超年谱长编》，上海人民出版社，1983年第1版，166页。
② 丁文江、赵丰田编：《梁启超年谱长编》，上海人民出版社，1983年第1版，167—168页。

这种气概和心情的背后饱含着妻子的理解和支持。

李蕙仙富于同情心，是一位很仗义的女子。1899 年，梁启超接她们母女去日本时，她还带去娘家的亲戚和小孩，并一直扶养接济他们。从日本回国后，住在天津时，她也抚养了很多梁家和李家亲戚的孩子，如七公梁启雄（梁启超的小弟弟）和三姑婆（梁启超的妹妹）都是由李蕙仙接济上学，并长年住在梁启超家。后来，七公梁启雄成为著名的哲学家，对荀子有较深的研究。李蕙仙的侄女李福曼是十四舅外公的女儿，十一岁时就到梁启超家，在天津中西女中就读八年，又在燕京大学就读四年，全部都由梁启超、李蕙仙资助；后来她嫁给梁思永，成了我的三舅妈。据三舅妈回忆，当年在家吃饭时，除了梁家几个较小的孩子不上桌吃饭，每天都有一大桌人吃饭，大多是亲戚寄养在这里的孩子。天津家中吃饭也很自由，公公坐在中间，必等人都到齐后，由他先拿起筷子才能开始吃，他在饭桌上天南海北不停地讲。谁先吃完饭谁可以先走，有时公公和婆吃得慢，最后只剩他们两人，公公也毫不介意，仍和婆兴致勃勃地聊天。谁吃完了离开桌子，又过一会儿再回来吃些菜，都不会受到任何干涉。因此，全家把吃饭时间也看作是每天团聚交流感情的好时光，既可饱餐一顿，又可聆听公公有趣的谈话，每到此时大家都无拘无束地围坐在一起，十分开心。

李蕙仙婆生活很有规律，而且勤奋好学。她年近半百还要孩子们教她英文，每天在自己的屋里吃早点，一般是四小块面包，去掉外面的皮，喝杯牛奶，吃完饭后就稍休息一会儿，然后开始认真地高声朗读中西女中的英文课本。据妈妈梁思庄回忆，婆的发音虽带些贵州调，但还是能听得出是英文，也听得懂是什么内容，有时妈妈和三舅妈李福曼在一旁听着总想发笑，但又强忍着，因为她们有点儿怕婆。

李蕙仙婆是个较严肃的人，性情有些乖戾，但也很有生活情趣；所以，家里的人既怕她，又很想接近她，尤其她养猫这一大爱好，吸引了全家的孩子们都爱往她屋里跑。她非常讲卫生，房间里每天由丫头柳青负责打扫得窗明几净，只要地上掉一点儿渣子她都要捡起来扔掉，唯独对猫却十分宽容。她养的一只母猫可以随便上床，无法无天，弄脏了被子她也一笑置之，而且允许猫在被窝里睡觉。那时妈妈不到十岁，一天晚上睡着了，这只母猫在她脚下被窝里生了一窝小猫，把妈妈急得大叫，婆见了不但没有生气，反而开心地笑起来。从此，在她身边又多了四只可爱的小猫。更有趣的是，婆爱猫的嗜好几乎传给了我所有的舅舅和姨，又传给了我们第三代，大家开玩笑说：我们全家可以成立一个“爱猫者协会”了。婆有时兴致来了，就带着一群小孩儿到家里地下室玩儿。1915 年（民国四年），她患乳腺癌手术后在家养病，每天读报、写字，有时打麻将牌。

婆还是当年妇女运动的发起人之一，刊物《妇女报》的主编之一。与那时的“小脚老太”不一样，她曾去过全国十几个省份，也曾出国探亲。

1924 年春，李蕙仙婆的乳腺癌复发，这次癌细胞扩散后和血管相连，无法再动手术了。为了给她治病，全家从天津搬到北京，在太平湖饭店（位于北京西城石驸马大街）租了房间住下。虽然病痛难忍，但婆仍很能自持。大姨思顺特地请了位叫克里的德国大夫给婆看病，花掉了很多钱也不见效。当时思成、思永两位舅舅正准备出国留学，恋恋不想成行，婆叫他们放心地去，并说自己的病不要紧，能等待他们回来。谁知，这竟是她与爱子的诀别。婆终因病情严重医治无效，于1924年9月13日病逝。婆和公公共同生活了三十三年，终年五十五岁。梁启超在当年为《晨报六周年纪念增刊》所写《苦痛中的小玩意》一文中自述了自己悲伤的情形："我今年受环境的酷待，情绪十分无俚。我的夫人从灯节起卧病半年，到中秋日奄然化去，他［她］的病极人间未有之痛苦，自初发时医生便已宣告不治，半年以来，耳所触的，只有病人的呻吟，目所接的，只有儿女的涕泪……哎，哀乐之感，凡在有情，其谁能免？平日意态活泼兴会淋漓的我，这回也嗒然气尽了。"① 李蕙仙逝世周忌的后一天，全家把她的灵柩安葬于北京香山卧佛寺东面风景秀丽的小山上。

① 丁文江、赵丰田编：《梁启超年谱长编》，上海人民出版社，1983年第1版，1023页。

三

记忆中的温馨形象
——我热爱的王桂荃婆

我有两个外婆，李蕙仙是梁启超的原配夫人，儿女们称呼她“妈妈”，她有三个子女长大成人：大姨梁思顺、二舅梁思成、我的妈妈梁思庄。李蕙仙婆于1924年去世，我没有见过她，只是从史料上、长辈们的回忆和她的相片中了解她。另一位外婆就是王桂荃。她有六个子女长大成人：三舅梁思永、四舅梁思忠、五舅梁思达、五姨梁思懿、六姨梁思宁、八舅梁思礼。

梁家“极重要的人物”

王桂荃婆是梁启超的第二位夫人，四川人，儿女们称呼她“娘”，孙辈们称呼她“婆”。虽然她不是我的亲外婆，但她和妈妈思庄的感情如同亲生母女，待我也如同亲外孙女。

婆的身世很悲惨，四岁时父亲不幸猝死，继母虐待她，她从四岁到十岁被人转卖了四次做丫头，最后随李蕙仙来到梁家。那时她已十几岁，梁启超给她起了个大名，叫桂荃。1903年，她十八岁时

20世纪40年代，王桂荃婆摄于饮冰室院内。

在李蕙仙的主张下和梁启超结了婚。公公说，婆“是我们家极重要的人物”。二舅思成说，婆是个“不寻常的女人”。

婆虽出身贫苦，没有机会读书识字，但自幼聪明伶俐、勤奋好学。她和公公一起流亡到日本后，接触到日本现代文明，接受了新思潮，开阔了眼界，很快学会了一口流利的东京话。她既是李蕙仙的得力助手，又是她各项意图的忠实执行者，也是家庭的主要劳动力，并负责家务方面的对外联系。婆承担着一大家人的饮食起居，用慈母的心照顾着孩子们。每天督促孩子们做作业时，她坐在一旁听孩子们读书、写字，自己也跟着读。就这样，她学会了读书看报，还会记账，写简单的信。她同样也很理解公公的事业，为了使公公专心工作，她忍辱负重，委曲求全，使得家庭和睦安定。

二舅思成、妈妈思庄虽非婆所亲生，但他们都是在婆的抚育下成长的，所以尊敬婆如亲生母亲，以致我小时候一直认为她就是我的亲外婆。

婆也格外疼爱妈妈。1927 年，妈妈正在国外学习时，公公给海外的孩子们写信说：“庄庄给时姊的信，娘娘看见了很高兴。娘娘最记挂的是你……”[①]太平洋战争爆发时，妈妈工作的燕京大学准备南迁成都，妈妈也决心带着我南迁。临行前几个月，她把我放在天津婆家，自己在北平处理行前的事务，婆成了我唯一的亲人。那时八舅思礼刚刚离开婆去美国读书，我和婆日夜相伴，度过了难忘的日子。婆送我进了天津培植小学读一年级，这是我的八舅思礼小时候读书的学校，离家不远。每天下午四点放学，婆就在校门口接我，然后我们祖孙两人慢慢散步到回力球场（现在的天津市第一文化宫），婆给我买一块冰砖；天津的冰砖非常好吃，至今我还记得它的美味。我们边走边吃边聊，这时婆就给我讲古老的传说，讲各种鬼故事，还讲妈妈小时的故事。她告诉我：妈妈思庄小时个子瘦小、皮肤黑，当时公公开玩笑说，她的皮肤和二舅思成换一下就好了；因为二舅皮肤白嫩。妈妈不愿别人说她黑，婆说：“皮肤虽黑点，但长得乖巧，我喜欢。”妈妈从小胆小，爱揪着婆的衣角走路，洗澡一定要婆亲自给她洗，否则就宁肯脏着。日本的澡盆是木制的大桶，很深，而且是一家人用一盆水，到最后才放走。一次婆给妈妈洗澡，因为妈妈个子太小，婆抓不住，一不小心沉到桶底去了，吓得婆立即放水，像抓小鸡一样把妈妈拎出桶外；妈妈平安无事，婆却吓了一跳，一盆干净水也放光了。

---

① 丁文江、赵丰田编：《梁启超年谱长编》，上海人民出版社，1983 年第 1 版，1118 页。

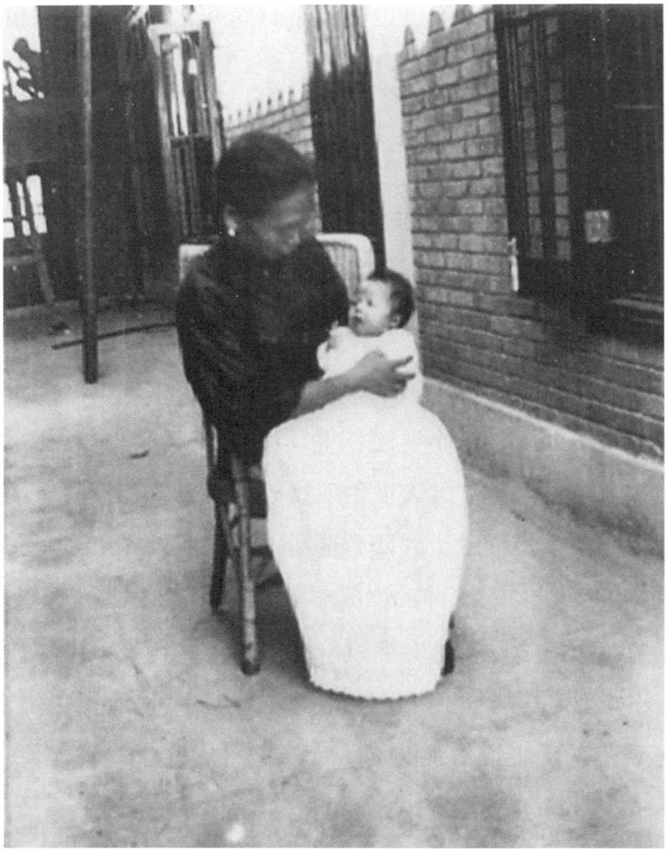

1934 年，王桂荃婆抱着出生三天的外孙女吴荔明摄于广州梁思庄家门前。

有一年在天津，妈妈染上了白喉，那时她十岁多，住在医院里，婆日夜守护在旁。婆告诉我：妈妈怕疼，爱撒娇。妈妈的嗓子化脓，病情严重，一天她对着婆大叫："娘啊，嗓子疼啊，我要死啦，快叫爹爹来吧。"婆又心疼又着急，她把妈妈的病情瞒着公公，精心照料着妈妈，使妈妈终于病情好转，转危为安。但不幸的是，我的四姨——婆的亲生女儿也染上了白喉，由于婆要护理妈妈和别的病孩，负担太重，对四姨护理不周，结果四姨死去了，死时已经快十岁。

这对婆是一个很大的刺激，为了不影响公公的事业，她偷偷地躲在厕所里流了不知多少泪水。她强忍悲痛，每日依旧承担着大量的家务劳动，不但不怨妈妈，反而更加疼爱妈妈。妈妈深知婆的爱心，她是婆用亲生女儿换来的女儿啊！妈妈长大后对婆十分孝敬，遇事都要请婆出主意，婆也处处关心她。妈妈在广州生我时，医生断定是难产。婆心急如焚，为此，从天津冒着伏天的火热，只身坐火车到广州看望妈妈。婆是在医院产房边，闻着麻醉药的味道，等了十几个小时，看着大夫用产钳把我夹出来的。妈妈告诉我，我来到这个世界，第一眼见到的亲人就是妈妈和婆。

我一岁半时，爸爸不幸病逝。又是婆的主张，要我大姨思顺去广州把我们母女接回北平居住，使我们这对孤儿寡母得到娘家亲人的安慰照料。

20世纪40年代初，王桂荃婆孤单一人留在天津，过着难熬的日子，白猫成了安慰她的唯一伴侣。婆挂念着远方的孩子们。

回忆在天津的这段岁月，我真使婆烦神操心。由于单亲教育，我小时性情较孤僻，到了培植小学因离开妈妈心情不好，觉得同学们有的斜眼，有的太胖，于是不想上学了。婆极耐心地说服了我，我才坚持学习下去。我们快要出发去南方了，不巧我又生德国麻疹，几天滴水不进昏迷不醒；又是婆请了医生来看，用当年护理妈妈的爱心，自己日夜守护着我，并叫妈妈从北平急返天津。当我病情好转睁开眼睛，和我初生时一样，又看见妈妈和婆守在床边。婆后来对我说："你生病把我急坏了，你连哭都无力哭，不像你妈妈小时生病大哭，我只求神保佑你快快好起来！"

太平洋战争爆发后，我们要离开天津奔赴后方了。婆为了支撑自己的精神，信了佛，她每天对着佛像磕头，求佛保佑儿孙们平安。婆把妈妈的一点儿积蓄打成一个小小的金十字架挂在我胸前，她嘱咐我："无论戴上多不舒服，也不要让别人知道，这是你和妈妈的全部财产啊！一路上要靠它生活。"我们只带一个小皮箱和一个包袱就出发了，婆亲自送我们到天津火车站，送走了她身边最后的一个孩子，孤单一人留在天津过那难熬的日子。至今我还记得当火车开动时，妈妈满面的眼泪、婆那布满离愁又坚强的面孔和那穿着黑衣的瘦小的身影。

抗战最终胜利。饱经战乱及漫长的流离岁月后，国内的姨和舅舅们纷纷从南方回到北平、天津，婆的身边又热闹起来。

全家感情凝聚的核心

全国解放了，八年音讯断绝的五姨一家和八舅也从美国归来。婆的儿女们大多在北京工作，她把天津老家的房子卖掉，在北京西单手帕胡同买了一座小四合院。五舅思达、八舅思礼都曾和她住在一起。每逢节假日，儿孙们都聚集在手帕胡同婆的身边，大家尽情享受着合家团聚的欢乐和幸福。这时，婆也心情舒畅，但仍然过着当年朴素无华的生活，每天起得很早，自己打扫院子，清理房间。她又为孙子们操劳着，把自己的爱倾注在孙辈的身上。1964 年，我的儿子出生了，婆非常急迫地要看看这个小重外孙。当时正值腊月，

1956 年，陈叔通宴请梁启超夫人王桂荃及其在京的子女们。前排左起：梁思成、陈叔通、梁思顺、王桂荃；后排左起：梁思达、俞雪臻、梁思懿、梁思礼、梁思庄、李福曼、陈蕙（陈叔通之女）。

1956年，王桂荃婆与五舅梁思达全家合影。前排左起：梁思达、王桂荃、俞雪臻；后排左起：梁任堪、梁忆冰、梁任又。

北京十分寒冷，妈妈怕婆出门着凉，好不容易才劝她到满月时来。记得那天婆还是穿着平日最喜爱的棉袍，戴着一顶黑毛线帽子，兴致勃勃地来到我家。我高兴极了，抱着儿子迎着婆大声叫道："婆！看他丑不丑？"婆熟练地抱过孩子，摸着他的一头黑发，仔细端详着孩子的脸说："不丑不丑，比你刚生下时俊多了，你那时是个小秃子。"一句话说得满堂大笑。当时我不知孩子应怎么称呼婆，婆对孩子说："祖祖来看你啦！"望着她那慈祥的表情，使我想起我一直珍藏的一张照片，照片上婆抱着出生三天的我。婆看见我床边小桌上有一大把香蕉，立刻把它拿开说："这是凉性的水果，你现在不许吃！我知道你爱吃香蕉，过些日子我请你吃个够！"

婆很勤劳，每天的生活很有规律，加上新中国成立后全家大团圆，心情愉快，所以她的身体很好，很有精神。她是个闲不住的人，手中经常有活，不是打毛衣，就是做针线活或是在厨房里忙碌，但她的效率很高，忙而不乱，因此在和别人谈话中，不知不觉地还能做很多事情。我妈妈不会做家务，桌上常常摊得乱七八糟，屋里零乱，每当婆来我家时，家里就一下干净整齐起来，好像变戏法似的。其实，这种功夫是她几十年练就的。

婆的生活十分简朴，自己的吃穿都很节省，但她对儿孙和亲友们都很大方，经常接济他们。

婆很用功，一直到老都不断接受新鲜事物。她每天看报，听广播，因此对国家大事知道得一清二楚，可以和子女们交谈并发表自己的见解。

婆的性格坚强，具有独立性。1929 年公公去世，没留下多少遗产，儿女们大多在读书，经济上还不独立，八舅思礼才五岁，是婆苦心把家维持下来，继续把儿女都培养成才，并想方设法把八舅送往美国深造。在我的印象中，婆从来也没有发愁的时候，她总是勇敢地迎接生活的磨难和考验。

婆很有生活情趣，喜爱旅游，她平日在北京也到各公园走走。最令人佩服的是，1957 年，已年过七十的她只身一人从北京兴致勃勃地去杭州游西湖，并在归途中特意爬了黄山。

婆也很幽默，常讲笑话和各种故事给孙子们听，这是和公公长期相处形成的性格。当年二舅思成学建筑，三舅思永学考古，四舅思忠学军事。她曾经非常风趣又得意地对别人说："我这几个儿子真有趣，思成盖房子，思忠炸房子，房子垮了埋在地里，思永又去挖房子。"

婆很谦逊，善于处理家内外的人际关系，她以一个普通家庭妇

20 世纪 50 年代，王桂荃婆摄于手帕胡同家中。这是全家最喜爱的一张照片。

女的姿态出现在邻里之间，人们都和她相处得很好。在家中，她把自己的爱给了每一个子女，注意教育孩子们互相爱护。她非常注意“一碗水端平”，对家人从不无端地发脾气或伤害谁。当然，从内心里她还是有点儿偏心男孙，但她不溺爱，她同样也爱孙女们。大家对此一点儿也不介意，都认为这是老人们一种自然的心理状态。婆是全家感情凝聚的核心。

她活得很洒脱，晚年本来应该很愉快也很幸福。

但“文化大革命”却没有放过婆，给她一生的最后岁月带来了噩运。“文革”中，作为“保皇党梁启超的老婆”，婆的全部财产被抄尽，手帕胡同住房被侵占。她被赶入阴暗的小屋里，八十五岁高龄每天还要出来扫街。当时，她已是肠癌晚期，不但得不到医护，精神肉体还饱受折磨，终于在 1968 年离开了人间。去世时婆孤单一人，她多么希望能再看一眼她的儿女们啊，但儿女们不能来床前告别。因为他们不是“反革命”，就是“反动学术权威”，无一幸免。

历尽磨难，婆走完了自己坎坷的一生，含恨而去，留给她的儿孙们无限的悲伤。大家怀念她，不仅因她是慈母，更如二舅思成所说：“她是一个头脑清醒，有见地，有才能，既富有感情又十分理智的善良的人……”公公事业成功的背后有婆的功劳，公公在给大姨思顺的信中说：“王姑娘是我们家庭中极重要的人物。他［她］很能伺候我，分你们许多责任，你不妨常常多写些信给他［她］，令他［她］欢喜。”

追忆往事，婆对妈妈和我深沉的爱令我难以忘怀。我爱婆不仅是因为她爱我，我还爱她那纯朴的气质、宽大的胸怀和勤劳的品格。

四

东瀛岁月

“割慈忍泪出国门”——逃亡中的梁启超

戊戌变法失败后，公公梁启超只身流亡日本，家属们都逃往澳门避难。当时公公的处境真是岌岌可危，十分惊险。那天是 1898 年 9 月 21 日。当时的日本代理驻中国公使林权助在晚年所著《谈谈我的七十年》中，有几节对此过程有详细的回忆。

> 梁启超跑到公使馆来，说一定要会见我，这时正是午后二时。我和伊藤公[①]吃完饭正在谈话，无论怎样，让梁到另室会面。

① 指伊藤博文，曾任日本首相，当时来华游览。

一见，他颜色苍白，漂浮着悲壮之气。不能不看出事态之非常。

梁直截地说：请给我纸。马上自己写出下面的文句：

“仆三日内即须赴市曹就死，愿有两事奉托。

君若犹念兄弟之国，不忘旧交，许其一言。

……

“谭嗣同、杨锐、刘光第、林旭等志士，都被逮捕。其首领是康有为，想也快要被捕杀头！皇帝不用说已被幽闭。

“西太后一派为袁世凯和军机大臣荣禄。如果我也被捕，最迟在三天之内也将被杀。我的生命早就准备献给祖国，毫无可惜。请解皇帝之幽闭，使玉体安全，并救康有为氏。所说奉托之事，只此二端。”

我决断地说：“可以。君说的二事，我的确承担。”我又说：“你为什么要去死呢？试好好想一想，如果心意改变，什么时候都好到我的地方来。我救你啊！”

梁听了我的话，暗暗落泪，同时仓皇而去，想也有种种应该准备的事吧！我直接回到伊藤公的屋里，叙述事情的始末。……到了夜晚，公使馆门口骚闹着。我正在奇怪的一刹那，梁飞快地跑了进来！那么这个问题便搁在我们身上了。我无论如何，把梁放进一个屋子里。没有办法，所以把这件事情的经过告诉伊藤公，伊藤公说：“这是做了件好事。救他吧！而且让他逃到日本去吧！到了日本，我帮助他。梁这个青年对于中国是珍贵的灵魂啊！”

当时门房报告：门前不安。好像是捕手觉着康[1]或是谁逃进

① 指康有为。

公使馆似的。所以决定在麻烦还没发生前，急速让梁出发。

把梁交给恰巧从天津来正逗留中的郑领事[①]，让二人都化装打猎的样子。扮好了真像打猎的模样，打发他们走，但是不幸在天津车站月台上行走的时候，好像被梁的友人发现了似的。据说他们赶快隐藏到人多的地方去，但还是因被友人看见作了报告，捕手的手下人追跟着梁。二人马上跳进帆船，夜十二时下白河逃向塘沽。那里的上流有日本的军舰碇泊着，捕手乘小蒸汽船，又追了来。而且据说，就向河的下流有日本商船的方向下驶，并在这船的舷侧等待着。但是二人乘搭的帆船，则走近在河上流的日本军舰，摇手帕作信号。

我预先想到可能会发生这样的事情，所以先由北京给那军舰打电报："如有这样的男子二人去，请立即收容，送到日本。"因此，舰长心里常想着："来了吧？来了吧？"所以看见白手帕的信号，便很快放下小船，（把人）拉上了本舰。然后就给我把梁带回日本去了！[②]

梁启超借助日本友人之力得免于难。出国时他写了《去国行》：

呜呼！济艰乏才兮，儒冠容容。佞头不斩兮，侠剑无功。君恩友仇两未报，死于贼手毋乃非英雄。割慈忍泪出国门，掉头不顾吾其东。

---

① 指郑永昌。

② 中国史学会主编：《中国近代史资料丛刊·戊戌变法》（三），神州国光社，1953 年版，571—573 页。

……

吁嗟乎！古人往矣不可见，山高水深闻古踪。潇潇风雨满天地，飘然一身如转蓬，披发长啸览太空。前路蓬山一万重，掉头不顾吾其东。[①]

由此可见，当时他飘然一身、离乡背井的忧伤情绪。前途渺茫，但为了维新事业，他决心在海外继续奋斗！

梁启超初到日本时住在东京，日本政府很厚待他。他在给妻子李蕙仙的信中写道："吾在此乃受彼中朝廷之供养，一切丰盛，方便非常，以起居饮食而论，尤胜似家居也。"[②] 为了掩护身份，梁启超给自己起了个日本名字叫"吉田晋"，因为他读了吉田松阴的书后，很敬慕其为人。他和国内朋友通信多用这个日本名字，后来大姨入日本小学读书时也改名为吉田静子。1898 年（光绪二十四年十月十九日）《申报》登文骂道："日本访事友人云：中国逆犯康有为之徒党梁启超，遁迹日本后，自知罪大恶极，不容于礼仪之邦，遂窜入日籍，更其姓曰吉田，名晋，侨寓东京牛込区，与品川子爵订莫逆交，诗酒往还，徜徉竟日，不知曾念及先人庐墓否？"

1898 年 11 月 11 日，梁启超在横滨创办了《清议报》。他在日本紧张地进行救国运动，联络各界人士，报刊的经费是由冯镜如、冯紫珊、林北泉等人所募集，参加办报的人还有麦孟华、汤觉顿等人。

《清议报》是一本旬刊，每十日出版一次，它的宗旨是：

---

① 梁启超：《饮冰室文集之四十五（下）》，台湾中华书局，1979 年版，2 页。

② 丁文江、赵丰田编：《梁启超年谱长编》，上海人民出版社，1983 年第 1 版，168 页。

一、维持支那之清议，激发国民之正气。

二、增长支那人之学识。

三、交通支那、日本两国之声气，联其情谊。

四、发明东亚学术以保存亚粹。①

《清议报》成为梁启超等维新志士在海外的舆论阵地。它猛烈地攻击清政府，并对慈禧太后痛加指责，使得清政府恨之入骨，严禁进口。

到日本几个月来，梁启超读了很多日本书籍，获益很多。他在《三十自述》中写道："稍能读东文，思想为之一变。"并给李蕙仙写信说："我等读日本书所得之益极多极多。他日中国万不能不变法，今日正当多读些书，以待用也。"②

"羁泊非所叹"——"双涛园群童"素描

1899 年，梁启超接家属到日本。李蕙仙、思顺母女是坐船从澳门到日本长崎的，刚到日本时，就住在东京。1900 年，梁启超写了《少年中国说》一文，他那深入肺腑的文字影响了后来几代青年人。1900 年至 1901 年间，梁启超又到美国檀香山、澳大利亚及新加坡等地游说活动，李蕙仙则带着全家居住在日本。

1901 年，梁启超游历澳大利亚半年后又回到日本，在日本流

① 丁文江、赵丰田编：《梁启超年谱长编》，上海人民出版社，1983 年第 1 版，172 页。

② 丁文江、赵丰田编：《梁启超年谱长编》，上海人民出版社，1983 年第 1 版，177 页。

1900年，梁启超摄于澳大利亚。

1902 年，梁启超摄于加拿大温哥华。

亡的十四年中，梁启超有思成（1901 年生）、思永（1904 年生于澳门）、思忠（1907 年生）、思庄（1908 年生）、思达（1912 年生）五个子女来到世间。全家初到日本时，虽然受到日本政府的关照，但毕竟还是在异国他乡，生活比较艰苦，在东京居住条件较差。梁启超最初由日本政府供给生活费用，后来靠办报纸的收入维持生活，因此生活不稳定，甚至有时吃米饭就咸萝卜，或清水煮白菜蘸酱油。1906 年，全家迁到神户郊外须磨海滨的一幢别墅“怡和山庄”居住，这是一位华侨借给他们的，因为这里依山傍海，可以听见海涛和后山上一大片松林的松涛声，所以梁启超将它改名为“双涛园”。当时家中孩子很多，除了梁启超自己的子女外，还有亲戚的几个孩子，大家在一起非常热闹。梁启超称他们为“双涛园群童”。

“双涛园群童”从小都穿日本的和服和木屐，也都会讲日本话和中国话。稍大的孩子都到神户华侨办的同文学校学习。同文学校在神户市内，从须磨到神户需乘一小火车，孩子们每天带着饭团准时去赶火车。听妈妈讲，非常有意思的是，每天赶火车时，二舅思成走到半路一定要在路旁拉一泡屎才能继续前进，不管大孩子怎么着急，他都每天如此，已成了条件反射，有时快赶不上火车了，他自己也急得没办法，大叫：“等等我！等等我！”后来小火车站的路警认识了这群孩子，有时他们迟到一点儿就等他们到齐后才吹哨放行。

“双涛园群童”的“领班”是大姨思顺，当时她才十五岁，但是已经开始做梁启超的私人秘书兼日语翻译。她每日在公公指点下练习写字，读诗词，并且负起带领弟弟妹妹们的责任，大家都很服她；虽然她自己还是个孩子，但已经显露出她的组织才能和权威了。

梁启超每天忙于他的宣传、著作，和孩子们在一起的时间很少，但只要有时间和孩子们在一起，就天南地北地给他们讲。尤其晚饭后，大家会围坐在一起，梁启超一边喝酒，一边讲爱国英雄的故事。他告诉孩子们：南宋左丞相陆秀夫为忠于大宋保护幼主，奋力抵抗元兵，最后被元兵逼到广州，走投无路就在梁启超的老家新会县沿海的悬崖上先将妻子推下海，然后背着幼主一起投海就义。这些民族英雄的精神，深深印在孩子们的脑海里，并体现在他们日后的行动中。

“双涛园”的樱花树也成林，开花时节十分好看。李蕙仙婆虽是小脚（后来公公动员她放了足），但她很愿带着孩子们玩耍，到小山上去看樱花，上山时并不因为这双“解放足”而落后于孩子们。一次，她的裙子和绣花鞋被山上树枝挂坏了，她也不在乎，继续和大

1906 年，梁启超与梁思成（左一）、梁思顺（右一）、梁思永（右二）摄于日本东京。照片上方为梁启超亲笔题字：“《新民丛报》时代，任公及顺、成、永三儿。”

1910年，“双涛园群童”摄于日本横滨。前排：梁思成（左一）、梁思庄（左二）、梁思忠（右二）、梁思永（右一），后排：梁思顺（左二）。孩子们都入乡随俗，穿着和服。

家一起上山，一点儿也不娇气；下山对她来说更困难，但她从不要小孩搀扶，总是慢慢地自己向下走。这种倔强的性格也影响了孩子们，他们从小就不相信眼泪，尤其是男孩子，他们认为哭最没出息，每逢困难和危险，他们都爱大声喊叫，为自己壮胆鼓志，真有点儿日本的武士道精神。1912年，梁启超结束了十四年的流亡生活，独自一人率先回国；1913年，“双涛园群童”也在李蕙仙婆的带领下一起回到了祖国。

“双涛园”时期，梁启超曾写有《双涛园读书》六首，第六首生动地道出了他当时的感想和急于为国出力的心情：

约 1908 年，李蕙仙与孩子们一起在日本山间游玩小憩。右起：梁思成、梁思顺、梁思永、李蕙仙。

回风吹海水，轩然起层澜。
吾生良有涯，忧患亦以繁。
生才为世用，岂得长自闲。
何时睹澄清，一洒民生艰。
强学可终身，羁泊非所叹。[①]

① 梁启超：《饮冰室文集之四十五（下）》，台湾中华书局，1979 年版，53 页。

五

家书抵万金
——梁启超精心雕塑群童

梁启超的子女们所取得的成就和他的严格教育分不开。他不仅是孩子们的慈父，还是孩子们的朋友。他注意引导孩子们对知识的兴趣，又十分尊重他们的个性和志愿。他非常细微地掌握每个孩子的特点，因材施教，对每个子女的前途都有周到的考虑和安排，但又不强求他们一定按照自己的意图去办，而是反复地征求孩子们的意见，直到他们满意为止。

他的孩子们性格都很坚强、乐观，有的还很风趣，富有人情味儿。公公曾说："我生平对于自己所做的事，总是做得津津有味，而且兴会淋漓，什么悲观咧，厌世咧，这种字面，我所用的字典里头可以说完全没有。"①他又说："我是个主张趣味主义的人，倘若用化

---

① 丁文江、赵丰田编：《梁启超年谱长编》，上海人民出版社，1983年第1版，953页。

学化分‘梁启超’这件东西，把里头所含一种原［元］素名叫‘趣味’的抽出来，只怕所剩下仅有个零了。我以为：凡人必常常生活于趣味之中，生活才有价值。若哭丧着脸捱过几十年，那么生命便成沙漠，要来何用？”①他的孩子们也得到了他的这种真传，每个人都有一部艰辛的奋斗史，但他们从不悲观，个个都是生活中的强者。

“做学问总要‘猛火熬’和‘慢火炖’两种工作”

1923 年至 1929 年间，公公共有五个子女在海外，他非常想念孩子们。在这段时期，他们用大量的书信传递着两代人的情谊。他们在信中讨论国家大事、人生哲学；倾述着彼此生活中的苦乐、悲欢；他们互相惦念着、互相鼓励着。信中没有任何说教，只有循循善诱；没有指责，只有建议；每封信中都充满了真挚的爱，这爱变成一种力量，注入了孩子们的生命，使他们不断地奋进。

从公公在信中对子女们的称呼足见他是多么疼爱自己的孩子：“大宝贝思顺”“小宝贝庄庄”“那两个不甚宝贝（指二舅思成、三舅思永）的好乖乖”“对岸一大群孩子们”“一群大大小小孩子们”……

公公教给孩子们做学问的方法，要求他们不仅要注意专精，还要注意广博。1927 年 8 月 29 日，他在给二舅的信中写道：“思成所学太专门了，我愿意你趁毕业后一两年，分出点光阴多学些常识，尤其是文学或人文科学中之某部门，稍为多用点工夫。我怕你因

① 丁文江、赵丰田编：《梁启超年谱长编》，上海人民出版社，1983 年第 1 版，953 页。

在生活中，梁启超是位慈爱的父亲。他爱自己的每一个孩子，也爱他们的伴侣。他总是抽出时间给孩子们写信，寄手卷、照片。

林徽因的父亲林长民意外身亡后，梁启超马上写信安慰林徽因，表示会像爱自己的女儿一样爱她。这是梁启超五十五岁时亲笔题字寄给儿媳林徽因的照片。

所学太专门之故，把生活也弄成近于单调，太单调的生活，容易厌倦，厌倦即为苦恼，乃至堕落之根源。”① 公公在给我妈妈的信中写道：“专门科学之外，还要选一两样关于自己娱乐的学问，如音乐、文学、美术等。据你三哥说，你近来看文学书不少，甚好甚好。你本来有些音乐天才，能够用点功，叫他［它］发荣滋长最好。姊姊来信说你因用功太过，不时有些病。你身子还好，我倒不十分担心，但做学问原不必太求猛进，像装罐头样子，塞得太多太急，不见得便会受益。我方才教训你二哥，说那‘优游涵饮，使自得之’，那两

① 丁文江、赵丰田编：《梁启超年谱长编》，上海人民出版社，1983 年第 1 版，1152 页。

句话，你还要记着受用才好。”[1]

公公还对二舅思成这样写道：“凡做学问总要‘猛火熬’和‘慢火燉［炖］’两种工作，循环交互着用去。在慢火燉［炖］的时候才能令所熬的起消化作用，融洽而实有诸已。思成，你已经熬过三年了，这一年正该用燉［炖］的工夫。不独于你身子有益，即为你的学业计，亦非如此不能得益。你务要听爹爹苦口良言。”[2]

公公不断地鼓励指导孩子战胜学业上的困难，继续前进。

二舅思成一度在学习上怀疑美国的死板仿古教学，担心自己学不到设计方法而成为画匠。1927 年 2 月 16 日，公公在给二舅的信中写道：“你觉得自己天才不能副你的理想，又觉得这几年专做呆板工夫，生怕会变成画匠。你有这种感觉，便是你的学问在这时期内将发生进步的特征，我听见倒喜欢极了。孟子说：‘能与人规矩，不能使人巧。’凡学校所教与所学总不外规矩方面的事，若巧则要离了学校方能发见［现］。规矩不过求巧的一种工具，然而终不能不以此为教，以此为学者，正以能巧之人，习熟规矩后，乃愈益其巧耳。（不能巧者，依着规矩可以无大过。）……况且凡一位大文学家、大美术家之成就，常常还要许多环境与及附带学问的帮助。中国先辈屡说要‘读万卷书，行万里路’……将来你学成之后，常常找机会转变自己的环境，扩大自己的眼界和胸次，到那时候或者天才会爆发出来，今尚非其时也。”他在信中还教导二舅“莫问收获，但问耕耘”；要他“一面不可骄盈自慢，一面又不可怯弱自馁，尽自己能

---

① 丁文江、赵丰田编：《梁启超年谱长编》，上海人民出版社，1983 年第 1 版，1154 页。
② 丁文江、赵丰田编：《梁启超年谱长编》，上海人民出版社，1983 年第 1 版，1154 页。

力做去，做到那［哪］里是那［哪］里，如此则可以无人而不自得，而于社会亦总有多少贡献。我一生学问得力专在此一点，我盼望你们都能应用我这点精神”。[①]

公公非常重视培养子女的实践能力，具体指导他们加强外围知识。

三舅思永在美国哈佛大学读考古专业，想回国实习，并搜集一些野外资料。公公非常支持他的想法，并积极设法为他在国内安排机会。1926 年 12 月 10 日，公公给三舅写信，告诉他联系的情况：

> 得十一月七日信，喜欢之极。李济之现在山西乡下（非陕西），正采掘得兴高采烈，我已立刻写信给他，告诉以你的志愿及条件，大约十日内外可有回信。我想他们没有不愿意的，只要能派你实在职务，得有实习机会，盘费食住费等等都算不了什么大问题，家里景况，对于这点钱还担任得起也。你所问统计一类的资料，我有一部分可以回答你，一部分尚须问人。我现在忙极，要过十天半月后再回你，怕你悬望，先草草回此数行。[②]

这个计划因为种种原因，一直未能如愿实现。1927 年 4 月 21 日，公公又给三舅一信，提到关于去新疆考察的事，从信中可见他的学识之广以及对儿子业务学习和发展前途的关心：

---

① 丁文江、赵丰田编：《梁启超年谱长编》，上海人民出版社，1983 年第 1 版，1115—1116 页。

② 丁文江、赵丰田编：《梁启超年谱长编》，上海人民出版社，1983 年第 1 版，1099—1100 页。

前两封信叫你不必回来，现在又要叫你回来了。因为瑞典学者斯温哈丁——他在中亚细亚西藏等地过了三十多年冒险生涯，谅来你也闻他名罢——组织一个团体往新疆考古，有十几位欧洲学者和学生同去，到中国已三个多月了，初时中国人反对他，抵制他——十几个学术团体曾联合发表宣言，清华研究院、国立图书馆也列名，但我自始即不主张这种极端排外举动——直到最近才决定和他合作，彼此契约，今天或明天可以签字了。中国方面有十人去——五位算是学者，余五位是学生，其中自然科学方面只有清华所派的一位教授（袁复礼），他和李济之同去山西，我们研究院担任他这回旅行的经费，不用北京学术团体的钱。去的人我是大大不满意的——我想为你的学问计，这是千载难逢的机会，若错过了，以后想自己跑新疆沙漠一趟，千难万难，因此要求把你加入去，自备资斧——因为犯不着和那些北京团体分这点钱，钱少得可怜——今日正派人和哈丁接洽，明后日可以回信，大约十有九可望成功的。他们的计划时间一年半到两年，研究范围本来是考古学、地质学、气象学三门，后来因为反对他们拿古物出境，结果考古学变成附庸，由中国人办，他们立于补助地位——能否成功就只要看袁君和你的努力了，其他的人都怕够不上——我想你这回去，能够有大发见［现］固属莫大之幸，即不然，跟着欧洲著名学者作一度冒险□□[①]的旅行，学得许多科学的研究方法，也是于终身学问有大益的，所以我不肯把机会放过……总之，

① 此处无法读出，疑为“之类”。

你接到这封信时，便赶紧预备罢，我第二封信，最多三天后，跟着就要来的，你若能成行——无论提前放假或暑假时来——大约到家只能住一两天，便须立即赶路，我和他们打听清楚该预备什么东西，一切替你预备全，你回来除见见我和你娘娘及一二长辈，及上一上坟之外，恐怕一点不能耽搁了，我想你一定赞成我所替你决定的计划，而且狠［很］高兴吧。别的话下次再说。

四月廿一日 爹爹[①]

公公还指导孩子们选择学校和专业。我的妈妈思庄在加拿大考大学是一件大事，究竟上哪个大学呢？当时公公梁启超希望女儿在加拿大读大学，他在 1926 年 2 月 9 日的信中写道：“庄庄暑假后进皇后大学最好。全家都变成美国风，实在有点讨厌，所以庄庄能在美国以外的大学一两年，是最好不过的。”[②] 他还在 1926 年 6 月 5 日信中鼓励道：“思庄考得怎样，能进大学固甚好，即不能也不必着急，日子多着哩。我写的一幅小楷，装上镜架给他做奖品，美极了，但很难带去，大概只好留着等他［她］回来再拿了。”[③] 妈妈未辜负公公的期望，考上了加拿大著名的麦基尔大学，而这幅装上镜框的漂亮小楷，随着妈妈经过六十年风风雨雨，完好地保存在家中，作为一件极珍贵的纪念物一直挂在我家的墙上。

---

① 中华书局编辑部编：《梁启超未刊书信手迹》，中华书局，1994 年 11 月第 1 版，771 页。

② 丁文江、赵丰田编：《梁启超年谱长编》，上海人民出版社，1983 年第 1 版，1072 页。

③ 丁文江、赵丰田编：《梁启超年谱长编》，上海人民出版社，1983 年第 1 版，1080 页。

妈妈思庄入大学两年后该选专业了，公公更是细致地考虑，以他的远见卓识看到将来生物学及信息对社会发展的极端重要性。最初，他要妈妈学当时中国还几乎是空白的现代生物学。1927 年 8 月 29 日，他在信中写道：“你今年还是普通科大学生，明年便要选定专门了，你现在打算选择没有？我想你们弟兄姊妹，到今还没有一个学自然科学，很是我们家里的憾事，不知道你性情到底近这方面不？我很想你以生物学为主科，因为它是现代最进步的自然科学，而且为哲学、社会学之主要基础，极有趣而不须粗重的工作，于女孩子极为合宜，学回来后本国的生物随在可以采集试验，容易有新发明。截到今日止，中国女子还没有人学这门（男子也很少），你来做一个‘先登者’不好吗？还有一样，因为这门学问与

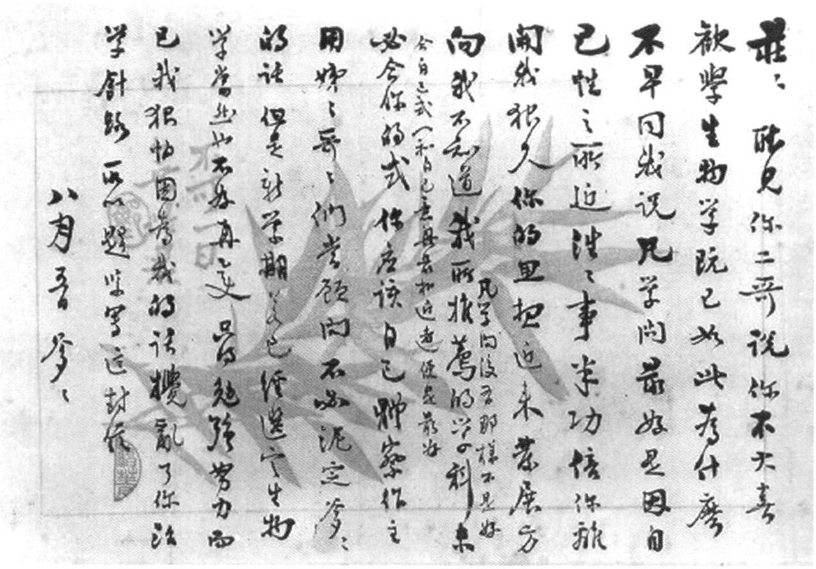
庄庄：顷见你二哥，说你不大喜欢学生物学，既已如此，为什么不早同我说？凡学问最好是因自己性之所近，往往事半功倍。你离开我将一年，你的思想近来发展方向我不知道，我所推荐的学科（凡学问没有那样不是好）未必合你的式（合自己式……便是最好），你应该自己体察作主，用姊姊哥哥们当顾问，不必泥定爹爹的话。但是新学期若已经选定生物学，当然也不妨再选。若觉勉强，可以已。我很怕因为我的话扰乱了你治学针路，所以赶紧写这封信。

八月五日 爹爹

梁启超致梁思庄书信手迹

一切人文科学有密切关系，你学成回来可以做爹爹一个大帮手，我将来许多著作，还要请你做顾问哩！不好吗？你自己若觉得性情还近，那么就选他［它］，还选一两样和他［它］有密切联络的学科以为辅。你们学校若有这门的教授，便留校，否则在美国选一个最好的学校转去，姊姊哥哥们当然会替你调查妥善，你自己想想定主意罢。”①

然而，麦基尔大学的生物教授教得很不好，学生们还得花钱请他的助教补课，虽然助教讲课很精彩，但还引不起妈妈对生物学的兴趣，她把苦恼告诉了二舅思成。公公得知后，赶紧写信说：

庄庄：

听见你二哥说你不大喜欢学生物学，既已如此，为什么不早同我说。凡学问最好是因自己性之所近，往往事半功倍，你离开我很久，你的思想近来发展方向我不知道，我所推荐的学科未必合你的式，你应该自己体察作主，用姊姊哥哥们当顾问，不必泥定爹爹的话；但是新学期若已经选定生物学，当然也不好再变，只得勉强努力而已。我很怕因为我的话搅乱了你治学针路，所以赶紧写这封信。

八月五日　爹爹②

---

① 丁文江、赵丰田编：《梁启超年谱长编》，上海人民出版社，1983 年第 1 版，1154 页。

② 本书未注出处的书信，都未发表，现保存在我处。

这封信妈妈珍藏了一生，又传给了我。后来她听从公公的意见学了图书馆学，考入了美国著名的哥伦比亚大学图书馆学院，最终成为一名图书馆专家。

公公对每个孩子都充满了父爱，并给予非常具体的指导；他不但发表自己的意见，而且十分尊重孩子们自己的志愿。妈妈一直保存的公公寄往加拿大的亲笔信就十分感人：

庄庄：

你来的〈信〉狠［很］勤，我得着总是欢喜到了不得，现在家里光景并不狠［很］紧，你不用着急，你的学费是家里头正当支出并不算多，何况一切由你周三哥[1]和姊姊经理，并不用我操心，你只要安心做你的学问便是了，其他都不必忧虑。

你功课不甚好也不要紧，因为你进大学原算是提早一年多的功课，格外费些力是意中事，况且原学社会科学，中途又改自然科学，当然又要吃力一点，但都不要紧，学自然科学的人，先得些社会科学常识，也是好事。现在重新学的生物学，假使两年光阴不够用，便再多留一年或半年为何不可，你的年纪还小哩。

你暑假后留坎[2]或转学美国全由你自己和姊姊哥哥们商定，我在远不便遥制，只要你身体结实，用功不太过分，我便放心了。

四月廿八日　爹爹

---

① 指大姨丈周希哲。

② 当时音译坎拿大，今译加拿大。

“想你们参采我那烂漫向荣的长处”

公公不仅注意对孩子们的知识训练，更注意他们的道德培养，要他们生活艰苦朴素，要他们热爱生活，并注意择友。1927 年 8 月 29 日，公公在给二舅思成的信中说：“一个人想要交友取益，或读书取益，也要方面稍多，才有接谈交换，或开卷引进的机会。不独朋友而已，即如在家庭里头，像你有我这样一位爹爹，也属人生难逢的幸福，若你的学问兴味太过单调，将来也会和我相对词竭，不能领着我的教训，你全生活中本来应享的乐趣，也削减不少了。我是学问趣味方面极多的人，我之所以不能专积有成者在此，然而我的生活内容，异常丰富，能够永久保持不厌不倦的精神，亦未始不在此。我每历若干时候，趣味转过新方面，便觉得像换个新生命，如朝旭升天，如新荷出水，我自觉这种生活是极可爱的，极有价值的。我虽不愿你们学我那泛滥无归的短处，但最少也想你们参采我那烂漫向荣的长处。”[①] 他对大姨夫妇说：“生当乱世，要吃得苦，才能站得住（其实何止乱世为然），一个人在物质上的享用，只要能维持着生命便够了。至于快乐与否，全不是物质上可以支配。能在困苦中求出快活，才真是会打算盘哩。”[②] 他教导四舅思忠：“一个人若是在舒服的环境中会消磨志气，那么在困苦懊丧的环境中也一定会消磨志气。你看你爹爹困苦日子也过过多少，舒服日子也经过多少，老是那样子，到底志气消磨了没有……我自己常常感觉我要拿

① 丁文江、赵丰田编：《梁启超年谱长编》，上海人民出版社，1983 年第 1 版，1152—1153 页。

② 丁文江、赵丰田编：《梁启超年谱长编》，上海人民出版社，1983 年第 1 版，1135 页。

1930年，梁思庄与梁思忠摄于美国轮船上。

自己做青年的人格模范，最少也要不愧做你们姊妹弟兄的模范。我又很相信我的孩子们，个个都会受我这种遗传和教训，不会因为环境的困苦或舒服而堕落的。你若有这种自信力，便‘随遇而安’的做。”① 他教导我妈妈：“多走些地方（独立的），多认识些朋友，性格格外活泼些，甚好甚好。但择交是最要紧的事，宜慎重留意，不可和轻浮的人多亲近。庄庄以后离开家庭渐渐的远，要常常注意这一点。”②

公公对每个儿女都非常疼爱，他自己总说喜欢女孩子，实际他并不偏心。1923年，公公全家在天津时，给在国外的大姨思顺写了

① 丁文江、赵丰田编：《梁启超年谱长编》，上海人民出版社，1983年第1版，1133页。

② 丁文江、赵丰田编：《梁启超年谱长编》，上海人民出版社，1983年第1版，1086—1087页。

一封信，信中几乎提到了每一个孩子，读来真让人感到他父爱慈祥：

宝贝思顺：

得复电大慰，我因久不得汝信，神经作用，无端疑汝有病耳。昨日在南开讲毕，思永、思忠留校中听别人讲演，我独携思庄去吃大餐，随后你妈妈把思达、思懿带来，吃完后五个人坐汽车兜圈子到马厂一带，把几位小孩子欢喜到了不得。你妈妈说，我居然肯抛弃书桌上一点钟功夫作此雅游，真是稀奇。我和思庄说，明年姐姐回来，我带着你们姐妹去逛地方，不带男孩子了；庄、懿都拍掌说，哥哥们太便宜了，让他们关在家里哭一回。思达说他要加入女孩子团体，思庄已经答应他了，我今日起得甚早，随意写几句告诉你。

爹爹 八月一日

1924 年之后，全家有五个孩子在国外，公公不断地与他们通信，收不到他们的信时，总是焦急万分，收到信时，就会像小孩儿一样高兴得手舞足蹈。在 1926 年 9 月 26 日的信中，他写道：

孩子们：

今天从讲堂下来，接着一大堆信——坎拿大三封内夹成、永、庄寄坎的好几封，庄庄由纽约来的一封，又前日接到思永来一封——令我喜欢得手舞足蹈。……思忠真占便宜，这回放洋，在家里欢天喜地的送他，比着两位哥哥，已经天渊之别了；到了那边，又分两回受欢迎，不知多少高兴。

梁启超五十六岁时留影，这是他人生的最后一张照片。他将其寄给大孩子们每人一张，并分别题了字。

我最喜欢的是庄庄居然进了大学了。尤其喜欢是看你们姊弟兄妹来往信，看出那活泼样子。我原来有点怕庄庄性情太枯寂些，因为你妈妈素来管得太严；他又不大不小夹在中间，挨着我的时候不多——不能如老白鼻的两亲家那样——所以觉得欠活泼。这一来很显出青年的本色，我安慰极了。[①]

在20世纪20年代风云变幻的中国，公公梁启超始终注意把握孩子们的前途，他以自己超人的智慧、广博的知识和卓越的远见，对孩子们进行言教和身教。公公对孩子们的前途都有周密的考虑，他精心培养每一个心爱的孩子，不仅努力培养他们成为有学问的人，还要他们成为品德高尚，有益社会的人。公公希望孩子们充分享受人生的快乐，但他不强求孩子们都和他一样，而是相信孩子们最终将走自己的路！

① 中华书局编辑部编：《梁启超未刊书信手迹》，中华书局，1994年11月第1版，68页。

六

故居风雨话当年

“饮冰室”是公公梁启超给自己的书斋起的名字。“饮冰室”具体是指一间屋还是一幢楼？人们对这个问题很感兴趣，但已很少有人能清楚地了解。

公公 1915 年后基本上居住在天津意租界西马路二十五号（今天津河北区民族路四十六号），这里的两幢新旧楼房就是他生前在天津工作和生活的地方。五舅思达说：“饮冰室”后来指的是这栋新楼。

津门旧居掠影——老楼

五舅思达是他们兄弟姐妹中住在天津时间最长的一位。新楼建成后，他凭着回忆和绘画的才能（他并不是学建筑的），绘出了老楼

梁启超铜像，背景为整修后的老楼。

梁启超天津故居老楼外貌。屋顶用红色洋瓦，大楼外墙体淡灰色。（梁思达绘于 1997 年。）

整修前的老楼面貌（吴荔明摄于 1998 年 6 月 4 日。）

和新楼的楼房外貌及内部平面图。楼的外貌和我见过的照片非常相像，室内的布局画得非常细致，大至沙发、地毯、书桌……小至一个茶几、墙上的装饰，他都记得清清楚楚。我真钦佩五舅惊人的记忆力和细致认真的作风。

他仔细地给我讲了两幢楼的情况：

东面的老楼（也称旧楼）建于 1915 年初，公公工作生活较久的地方还是老楼。西面的新楼约建于 1925 年，无门牌号，与老楼共用一个号，老楼比新楼面积要大，是一座旧式洋房，式样不及后盖的新楼漂亮。当时家里人口多，许多亲戚都住在那里，来往的朋友熟人很多，还有不少男女仆人，全家的活动中心仍在老楼。老楼房屋使用率比新楼高，但建筑上没有什么特别突出的特色。而新楼是意大利风格，后来公公主要在这里做学问，给孩子们的信都是在这里写的。

1929年，公公梁启超去世，办后事用掉了很多钱，家庭经济紧张。王桂荃婆为了能维持全家的生活，于1930年将老楼卖给了天津的一个郝姓富商；从此，老楼与新楼间砌起了高墙。太平洋战争爆发后，家庭经济更加困难，婆又将新楼出租给恒昌绸布店作为账房、库房，并住一些小伙计，仅留位于楼下东南角的公公的一间书房，保存公公的书籍。婆又在新楼的后面建了座小楼自己住，小楼是二楼三底共六间屋，婆在那里一直住到1949年。这期间，她还在这小楼里接待了很多来访的亲友。

1949年，解放天津时进行了巷战，国民党军队把全城各家的围墙都打通，新旧楼之间又相通了；他们还在新楼的院子里堆了很多手榴弹、枪支，非常危险，当时炮火、子弹满天飞，院里的弹药真会一触即发。婆焦急万分，她找到了国民党军队的头头说理，告诉他们这是梁启超的房子，如毁坏一切后果由他们负责。他们也有些怕，就和婆讲条件，要派一个军官家属住在后面婆的小楼里，当婆答应之后，才搬走了武器。后来时局越来越紧张，这个军官家属就逃离了。

随着天津巷战的激化，天津老家的周围各处都落有炮弹，有一发落在小楼后面不远，北面各间屋子的玻璃全都被震碎。当时婆和同住的一些人躲在新楼的地下室，她很勇敢，一点儿也不害怕。恒昌绸布店老板把院中央的荷花池挖空作防空洞，里面放了两桶汽油，上面加了圆木和沙包，有一颗炮弹直落在院中荷花池中的沙包上，荷花池正对着新楼地下室的窗子，如果当时炮弹爆炸，引起汽油燃烧，整幢楼房将被夷为平地，里面的人也就将全被埋在瓦砾之下，后果不堪设想。幸运的是，炮弹紧紧地被沙包夹住，没能爆炸，真是有惊无险。待在地下室的人们并不明白它的厉害，都还很自在地坐在里面呢。后来解放军战士对婆说："大娘啊，都是您心好，这炮弹没炸，如果炮弹把汽油打着，这楼就全完了，您也就不存在啦！"我想，这是上天在保佑婆。

更值得纪念的是，老楼还为天津解放立了战功。当时萧华的司令部就设在老楼的楼上，并且安置了电台，婆在后面小楼上可以看见解放军战士发报。

1950年，五舅也到北京工作，婆考虑到子女们（思顺、思成、思永、思庄、思达、思礼）都在北京，于是决定自己也搬来北京居住。她将天津的新楼和后面的小楼一起卖掉（价值约三千匹布），并将原来存在客厅的善本书捐赠给北京图书馆，其余的书都捐赠给南开大学。

"按图索骥"饮冰室——新楼

五舅思达着重讲了新楼的结构：楼前有一院子，南面靠马路，东面与旧楼院子相连，西北两面是邻居的院落。除东面外都筑有院墙。整个院子面积不详，估计是旧楼院子三分之二大小，前院可能有三个网球场大。

前院左边是门房、厕所，东边有一藤萝架。沿东侧向后院走，在新旧楼之间有一葡萄架。后院中紧靠后院墙西有一片较大的平房，靠东有两间稍小平房都是堆放杂物的屋子。

大楼四周，两米以内，连同前院花园的全部地面都是由带格水泥方砖铺砌的。

1935年，梁思礼和梁柏有（梁思永之女）摄于饮冰室（新楼）楼前台阶上。

2002年，将近七十年后，梁思礼和梁柏有重在饮冰室（新楼）楼前台阶上合影。

20世纪30年代的饮冰室（新楼）外观。中间窗子为梁启超的书房。

饮冰室（新楼）外观（梁思达绘于1985年。）

梁思达还专门为其写了说明文字："由于绘画技术不佳，在角度上和比例上，多有欠妥之处。如：前面右侧部分，前面与左侧面之间的角度过大，使屋子变得不是方形的了；当中大门台阶部分，画得窄了些，以致两个台阶之间所露出的地下室窗户显得太小了。实际上，它和旁边其他地下室窗户是一样大的。同时，也由于前面的角度过大，使得后面的阳台显得不突出，不像平面图所表现的那么明显。不过，我想多少还能给人以该楼的面貌。"

这座楼是由意大利建筑师白罗尼欧设计建造。新楼建成初期，整座楼曾被梁启超的一个老朋友租赁去，作为他新办起的“中原公司”（一个专营国内贸易业务的公司）的办公楼。后来公公梁启超收回自用，把老楼饮冰室书斋移往该楼楼下西南角房间；东南角的房间作为客厅。二楼东南角的房间为公公的卧室，旁边挨着的是浴室兼厕所，王桂荃婆暂住在西南角的客房里。五舅一人住在东北角的一间后室。

新楼房是灰色两层楼，外貌很难描述，五舅画得很像。我小时也在楼前照过相，因当时年纪太小，只有些模糊印象，看看外貌图及照片，人们可以想象出新楼的模样。

楼下第一层是公公读书写作的地方（见《饮冰室院基及楼下平面图》），从南边正门进入一个大过厅，主要分为西、北、东三大部分，它们分别是书房、图书资料室和客厅。

第一部分是书房 A，在西南角一间屋，室内有一个很大的红木书桌及一把专用坐（躺）椅，公公的专用桌四周有沙发、大玻璃柜等家具，1913 年后他的作品大都是在这张书桌上完成的。这张红木大书桌后来送给了北京图书馆，在那里布置了一间梁启超的书房，陈设和原来饮冰室完全一样。

书房朝南，整个房间墙壁下半部及天花板均用棕色木板镶装。天花板上分散装有八盏照明用灯，当中有吊扇一个。地面由淡黄色硬木的“人”字形地板拼装，铺有地毯。墙壁上半部刷为深蓝灰色，略嫌暗淡。全屋有三个门，一通往本室东边的大过厅，一通往本室西边的凉台，一通往本室东南角的厕所。

第二部分为图书资料室，西北角一间及朝北一间、东北角一间，三室相通。各室四周有从地板到天花板的固定书柜（上部为玻璃门，

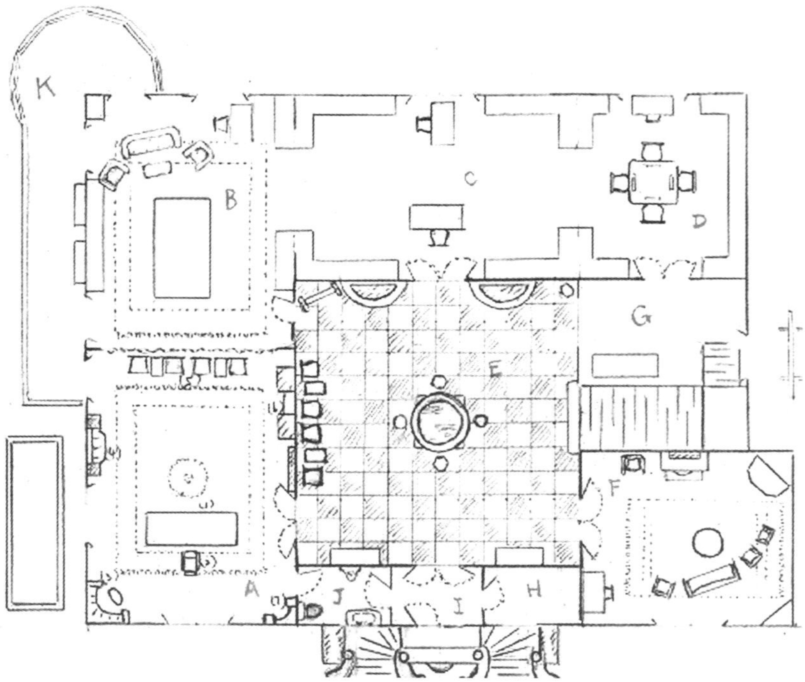

饮冰室院基及楼下平面图

A.书房

1.大红木书桌　2.专用坐（躺）椅　3.墙角皮沙发及小茶桌　4.顶部附有两个玻璃柜的皮沙发　5.红木坐椅及茶几（后面是可以启闭的帷幕）　6.中间有数层隔板连结的两个长玻璃柜　7.墙角三角形小书桌旁边各附一小柜

B-D图书资料室。这里摆有若干书柜，专门存放《四库备要》等书，并放了一些未开箱的大书箱。

B.查阅、摘抄图书资料兼接待一般来宾　C.主要供秘书办公

D.兼做娱乐室　E.大过厅

F.客厅　G.小过道

H.衣帽间　I.大门门厅

J.厕所　K.有长窗的阳台

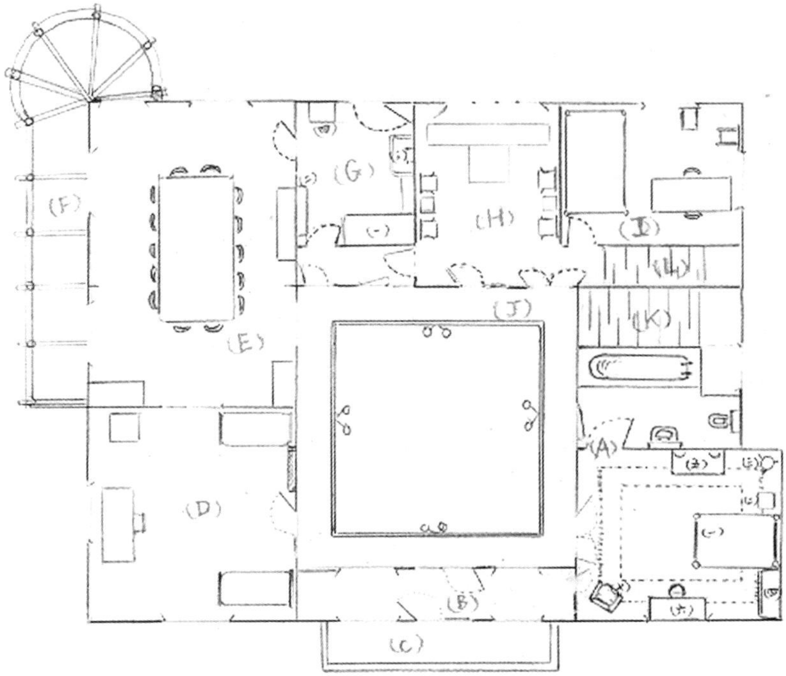

饮冰室楼上平面图

A. 卧室及洗澡间

1. 黄铜架大弹簧床　2. 床头柜　3. 衣架　4. 大衣柜　5. 整面大理石梳妆台　6. 小书桌、椅　7. 沙发

B. 去前阳台的过厅（有一门与卧室相通）　C. 前阳台

D. 客房　E. 餐厅

F. 旁阳台（露天，有一排木架）

G. 酒菜准备间

1. 盘碗杯筷柜　2. 酒柜　3. 洗碗水池　4. 手动运菜升降机（将菜肴从地下室的厨房经此机送上准备间）

H. 家族先辈纪念室　I. 客房

J. 楼上走廊　K. 楼梯

L. 通往屋顶的木楼梯

下部两层为木门）保存图书资料。三个室还兼有各自的用途：西北角的一间屋 B 是做查阅、摘抄图书资料，并接待一般来客之用；当中摆有一张大长方桌，相当于正规图书馆的阅览桌，可在上面查阅资料，阅览书籍。窗边有办公桌椅。靠里摆有一套沙发及茶几，铺有大地毯。南面用一张可启闭的大帷幕和书房隔开，有一门通向大过厅，另三门通向阳台。北面中间的一间 C 是秘书的办公室，由公公的侄子梁廷燦担任秘书或称助手，专司图书采购、整理、分类、编目和上架保管，他还兼管文书、收发等工作。公公的印章都由梁廷燦保管，每当公公写出一幅满意的字，就由他代盖印章。东北角的一间 D 中间放一张红木的牌桌，周围四张椅子，平时晚间作为下棋、打牌（桥牌、麻将）的处所，遇有亲人或朋友来，有时在这里便饭；这张牌桌一直跟随着王桂荃婆，后来搬到北京手帕胡同，放在客厅的中央，“文化大革命”中被红卫兵抄走，不知去向。

整个图书资料室布局犹如正规图书馆，由此不难看出——曾经做过国立京师图书馆（现北京图书馆）和松坡图书馆馆长的梁启超对图书的珍爱及对采编收藏的内行。

第三部分是一间客厅 F，位于东南角，门与过厅对面的书房门相对称，上左侧有一个壁炉，往里室内东北墙角放有一个四层半圆形玻璃柜，摆放一些较精巧的小件陈设、文物等。地面铺一张大地毯，在地毯上面的东南角斜放着大小沙发和配套的茶几，沙发后面室内东南墙角放有一个三角形木柜，朝南的窗旁有小桌、椅子等。客厅墙上挂有一个从菲律宾带来的大蜥蜴标本，这个标本也随着婆搬到北京，是家中的主要装饰，全家都对它印象很深，它在“文化大革命”中也不知去向。客厅晚间采光靠天花板上的圆形大吊灯，饮冰室房间的门（1998年，吴荔明摄于原图书资料室。）

饮冰室楼前台阶、大厅门外堆满杂物，共住九十一户人家。（1998年6月4日，吴荔明摄于楼前。）

1998年，吴荔明（左）与崔厂长（右）合影。饮冰室于1991年被列为天津市文物保护单位及爱国主义教育基地。此处为新楼的大门口，院内已盖满各种小棚屋。崔厂长所领导的宏光印刷厂是一个街道办的、以残疾人为主的小工厂，厂房盖在老楼的院中。崔对梁启超十分敬爱，在区政协和街道办事处的直接领导下，她用自己应得的奖金在老楼的院子里盖起了一间房，办了一个“梁启超旧居展室”。她还请美术学院师生雕了一尊梁启超的半身像。展室的牌匾是她自己手书，在美院毕业的朋友帮助下用四个晚上刻成。她的事迹引起了轰动，许多报纸对此都作了报道，也有不少人来参观。大家在对崔敬佩之余一致感慨的是：办展览的竟是一家福利小厂。

并辅以壁炉两旁的烛形壁灯。

客厅是接待宾客的正规场所，平日一般没有人去，来的亲戚朋友熟人都直接到书房或旧楼。

以上三个部分的房间都通向一楼中间的一个正方形的大过厅E，大过厅南门通向院子，大过厅也是从外面通向各间的必经之处。地板以白色和浅灰色大理石方板相间拼砌而成，中央部分方形花纹则由淡黄、褐黑等色大理石长条板拼成。大厅正中放有一张大理石面的红木圆桌，四面各置放一个绿色陶瓷墩。大过厅通向北面秘书室门的两侧，各放置一张半圆形大理石面红木桌。北面左边厅角斜放一面大镜子，北面右边厅角有一个红木花架，左面靠墙摆有四张红木座椅，中间夹放两个红木小茶几。南面在门一进大厅的左右两边靠墙各置一张红木小条桌，大过厅的东边是楼梯。

大过厅与二楼相通，直到屋顶是一天井，白天采光靠从屋顶上拱形厚玻璃的天窗射下的光线，天黑时靠圆拱形天窗下的吊灯和楼上走廊边四面装的壁灯照明。

1936年，吴荔明抱着八舅梁思礼送她的小狗“花子”摄于饮冰室前。台阶下面的狼狗是梁思礼最宠爱的两条狼狗之一，名叫劳雷。（当时风靡世界的一对美国喜剧演员被称为胖哈代、瘦劳雷，思礼以这两人的名字称呼自己的两只爱犬，以示宠爱。）

当年阅览室从屋顶到地面围满房间四周的书柜，如今只有韩老师一家保留了下来；不仅书柜保存完好，而且颜色依然是当年的深棕色。（1998 年，吴荔明摄于原图书资料室。）

楼上主要是公公的卧室。新楼建成后公公就住在那里，除卧室外有两间客房、一间餐厅、一间酒菜准备间、一间家族先辈纪念室。所有的房间都围在四周，中间一正方形天井与一层的大过厅相通。后来，家里人总爱提“天津老家”，指的就是这两幢楼（和当年住在这楼里的人们）。妈妈思庄回忆小时候在老楼的院子里学骑自行车，逢年过节或有什么事就请京戏班子和一些名角来家里唱戏，请隔得很近的邻居来听戏还用小汽车接送。有时梁家还要出售瓷器，主要是餐具，多为朋友和邻居来选购，大家都以能买到梁家的东西为快乐。除了婆外，没有人能解释为什么要出售瓷器，是一种风俗习惯还是要更新用具？是扩大一下家庭的影响，还是加强和友邻的联

1937年，梁思庄与女儿吴荔明摄于饮冰室。

修整后的梁启超故居，左为新楼（饮冰室），右为老楼（红顶）。

修整后的饮冰室大过厅及二楼回廊

修整后的饮冰室大过厅

梁启超卧室

修整后的饮冰室书房一角（以上饮冰室照片均为天津梁启超纪念馆提供。）

写作中的梁启超

系？现在已不得而知。当年陈叔通家的人也来买过梁家的瓷器，陈家的孩子们对此都很感兴趣，到梁家玩儿觉得很有意思。

院中淡灰色的老楼有很多值得纪念的经历。它的地下室，为蔡锷（松坡）领导的云南起义储存过枪支军饷，它的西边楼下住过不少公公喜爱的学生。20 世纪 20 年代，公公在清华国学研究院教书时，每逢暑假就会来很多清华大学的学生在地下室听他讲课；他每天下午四点钟开讲，每次讲两小时左右，课后就留学生住在家里。公公和李蕙仙婆住在楼的东半部，学生住在西半部楼下，家里的孩子们住在西半部楼上。五舅思达还记得，我的爸爸吴鲁强当年是清华的学生，是三舅思永的好朋友，常来听课，就和三舅同住在楼上的客房里。

七十多年过去了，这两幢楼依然完好，只是 1976 年唐山大地震后为了安全起见，去掉了新楼屋顶上的小装饰。后来住进去了九十一户人家，房屋自不免有所损坏，令人不安。当年全国皆知，国外汉学者皆知，多少青年及爱国志士仁人所向往的饮冰室，已变得面目全非，渐渐被人遗忘。

2001年，传来了好消息：天津市政府要恢复饮冰室原貌，而且决心很大，所需款项已经到位。

天津市决心的确很大，2000年末，根据市委七届七次全会提出的改善人民生活的“新三件事”，市文化局、市财政局和河北区提出“修复梁启超故居和饮冰室书斋”，一项让国内外瞩目的工程被提上了议事日程。2001年4月和9月，经商定，市里拨出专款，作为动迁费、修复费、建馆费等，运迁民族路四十四号、四十六号两幢楼中的居民，并在原址修建梁启超纪念馆。

2001年7月31日，最后一户居民迁出。至此，占用这里的九十一户居民全部迁出。2001年10月20日，现场修复施工全面开启。

按照“整旧如旧”的原则，梁启超故居得以修复。在故居建立了梁启超纪念馆（一千一百平方米），复原了饮冰室书斋（九百五十平方米）。纪念馆展室展出大量的照片、文献、图表等历史资料，全面反映了梁启超波澜壮阔、丰富多彩的一生。饮冰室书斋再现了梁启超生前学习、生活的环境。

2002年10月，天津市隆重举行了梁启超纪念馆的开馆仪式，邀请了学术界的专家学者及梁氏后代来参加。2004年4月18日，纪念馆正式对外开放。

梁启超纪念馆的建设，备受国内外人士的关注。该馆是了解梁启超一生和近代中国历史的重要园地。随着故居的对外开放，这里已成为梁启超及其学术思想研究和交流的中心。

七

北戴河的笑声

——全家欢聚，其乐融融

公公梁启超很喜欢到北戴河这处优美的游览胜地避暑，他曾带着一群孩子们在那里度过很多开心的夏天。妈妈也常回忆起公公带他们去北戴河的快乐时光。1923 年 8 月，四舅思忠和妈妈思庄闹着要公公梁启超带他们去逛北戴河，公公告诉了在国外的大女儿思顺："……忠忠、庄庄两个天天撒泼，要我带他们逛北戴河，最好笑是徐志摩也加入他们队里帮着运动。我被他们磨不过已经答应了，只要借得房子，便带他们去……"①

1923 年 8 月，从北戴河回到家中，梁启超又给思顺一信，其中提到：

---

① 中华书局编辑部编：《梁启超未刊书信手迹》，中华书局，1994 年 11 月第 1 版，570 页。

梁启超与梁思忠泳装合影于北戴河。这是梁启超在北戴河留下的唯一一张照片。不久，梁思忠即远渡重洋赴美国留学。

今日从北戴河归，明日便入京……我们一个个都晒黑了，庄庄尤其厉害，象［像］比忠忠还黑，但他［她］的凫水成绩很好，思永已许他小学毕业了。我也天天入海，却只学得个三十岁的孔夫子，可笑之至。一群孩子都要求明年再游，他们私自商量，说若是爹妈打不起兴致，把姐姐请来，领头运动一定成功。只怕不日就要联衔向你请愿了。①

1925年，思庄也出国学习，梁启超在给思顺、思庄的信中也提

① 丁文江、赵丰田编：《梁启超年谱长编》，上海人民出版社，1983年第1版，1002—1003页。

到北戴河："……在京至多十日便回家，决意在北戴河过夏，可惜庄庄不能跟着，不然当得许多益处。"[①]

此时，思庄这个年龄以上的孩子们都到国外了，家里只有思达、思懿、思宁和老 Baby 思礼。五舅思达当时是留在国内的孩子中年龄最大的，因此大人带他出去的机会较多。我多次去五舅家，请他给我讲述北戴河避暑的故事，并介绍北戴河的房子的来历、外观和位置。他每次都兴致勃勃地回忆起许多有趣的小故事。聪明的五舅有惊人的好记性，他不但能记起许多故事的细节，还根据自己的记忆画出了北戴河公公别墅的外观和内部平面图！这位八十多岁的老舅舅能如此清晰地追忆往事并高水平地绘图，我十分敬佩。我请他把这些鲜为人知的故事记录下来。以下就是五舅有趣的回忆记录。

梁启超四游北戴河

回忆所及，父亲先后去北戴河避暑共计四次。

第一次是应挚友朱启钤先生相邀，到坐落在北戴河西山区他自建的别墅去小住一个星期。当时，可能哥哥、姊姊们都不在天津，只带了我一起去的。(时间已记不清，可能是 1921 年或 1922 年夏天。)

第二次约是在 1923 年 8 月 11 日至 22 日，共住了十天左右。带着全部在津的孩子（思永、思忠、思庄、思达、思懿、思宁

① 丁文江、赵丰田编：《梁启超年谱长编》，上海人民出版社，1983 年第 1 版，1031 页。

等），与王夫人同往。

第三次是在1925年夏。这次停留时间较长。和第二次去一样，都是借用章宗祥在小东山东二路二十三号的一座小楼。在8月3日致思顺及“对岸一大群孩子们”的信中，除告知在北戴河生活和游乐情况外，还提及章宗祥因需款，拟以一万一千元价出售该房。父亲因很喜欢那里的环境，想和思顺共同出资购买，因此，征求她的意见。在同月16日致思顺的信中，则告知已于8月15日付款一万元，买下了该房。[①]

第四次是在1926年8月间，携在津子女一起去的。这时，思忠已去美留学，思庄也去了加拿大深造。因当时在距北戴河海滨火车站约十二里的乡间发生绑票案，一时间，游客逃避一空。为安全起见，举家也立即返津。因此，这次北戴河之行时间较短。[②]

北戴河海滨这片避暑胜地是很迷人的，它不仅气候宜人，风景秀丽，而且沙滩平坦绵延、长远广阔，水势平稳，沙质细软，海水盐度不高，极适于游泳或进行海水浴。游览区分东山、西山两大部分：东山区一带，以各国在华使领馆的别墅较多，我国的一些富商巨贾、知名人士自建的别墅主要集中在西山区一带。（以上这些别墅，大都自建有小型发电机和自来水塔等，供自用。）

北戴河游览区始建于1919年，初期全区并无统一的水、电供应。当地大多数居民及外来游客仍然过着煤油灯、洋烛照明，饮用井水的生活。外出的交通工具主要靠骑毛驴、乘坐人力车；绝

① 丁文江、赵丰田编：《梁启超年谱长编》，上海人民出版社，1983年第1版，1049—1053页。

② 丁文江、赵丰田编：《梁启超年谱长编》，上海人民出版社，1983年第1版，1084页。

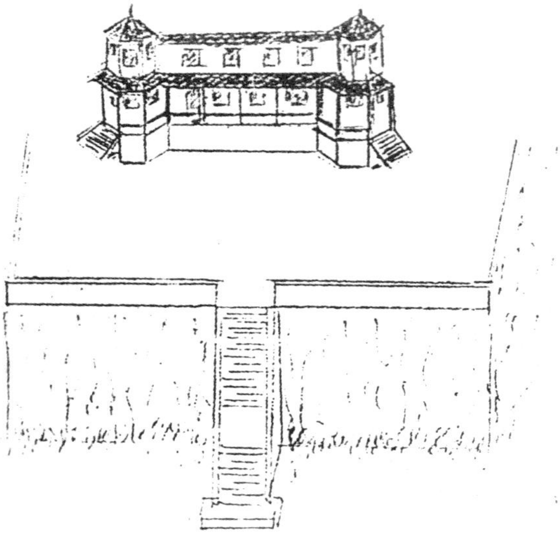

梁思达绘北戴河小楼图

1998年，吴荔明曾去北戴河找寻此楼未果，据说已被拆除。

少大城市里的喧嚣与污染，极具恬静乡村风味，最适于修身养性。

确实，这种幽雅恬静的环境，最适合父亲身心的需要。他在1925年8月3日致思顺及“对岸一大群孩子们”的信里，就曾有“……我想我们生活根据地既在京津一带，北戴河有所房子，每年来住几个月，……于身体上精神上都有益。所以我很想买他［它］”的想法。他在那个环境里可以减少许多与来访者的会见，可以暂时躲过不少连续不断的长篇演说的邀请。晚上，在昏暗烛光的照射下，无法动手写作，不得不停笔；因而可能得到较充分的休息，于身心确实有益。只可惜他因长期过度劳累，早已落下的小便带血症的病根，一直未能完全治愈，又加上后来发现的心、肺毛病的无情肆虐和痔疮的大发作，病情转重，不得不住进医院。经多次检查，查出右侧的肾脏有病变，需要做手术，遂于1926年3月16日进行了手术。

术后初期，便血的病情似有好转，小便已有转清。但不久由于一些外来事件（如自己四妹以及几位挚友的去世等）的刺激，小便颜色再度转深。医院要他每月去院输血一次以资补充所失的血液。就这样反反复复一拖再拖至最后，终于在1929年1月19日过早地离开人世。

在这次治疗期间，同时服用了著名中医唐天如先生的中药处方，颇有成效。病情略稳定时，他征得医生的同意，每日以较少的时间，在病床上以小餐板权当书桌，继续编纂他已收集到的资料，进行《辛稼轩年谱》初稿的写作（虽已完成，但最后未能出版面世）。在病稍好转时，他还惦念着北戴河的旅游，在1928年5月13日给思顺信中说："北戴河只怕今年又去不成，也只好随缘……"①

梁启超妙笔下的避暑生活

先后几次去北戴河，以第三次停留的时间最长，大约有一个月。在此期间，父亲在日常生活方面的最大的变化是起居比较规范化了。

父亲日常家居生活，可以从他给"对岸一大群孩子们"的信中看出其变化来。他自己所概括出的，不知要比我们从旁观察中所能道出的，要翔实、生动、幽默多少倍。

① 丁文江、赵丰田编：《梁启超年谱长编》，上海人民出版社，1983年第1版，1179页。

“我近来政治兴味并不减少，只是并没有妨害著述事业。

“到北戴河以来，顽［玩］的时候多，著述成绩很少，却已把一部《桃花扇》注完，很有趣。

“在此虽然甚闲，却也似甚忙。每天七点多钟起来，在院子里稍为散步，吃点心下来，便快九点了。只做两点多钟正经功课，十一点便下海去。回来吃中饭，睡一睡午觉，起来写写信，做些杂课。四点后便打牌。六点多钟吃晚饭，饭后散步回来，有时打牌，有时闲谈，便过一天了。因为四点钟后便无所用心，所以每天倒床便睡着（十点前后睡），大约我生平讲究卫生，以这一个月为最了。”①

在北戴河也有过不少次的全家集体参加外出游乐活动，如去西山区登莲蓬山，到东山区的鸽子窝看日出，前往南天门观海以及整修庭院等。父亲对其中两项曾以讲笑话的方式，作了生动的描述。

大雨中的“垂钓”

“我讲段笑话给你们听，有一天，我听见人说离此约十里地方钓鱼最好。我回来说给孩子们听，他们第二天一定就要去。我看见天色不好，有点沉吟，他们却已预备齐全了，牵率老夫只好同去。还没有到目的地，便下起小雨来，只好硬着头皮说‘斜风细雨不须归’。那［哪］里知道，跟着便是倾盆大雨。七

---

① 丁文江、赵丰田编：《梁启超年谱长编》，上海人民出版社，1983 年第 1 版，1052 页。

个人在七个驴子上，连着七个驴夫，三七二十一件动物，都变成落汤鸡，回来全身衣服绞出一大桶水。你说好笑不好笑？幸亏桂儿们没有在此，不然一定也着了。我们到底买得两尾鱼，六个大螃蟹，就算凯旋。这故事我劝他们登在《特国周报》里，主笔先生说面子上不好看，不肯登，我只好把他揭出来。”①

不过，那次我们确也作了一番尝试。母亲王夫人、思达、思懿和另一人（一时记不起谁了）等四人顶着风浪很费力地上了父亲的朋友顾维钧先生包租的小船，由船夫向海中驶去。这时雨虽仍在下着，风浪已不算太大。我们抽空把“海竿”插接好，挂好鱼饵（一只小的假鱼），等待甩竿时机。这时，小船离岸已有一段距离。突然从旁吹来一阵大风，海浪翻滚，小船摇晃得非常厉害，大家坐都坐不住，都晕船了。船夫一看不妙，只好调转船头，返回岸边。几个人上岸后憩了好一阵，才恢复过来。这就是大雨中“垂钓”的插曲。

前面信里所指“听人说”的“人”，指的是父亲在外交界的熟朋友、当过外交部部长的顾维钧。他是一位钓鱼能手，自己包租了一只渔船供专用。来避暑时，只要天气好，每周总有三四天都要独自一人与船夫出海钓鱼。（都在夕阳西下，而天还不黑的傍晚。）几乎每次都有捕获。他告诉父亲说，金山咀南天门的那个海湾里是钓鱼的最好去处。于是，孩子们一听，都急切想去一试，哪管它天气如何。从而演出了上边的那出喜剧。

---

① 丁文江、赵丰田编：《梁启超年谱长编》，上海人民出版社，1983 年第 1 版，1052—1053 页。

此前或这事以后，顾维钧常在他的收获中选出几条较大的鲈鱼派人送来给父亲尝鲜。

监工睡着了

“我们做了两天园工，把园中的恶木斫了一百多棵，（其实不甚恶——都是洋槐，若在天津一棵总值几元。）把荒草拔去几圻，露出树荫下绝好一个小园，我前天就在树荫下睡午觉，昨天在那里打了十圈牌。司马懿、六六拾得许多螺蛤壳，把我们新辟的曲径都滚上边了。我们全家做工的时候，便公举老白鼻监工。但这位监司是“卧治”的，不到一会工夫便在树底藤床上酣睡，我们这些工人趁着空儿都一哄而散，下海去了。”[①]

对邻居开个小玩笑

一天，晚饭后，父亲和大家一起去海边散步。大人们坐在海边石堆上，欣赏夕阳西下的美景，并闲谈着。几个孩子在离大人们所在有一小段距离的地方推沙玩儿，在邻居（两位青年，一男一女）常常经过的石壁旁，孩子们中有人设下了“陷阱”（在沙路上挖个坑，上面铺上旧报纸，再撒以散沙），准备让由远而近的两位邻居来上钩。果不其然，那位女士陷入了埋伏，一脚踏在坑面上，几乎摔倒。大家哄然大笑，父亲也笑了起来。

---

① 丁文江、赵丰田编：《梁启超年谱长编》，上海人民出版社，1983 年第 1 版，1053 页。

不过，他事后严肃地告诫我们：“偶尔开个小玩笑不是绝对不可以。但要注意，坑不要挖得过深，以免挫伤了别人的腿脚。今后对别家的人，还是不要随便玩笑为好。”我觉得这是对我们既及时又可贵的教育。

思达印象中的海滨趣事

每个月到阴历十五或十六日，都有一次海水大退潮的自然大景观。这一天的海水一直要退到离海边大约三四百米之遥，直到次日上午七八点以后，再慢慢回涨到一般日子的原样。1925年夏，我随父亲来北戴河，第一回看到了大退潮的景观。父亲去世后的一段年月里，我还随同母亲王夫人与自加拿大归国的大姊思顺，又去过北戴河几次，又另遇到过一次大退潮。

准备去看“大退潮”的头一天下午，我征求在场的表姐、表妹和懿、宁两个妹妹的意见，问她们愿不愿起个大早，一块儿去看看。因为要很早起床，她们都不同意去。我只好一人独往了。

第二天一早，大约将近清晨四点钟，我关掉了唤醒我的闹钟，轻轻走下楼。从小楼的大门背钩钉上取下昨夜准备好的军用水壶和一个布书包（里面装有用蜡纸包着的十多片饼干、一把玩具小铁铲和一些竹片），提起弟弟的玩具水桶以及一两个大口玻璃瓶，开始我的看“大退潮”活动。

从院基走下台阶，直走到海边大门，感觉特别宁静。只听到路边草丛中几声虫鸣，而无平日喧嚣的海声。抬头一看，原来近岸不断翻滚的海浪不见了，大片的沙地呈现在眼前。啊！这就是“大退潮”了！海水已退到三四百米以外的地方去了。

我俯下身，把脚上穿的网球鞋鞋带重新扎紧一些，就大步跃过海沟（海浪冲向沙滩，回旋动作冲刷而成的，距岸五六米，宽一米许），也就是潮退后形成断断续续的一些小水洼，踏着软软沙底，径直走向三四百米外的海水边。这已是我平日游泳所未达到的距离了。向东望去，原来在我们湾里平时被东面另一湾角所挡住的远海海面与天相接之处，已露出鱼肚白的颜色，太阳快要出来了。再向我们湾里的岸上望，海岸高坡上我们住的小楼的一双红色尖顶已显现出来。望西面看，退潮后沙滩上，已经先先后后地来了不少看潮人。

在我转身往回走时，放慢了脚步，边走边巡视着一些小水洼，里面几乎都有着不少退潮时被留下的小动物，如小花鱼、小带鱼和活的海螺、海蚌等。随手捡起一些彩色漂亮的螺、蚌放进灌了海水的小桶里。至于那些色彩斑斓的小花鱼，抓起来就比较费事。它们游得太快，只好用小铲把它赶向水洼边缘地带，然后挥铲把它铲到洼边沙地上，再用手去抓起放进桶里。

走着走着，不觉已回到我们这个小海湾东部海角大石旁。（这是我哥哥思忠来避暑时，每天练习跳水的地方。）偶尔抬头一望，东边那一海湾海角石的背后，出现一片闪烁的金光。它布满了整个晴空，也洒满在大片大退潮后的海底沙面上。一时

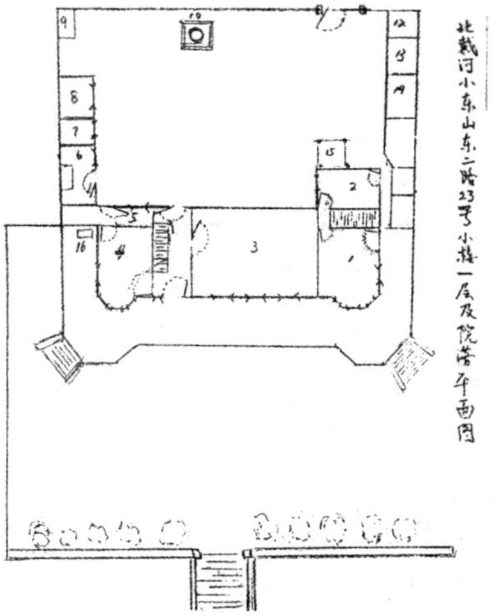

北戴河小东山东二路二十三号小楼一层及院落平面图（梁思达绘。）

间，整个长空和大片海底沙面都融合在一起，变成金黄色的世界，非常壮观，非常美丽。太阳出来了，可惜我没有手表，不知当时的确切时间；没有相机，不能留下这绝美的景色。

天已大亮，我便乘着亮光开始搜索大石下每个可能隐藏虾、蚌的石缝，用带来的竹片拨弄石缝中的虾、蚌。结果捕获了十来只个头不算太小的海虾、三只中等个头的海蜇，并用小铁铲挖剥掉一些带壳的蚝。这些桶里的鱼、虾、蚌可以供弟妹们观赏一阵了。（因为它们离开活动着的海水，不要太久，便会死去。）

在那二三十年代里，带有乡土味的北戴河海滨游览区，来度假、避暑、游乐、休闲的游客虽然也不少，但毕竟还未达到摩肩接踵的地步。环境是宽松幽雅而又恬静的。父亲每次来此小憩，身上的一些病痛虽未能有较明显的好转，但他的精神与

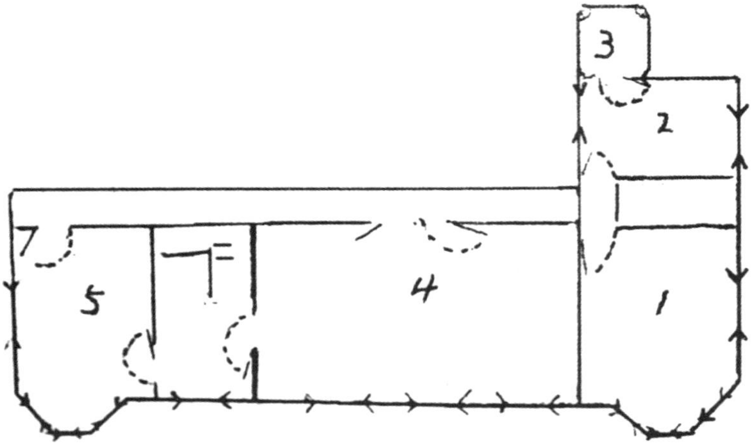

北戴河小楼二层使用房间平面图（梁思达绘。）

外貌都有所改变，获得了较充分的休息和较多的户外活动所应有的效益，不再表现得那么疲惫不堪和压力过重，精神多了，面色也好许多了。

我们这帮小将，就不必说了。个个都晒得红黑红黑的，身体壮了许多，也增强了抗病的能力。像我这个小时候曾是有名的“小病秧子”，也壮实了不少。

唯有苦了母亲王夫人。她在此需要付出加倍的心力来安排好全家的吃、喝与游乐。但每当看到父亲情绪安定、面色转好，儿女们也是身体棒棒时，她内心总是很高兴的。

1937 年 6 月，我从天津南开大学经济研究所（属该校的商学院）第一届研究生班毕业后，陪着我的两位同窗去北戴河海滨玩儿了四天。我们搭乘的是平沈普通快车的硬座车，里面相当拥挤。在普通旅客中，掺杂了不少“全副武装”的中国“商人”和朝鲜“浪人”（所谓“全副武装”是指这些人：外面穿着普通的衣服，里面则大都套着一种特制的背心，上面缝有一排排的小口袋，里面装满了银圆），是一些地地道道的公开走私者。我们在回天津的车上，再次遇上了类似的一批人。他们那种小口袋里装的，估计该是些毒品之类或其他什么违禁品。在那动荡不定的局势中，真是“既无法，又无天”了。

在那四天中，我们以我家的那座小楼为基地，早出晚归，一共下过三次海。那两位同窗不善游泳，只在海水里泡，洗个海水浴。我自己一人游，也不太起劲。游览区的主要名胜景点都去观赏了，还顺便绕个弯，去了一趟山海关。

这是我在抗日战争前夕，在华北地区混乱的局面下，最后一次北戴河之游。

新中国成立后不久，我所在的长沙市也相继和平解放了。我回北方探母心切，得到所在单位进驻军代表批准，于当年11月底，返回天津。

1952年初，当时在京的母亲以及思顺、思成、思永、思庄等举行家庭会议，决定将北戴河小楼无偿地捐献给当时的卫生部，作为该部的休养所。由卫生部颁发的荣誉证书，一直挂在思顺家客厅的墙上。（“文革”中可能遗失了。）

1954年，国务院曾颁有干部每年可以休假十天的通告。我征得卫生部有关部门的同意，借用了该小楼两间住房，于7月间带着全家去北戴河住了一个多星期（当时该处仅有纺织部的一位副部长在楼下休假）。那时小楼的照明、饮水等生活设施尚无多少改变，与捐献前一样。

1980年夏，我已退休，住在团结湖小区。当时，朝阳区民政局组织一批离退休干部去北戴河休假、旅游十天，我也去了。旅游团于上午八时许乘火车离北京站，于下午四时许到达北戴河站，换乘大汽车去海滨游览区汽车站，稍停片刻，即原车转往东山区，于傍晚前住进北京市民政局刘庄干部休养所。这是我上次（1954）来此二十六年后，再度光临北戴河。

这里完全变了。这么多年了，也应该有这样的变化。从汽车站往东宽阔、整洁的大马路两旁，是连片的新建筑。一幢挨着一幢的大楼的门前，不是××省驻海滨招待所，便是××厂或××校的休养所。我们要去的休养所，在黑石路，靠近东一路与东二路之间，距海岸极近。

抵达目的地后，正赶上吃晚饭。饭后，许多团员都去海边看海去了。我感觉有些疲惫，去浴室淋浴后，便回住室去休息了。男团员住室在楼下，每屋住四人，三个老人外搭配一个较为年轻些的人（这是为了照顾老人的一项措施，怕半夜发病，便于及时救治，团里考虑得十分周到），三个老汉中除我外，还有住在团结湖南里的某中学教体育的赵老师和一位清洁工，较年轻的同志已记不清他的姓名。其实，这里的保健医疗室，就在我们房间的对门。

当晚，曾向休养所的人打探“小楼”（指捐献的小楼），他们都说不清楚。手头上又无游览图可资查看。

第二天上午，团里的集体活动暂未开始，各人可以自由活动。早饭后，看看天际云层较浓，估计是个多云天气（事后知道这是个错误），只戴上一顶凉便帽，未拿遮阳伞，按着自己的老观念（即“小楼”在离刘庄东面二三里处），离开刘庄休养所出门转向东边走去。所经的新开辟的马路上，两旁绿化小树还都长得不太高。半个多小时过去，仍未找到“小楼”的所在。可天气却发生了变化，云散雾开，太阳露面了（变成了“多云转晴”）。为了躲避阳光的直射，我转向海边树多的金山路走去，终于在金山宾馆旁一间小店买到了一份《北戴河游览图》，展开一看，才知道自己走错了路。沿着海岸边，在阳光直接曝晒下，总共用了两个小时左右，才走到“小楼”所在海湾的海角大石旁。往回走的这一段路，因临海风较大，吹得十分凉爽。

这片我们来此每天游泳、海水浴的水面，没有太大的改变。只是在往西一片相当大的海面上建立了一条用小浮标形成的隔离线。线东边是国务院及其所属一些部休养干部的专用浴场，线西边则属一般的大众浴场。分开来，以便于管理和做一些必要的保卫工作。岸边所建的一排小型建筑，是专用的临时休息室与淋浴室。后面，建有水泥阶梯，供上下用。

浴场的上面，则有较大变动。那里建起了“中海滩路”，是与原“小楼”院落高度相当的公路路面。在原“小楼”四周建起了国务院及所属一些单位的休养所。我沿着“中海滩路”与原东二路路口交接之处，向西巡视，终于在两座大楼相邻的缝隙中，看到了原“小楼”靠走廊西部的那个台阶和楼体的一部分。小楼墙体颜色已粉刷同大楼一样的浅灰色了。这是我站在马路边“第十九号路灯杆”旁所看到的。“小楼”还在继续发挥它的作用。这是我此次在北戴河的最大收获。

经过一个上午的曝晒与冷海风的劲吹，一热一冷的折腾，晚上我发起烧来，吃过药睡了一夜和一整天，总算好了。但也造成了两项遗憾：一是错过了乘小火轮出海去游秦皇岛的一次集体活动，二是医生要我一周内不许下海游泳。

我这次来此，至少尝到两次“摩肩接踵”的拥挤味儿。一次是去“老虎石”，路过该处市场、街道；另一次是早晨四点左右，集体乘大车去“鹰角石”等候看日出。其拥挤程度超过去王府井、西单。

1937年，梁思顺携梁思礼（左一）、吴荔明（梁思庄之女，左二）、周嘉平（梁思顺之子，右一）在北戴河。

1937 年，梁思庄陪爱女吴荔明在北戴河沙滩上玩沙。

从以上五舅思达对北戴河的精彩描述，可见北戴河的避暑时光是梁家生活非常重要而欢乐的一部分。

1929 年，公公梁启超去世之后，王桂荃婆不常去北戴河。那时常常是大姨思顺带着大家去避暑，仍住在那座别墅里。

1937 年夏天，全家最后一次一起去北戴河，那也是去的人最多的一次。以大姨思顺为首，她的儿女们，还有妈妈思庄、八舅思礼、表姐梁再冰和我。在那里，大家游泳、打猎，还一起去吃天津“起士林”的冰淇淋。（那时每年夏天，天津有名的“起士林西点店”都要到北戴河设一个分店卖各种好吃的外国点心、冰淇淋等。）每个人都晒得像黑煤球，皮肤黑亮亮的。我那时年纪太小，记不清太多

梁思顺（左）、梁思庄姐妹俩在梁思顺居所的凉台上。

的事，但“起士林”的冰淇淋却非常难忘。最有趣的是六十年后的1997年，我和几个中学时代的同学同游北戴河，我们一起居然找到了“起士林”。现代的“起士林”已是高级装修，想想几十年前的小门面，真是今非昔比啊！大家开玩笑说，我又圆了六十年前的冰淇淋梦。

八

香山脚下亲人眠

梁启超墓实际上是梁启超与李蕙仙的合葬墓，坐落在北京香山卧佛寺的东面，现今北京植物园内的裸子植物区。墓碑雄伟壮丽，约四米高，建立在一个由人工筑起的平台上，由浅黄色花岗石刻成。碑前连接一供台，高七十五厘米，两侧连接浅黄色花岗岩与衬墙。

墓碑、供台与衬墙成为一体。

整个墓坐北朝南，这是中国的老规矩。碑的正面竖写着：

> 先考任公府君暨
>
> 先妣李太夫人墓

背面是儿子、儿媳，女儿、女婿及孙辈立碑者的名字。

青山翠柏中的梁墓

李蕙仙婆于1924年先于梁启超逝世，所以墓修成后没有马上立碑。1925年10月4日，李蕙仙婆去世一周年时，梁启超给思顺、思成、思永、思庄信中提到立墓碑事：

> 此次未立墓志铭，固由时间匆促，实则可以暂不立，将来行第二次葬礼时，可立一小碑于墓门前之小院子，题新会某某暨夫人某氏之墓，碑阴记我籍贯及汝母生卒年月日，各享寿若干岁，子女及婿、妇名氏，孙及外孙名，其余赞善浮辞悉不用，碑顶能刻一佛像尤妙。[①]

碑的两扇衬墙前端各刻有一佛像（头），我想就是二舅按公公的意思做的。信中所说“第二次葬礼”，指的就是梁启超本人的葬礼。那是在五年之后的事了。

1925年修墓时，思顺、思成、思永、思庄都在国外。所以整个工程都由二公梁启勋负责操办，等立碑时再由二舅思成设计。关于穴的尺寸、材料等，梁启超在1925年10月3日给孩子们的信中描述道：

> 我昨日到清华憩息时，刚接到你们八月三十日来信。信上说起工程的那几句话，那[哪]里用着你们耽[担]心，二

① 丁文江、赵丰田编：《梁启超年谱长编》，上海人民出版社，1983年第1版，1063页。

叔早已研究清楚了。他说先用塞门特不好，要用塞门特和中国石灰和和做成一种新灰，再用石卵或石末或细砂来调，（某处宜用石卵，某处宜用细砂，我也说不清楚，但你二叔讲起来如数家珍。）砖缝上一点泥没有用过，都是用他这种新灰，冢内圹虽用砖，但砖墙内尚夹有石片砌成的圹，石坛都用新灰灌满，圹内共用新灰原料，专指塞门特及石灰，所调之砂石等在外，一万二千余斤。二叔说算是全圹熔炼成一整块新石了。开穴入地一丈三尺，圹高仅七尺，圹之上培以新灰炼石三尺，再培以三尺普通泥土，方与地平齐。二叔说圹外工程随你们弟兄自出心裁，但他敢保任你们要起一座大塔，也承得住了。据我看果然是如此。①

由于这是双冢墓，一人先入葬，必须考虑好第二人如何与之合葬。二公梁启勋想了三种办法，最后选一种。在同一信中，梁启超也告诉了孩子们全部的想法：

圹内双冢，你妈妈居右，我居左。双冢中间隔以一墙，墙厚二尺余，即由所谓新灰炼石者制成。墙上通一窗，丁方尺许。今日下葬后，便用浮砖将窗堵塞。二叔说到将来我也到了，便将那窗的砖打开，只用红绸蒙在窗上。合葬办法原有几种：（一）是同一冢，内置两石床。这是同时并葬乃合用。既分先后，则第二次葬时恐伤旧冢，此法当然不适用。（二）是同一

① 丁文江、赵丰田编：《梁启超年谱长编》，上海人民出版社，1983年第1版，1061页。

坟园分造两冢。但此已乖同穴之义，我不愿意。（三）便是现今所用两冢同一圹，中隔以一墙。第二次葬时旧冢一切不劳惊动，这是再好不过了。还有一件是你二叔自出意匠：他在双冢前另辟一小院子，上盖以石板，两旁用新灰炼石，墙前面则此次用砖堵塞，如此则今次封圹之后，泥土不能侵入左冢，将来第二次葬时将砖打开，葬后再用新灰炼石造一墙，便千年不启。①

二公将各种办法都详细地告诉了当时还在国内的四舅思忠。因为他怕第二次葬时自己老迈或已不在了，所以他还要画一圹内的图，将尺寸说明，预备将来第二次葬礼时用。

公公说："工程坚美而价廉，亲友参观者无不赞叹。"②

整个墓地面积三十余亩，内种二百多株树，墓的西南方向盖一小亭，也是二舅思成设计，本计划在亭子里立一个梁启超的半身铜像，后因种种原因未能实现，直到现在亭子里面仍是空的。

在墓平台的南边，也就是前方，有一大片空地，左右各立一赑屃驮石碑。这是梁启超买的旧石碑，由于当年交通运输都很困难，好不容易才将这两座石碑运到墓地，但再也没有钱把它们竖立起来。横倒在地五十多年后，才由北京植物园出资将两座碑立起。关于旧碑之事，梁启超于1925年11月9日给思顺等信中有过较详细生动的描述：

---

① 丁文江、赵丰田编：《梁启超年谱长编》，上海人民出版社，1983年第1版，1061—1062页。

② 丁文江、赵丰田编：《梁启超年谱长编》，上海人民出版社，1983年第1版，1062页。

> 葬事共用去三千余金。葬毕后忽然看见有两个旧碑很便宜，已经把他［它］买下来了。那碑是一种名叫汉白玉的，石高一丈三，阔六尺四，厚一尺六，驼［驮］碑的两只石龟长九尺，高六尺。新买总要六千元以上，我们花六百四十元，便买来了。初买得来很高兴，及至商量搬运，乃知丫头价钱比小姐阔得多。碑共四件，每件要九十匹骡，才拖得动，拖三日才能拖到，又卸下来及竖起来，都要费莫大工程，把我们吓杀了。……后来结果花了七百多块钱把他［它］拖来，但没有竖起，将来竖起还要花千把几百块。[①]

在墓的西南方，靠近小亭的东南方，有三个坐南朝北的墓碑并列而立。中间长眠的是1932年去世、终年二十五岁的四舅梁思忠，西边长眠的是1986年去世、享年七十八岁的我的妈妈梁思庄，东边长眠的是2016年去世、享年九十二岁的八舅梁思礼。他们的墓碑面朝着大墓碑，这也是中国的习俗，意谓子女睡在父母的怀抱中。

在平台下，南稍偏东的小松林中，是七公梁启雄夫妇和他们的儿子梁思乾的卧碑。

这里是一座优美的墓园，北面背靠长满绿树的高山，南面较平坦开阔，园内路旁的小松柏墙由于多年未剪修，已长成高大的侧柏树，现在来这里的人们已不可能想象得出当年这小石路旁整齐的绿油油小矮松墙的风貌了。墓园长年隐避在青山翠柏之中，很少受到人们各种嘈杂的干扰，依然幽幽静静。

---

① 丁文江、赵丰田编：《梁启超年谱长编》，上海人民出版社，1983年第1版，1064页。

八角绿色琉璃瓦顶小亭是梁氏墓地的一景。

1936 年，梁启超的部分子孙扫墓后摄于梁墓的小亭前。左起：梁思懿、周念慈（梁思顺之女）、吴荔明（梁思庄之女）、林徽因（梁思成夫人）、梁思庄、梁再冰（梁思成之女）、周嘉平（梁思顺之子）、梁从诫（梁思成之子）、梁思顺、周同轼（站立最高者，梁思顺之子）。

1978 年，梁思庄代表梁家全体兄弟姐妹，将此墓地无偿献给国家。现在它已被列为重点文物保护单位。

王桂荃婆在世时，每逢清明节，必带领全家上坟。这时也是我和一群小表弟、小表妹们最兴奋的日子，婆要带很多水果和糕点作供品，当然，我们也能吃上很多美味的食品。每次到墓地后，大家首先帮助婆把供品一碟一碟地摆在碑前的石供台上，再点燃一束香。不记得当时是否还鞠躬拜祖，但记得大家漫山遍野地采紫色的二月兰和一种黄色的小野花，一大把一大把捆在一起放于墓前。那时看坟人老寇全家住在园子东南角的几间小平房里。每次我们去上坟，他们就准备很多干枣、白薯请大家吃。屋前有一口井，井水清凉，我们打出井水冲手、洗脸。

“文化大革命”期间，红卫兵到处打砸墓碑。所幸的是，梁墓当时是在解放军管辖地区之内，得以幸免。当然，家人和亲友谁也不敢也没有能力再去“反动的保皇党”的墓地扫墓，更不能为它做些什么。那时，整个墓园杂草丛生，野草和枯枝落叶几乎把墓碑埋掉；美丽的小亭已成为看坟人家的仓库，堆满了煤、木板和各种乱七八糟的杂物；平台上铺地的大方石砖被老寇家取去铺了自己屋子的地。景象真是一派凄凉。

1978 年，梁家捐献墓地之后，植物园领导动员老寇家搬迁出去，将两座赑屃驮石碑立起，除草整理，并种了一些草皮，修补了墓园的围墙，并把围墙外的四周都绿化成美丽的园林。墓地仍在，但每年带我们扫墓的王桂荃婆早已故去。我们全家每个人都十分想念她！

“母亲树”的故事

1993 年 11 月，广东新会市隆重召开梁启超诞辰一百二十周年纪念大会，邀请梁氏后代参加，大家高兴地在故乡团聚，自然地怀念公公和婆。大家不约而同地想到王桂荃婆，想到她为梁启超的事业和众多子女的抚养教育不辞辛劳的一生；而她在“文化大革命”期间死得是那样悲惨，临终没有亲人在身边，没有留下一句遗言，

1994 年夏，梁氏在京部分后代聚集在梁思达家中，商量为王桂荃婆种“母亲树”的具体办法。此为合影留念。前排左起：麦秀琼（梁思礼夫人）、梁思礼、梁思达、俞雪臻（梁思达夫人）；后排左起：梁柏有（梁思永之女）、吴荔明（梁思庄之女）、梁再冰（梁思成之女）、梁忆冰（梁思达之女）、梁旋（梁思礼之女）。

抱着屈辱和遗憾，默默地痛苦地离开了人世，最后连骨灰都不知在哪里。我们都怀有一个强烈的愿望——要想出一个最好的方式寄托对王桂荃婆的哀思。五舅思达、八舅思礼根据大家的要求在新会市召开了家庭会议。大家最终决定，在墓园内种一株树，象征着婆，也寄托着我们的哀思；种树的相关经费由大家集资，由于都是工薪阶层，本着勤俭节约原则，以户为单位，需要多少集多少。两位舅舅当场指定梁柏有（组长）、梁忆冰、吴荔明三人成立“三人小组”，专门办理此事，梁再冰为顾问。总指挥是思达、思礼两位舅舅。

由于梁墓是重点文物保护单位，这株“母亲树”的种植经历重重困难，数次搁浅，最后只好由八舅出面写信给中央统战部王兆国部长。经过八个多月的艰苦历程，申请终于在10月得到批准：可以在梁启超墓园内种纪念树，立说明碑。

我们首先选定了种树的位置——在墓平台之上，靠近大墓碑偏东北方，这是婆生前所喜欢的位置；其次，选定了树种——白皮松，它象征着婆纯洁高尚的品德四季常青。为了说明这株树，我们请清华大学建筑系年轻的王丽方博士设计了一个卧式说明碑，立在树前。碑文由再冰表姐撰写，经五舅思达、八舅思礼“审查”通过。碑文如下（正面正文竖写，背面名字横写）：

母亲树

为纪念梁启超第二夫人王桂荃女士，梁氏后人今在此植白皮松一株。

王桂荃（一八八六至一九六八），四川广元人，戊戌变法失败后梁启超氏流亡日本时期与梁氏结为夫妻。王夫人豁达开朗，心地善良，聪慧勤奋，品德高尚，在民族忧患和家庭颠沛之际，协助李夫人主持家务，与梁氏共度危难。在家庭中，她毕生不辞辛劳，体恤他人，牺牲自我，默默奉献，挚爱儿女且教之有方；无论梁氏生前身后，均为抚育子女成长付出心血，其贡献于梁氏善教好学之家良多。梁氏子女九人（思顺、思成、思永、思忠、思庄、思达、思懿、思宁、思礼）深受其惠，影响深远，及于孙辈。缅怀音容，愿夫人精神风貌常留此园，与树同在，待到枝繁叶茂之日，后人见树，如见其人。

思　达　思　宁　思　礼

李福曼　章　柯　俞雪臻　麦秀琼　林　洙

周念慈　周同轼　周有斐　梁再冰　梁从诫

梁柏有　吴荔明　梁忆冰　梁任又　张郁文

张安文　梁任堪　章俊锋　章安秋　章安健

章　惠　章安宁　梁　红　梁　旋

一九九五年四月立

碑体由北京大理石厂加工并现场施工，1995 年 4 月 5 日全部完工。后又经植物园帮助，如愿种植了一株幼小白皮松。

1995 年 4 月 23 日上午，全家人又聚集在梁墓，八十八岁的三舅妈李福曼来了，八十三岁的五舅思达坐着轮椅也来了，七十九岁的六姨思宁和六姨丈章柯从济南来了。全家老老小小四代亲人，面对“母亲树”，共同悼念大家敬爱的婆——王桂荃。

梁启超墓园中的梁墓和“母亲树”纪念碑。梁启超与他的两位夫人静静地安息在这幽静的墓园里。

1995 年，三人小组成员梁忆冰（左）、梁柏有（中）、吴荔明（右）在“母亲树”纪念碑前。

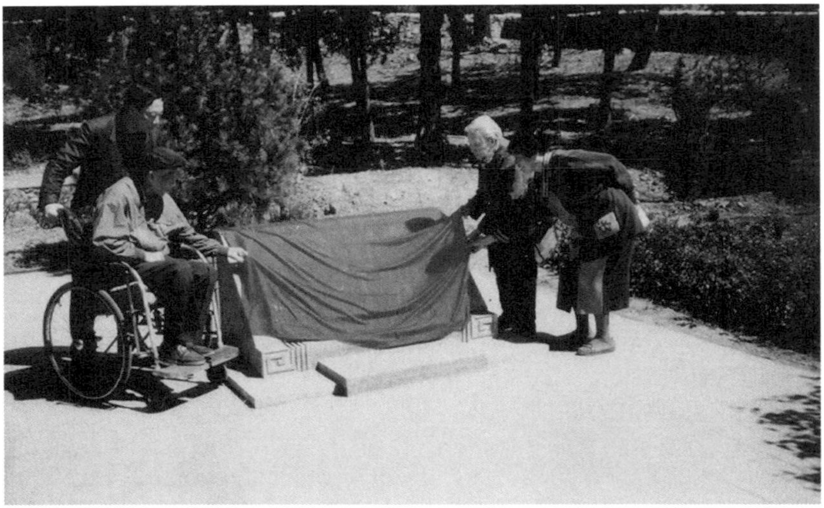

1995 年 4 月 23 日，梁家最年长者李福曼（梁思永夫人，右边揭幕者）、梁思达（左二坐轮椅者）为“母亲树”纪念碑揭幕。右一为梁柏有（梁思永之女），左一为梁任堪（梁思达之子）。

梁思礼为“母亲树”致辞。

1995 年 4 月 23 日，梁氏家族在母亲树前合影。

梁启超墓园

满门学子　成就非凡

一

子女个个成才

——他们“滴自己的汗，吃自己的饭”

公公梁启超有九个子女，人人成才，各有所长。

大姨梁思顺（1893—1966），字令娴，梁启超长女，生于广东新会。她自幼爱好诗词和音乐，从小就在家中由父亲梁启超指导读书，曾编有《艺蘅馆词选》。梁思顺在《自序》中写道：“令娴家中颇有藏书，比年以来，尽读所有词家专集若选本，手钞资讽诵，殆二千首，乞丈更为甄别去取，得如千首……”[①]此书1908年（光绪三十四年）初版，抗日战争前和1949年后曾多次再版，颇受读者欢迎。它也是研究梁启超学术思想的重要参考资料。

二舅梁思成（1901—1972），著名建筑学家，梁启超长子，生于

① 梁思顺：《艺蘅馆词选 · 自序》，广东人民出版社，1981年版，1页。

日本。早年入清华学堂学习，1924 年赴美国留学，毕业于宾夕法尼亚大学建筑系，获硕士学位。回国后，他选择在当时比较艰苦的东北大学创办了我国北方的第一个建筑系。“九一八”事变前夕，他离开东北大学回到北平加入了中国营造学社，从事中国古建筑的研究。

梁思成到学社后，改变了学社过去只注重文献考证的研究方法，组织调查队，从 1931 年至 1937 年，走遍了华北地区，到偏僻的乡村去探寻古代建筑。对所发现、考察的古建筑，诸如五台山佛光寺（唐）、太原晋祠（宋）等，进行了测绘、摄影、分析、鉴定，写出了具有科学价值的调查报告。他是第一个运用现代科学方法研究中国古建筑的学者，开拓了中国建筑史的研究道路。

1937 年抗日战争爆发后，梁思成与学社部分同仁在大后方极端困难的境况下坚持学术工作。这时，他完成了我国第一部《中国建筑史》，完成了他的“中国建筑史要由中国人来写”的夙愿，填补了中国建筑史研究的空白，竖起了中国建筑史研究的第一个里程碑。

就在这个时期，他还用英文为外国读者写了一本通俗易懂的《中国建筑史图录》，让中国建筑在国际上闪耀灿烂的光辉。除了本人的学术成就外，他还培养了许多研究古建筑的人才。

1945 年抗战胜利后，梁思成深感国家缺乏建筑人才，又创办了清华大学建筑系，并于 1946 年赴美讲学，考察建筑教育。1947 年，他被推荐为联合国大厦设计顾问团的中国代表。同年，美国普林斯顿大学因梁思成在中国建筑学术研究上的重要贡献授予他名誉博士学位。这时，不少朋友劝他：共产党就要来了，可以留在美国工作。但是，他没有接受，还是毅然回到了祖国。1948 年，梁思成当选为第一届中央研究院院士。

新中国成立后，梁思成立即投身到新中国的建设之中，成为一个社会活动家。他亲自领导并参加了国徽图案及人民英雄纪念碑的设计工作。1952 年，他任北京市政协副主席。1955 年，他因提倡建筑的民族形式而受到批判。但他并未因此疏远共产党，而是更加热爱社会主义祖国，并于 1959 年加入了中国共产党。

梁思成先后担任全国政协常委、全国人大常委、中国科学院学部委员等职。他一生的成就是多方面的，在建筑理论、建筑教育思想、城市规划理论方面都提出了不少超前的新观点。他是我国古建筑研究的先驱者之一，也是我国建筑教育的奠基人之一。“文化大革命”中，他受尽屈辱和折磨，含冤去世。1986 年，清华大学隆重集会，纪念梁思成八十五周年诞辰。

三舅梁思永（1904—1954），著名考古学家，梁启超次子，生于澳门。1923 年毕业于清华学校留美预备班，随后赴美国入哈佛大学研究院攻读考古学和人类学，曾参加印第安人古代遗址的发掘，并研究东亚考古；其间，曾一度回国在清华学校国学研究院担任助教。1930 年在美国哈佛大学毕业后，回国参加中央研究院历史语言研究所考古组工作。1931 年春参加河南安阳小屯和后冈的发掘，秋季参加山东历城（今章丘）龙山镇城子崖的第二次发掘。他的工作提高了中国考古发掘的科学水平，使之纳入近代考古学的范畴。1934 年，他主笔的《城子崖遗址发掘报告》出版，这是我国首次出版的大型田野考古报告集。

抗日战争爆发后，梁思永跟随史语所撤往长沙，经桂林入昆明，最后到达四川李庄。1939 年，他在第六次太平洋学术会议上提出的论文中，全面总结了龙山文化。考古学界目前对龙山文化类型的划

英俊的四舅梁思忠仅仅活了二十五个春秋。当年他报考军校梁启超是不赞成的，但作为父亲，梁启超从没有强迫自己的儿女，他总是尊重孩子们的选择。

分，仍导源于梁思永半个多世纪前的创见。他于1948年当选为第一届中国科学院院士。1950年8月，他被任命为中国科学院考古研究所副所长，躺在病床上仍主持考古所的工作，制定长远规划，指导野外工作和室内研究，热心培养青年一代。由于工作辛劳，梁思永体力更加衰弱，终于不支。1954年春，他的心脏病发作，4月2日在北京逝世，终年未满五十岁。著名考古学家夏鼐说："梁思永是我国第一个受过西洋的近代考古学正式训练的学者。"著名考古学家安志敏也说："梁思永是中国近代考古学和近代考古教育的开拓者之一。"

四舅梁思忠（1907—1932），梁启超三子，生于日本，后毕业于美国弗吉尼亚陆军学院和西点军校，回国后任国民党十九路军炮兵校官。1932年患腹膜炎，因贻误治疗而去世，年仅二十五岁。

梁思忠没有留下子嗣。一心要学成报国的他，作为一个军官未能战死在疆场上。命运是多么的不公平啊！

妈妈梁思庄（1908—1986），著名图书馆学家，梁启超次女，生于日本。1926至1930年间就读于加拿大蒙特利尔麦基尔大学，获文学学士学位；1930至1931年就读于美国纽约哥伦比亚大学图书馆学院，获图书馆学士学位。1931年学成归国后，立即投身于我国图书馆事业，先后在北平图书馆、燕京大学图书馆、广州中山图书馆从事西文编目工作。1936年重返燕京大学，任图书馆西文编目组组长和图书馆副主任等职。

1952年，院系调整后，梁思庄任北京大学图书馆副馆长。"文化大革命"中，她作为"保皇党梁启超的女儿、反动学术权威"遭到批斗，被毒打得遍体鳞伤。1976年被勒令退休，1978年复职。1980年，梁思庄当选为中国图书馆学会副理事长。她为图书馆事业呕心沥血、默默无闻地工作了整整五十年。梁思庄一生致力于西文编目工作，在这方面被公认为全国首屈一指的专家。北大图书馆的几十万种西文图书的目录都经她亲自或指导编制而成。这套目录是她一生心血的结晶，它的高质量受到国内外专家的交口称赞。她留下个人署名的文章不多，但许多专家、教授们的著作和学生们的论文，都浸润着她的心血和辛劳。

1980 年，梁思庄以古稀之年，代表中国图书馆学会赴菲律宾参加国际图书馆协会联合会。

1981 年梁思庄积劳成疾，4 月突患脑栓塞，之后卧床五年，久治不愈，终于 1986 年 5 月 20 日去世。她的骨灰安放在北京卧佛寺旁的梁启超墓园。

五舅梁思达（1912—2001），梁启超四子，生于日本。长期从事经济学研究。1935 年毕业于南开大学经济系，后留校作研究生，于 1937 年毕业。抗战期间在重庆中国银行总管理处任职。1949 年在北京国务院外资企业局（后改为国家工商管理局）任职。他曾参与中国科学院经济所《中国近代经济史》一书的编写。1965 年，梁思达主编《旧中国机制面粉工业统计资料》一书。1972 年退休，2001 年逝世于北京。

五姨梁思懿（1914—1988），梁启超三女，主要从事社会活动。早年在燕京大学读书，初念医预班，准备升入协和医学院学医，后为了参加革命转入历史系。她曾参加共产党的外围组织“民族解放先锋队”，是“一二・九”运动中的学生骨干。后参加学生流亡队伍。1941 年，梁思懿赴美国学习历史。1949 年，她在太平洋彼岸得知新中国即将诞生的消息后立即回国。先后在山东医学院、山东省妇联工作，后调到北京任中国红十字会对外联络部主任。她一直从事对外友好联络，多次代表中国参加国际红十字会议，为第六届全国政协委员。1988 年逝世于北京。

六姨梁思宁（1916—2006），梁启超四女，生于上海。就读南开大学一年级时因日军轰炸学校而失学。1940 年，在五姨思懿影响下投奔新四军，参加革命工作数十年。

八舅梁思礼（1924—2016），著名火箭控制系统专家，梁启超五子，也是梁启超最小的孩子，生于北京。1941 年，十七岁的他随五姨思懿赴美留学，获普渡大学学士学位，接着在辛辛那提大学获硕士和博士学位。1949 年梁思礼回国，初在邮电部电信技术研究所和通信兵部电子科学研究所从事技术工作，并参加国务院组织的“十二年科学远景规划”，负责起草运载火箭的长远规划。1956 年调入国防部第五研究院，任导弹系统研究室主任。

三十多年来，八舅亲自领导和参加了多种导弹、运载火箭的控制系统研制试验。他是 1964 年实验成功的、我国自行设计的第一个地—地导弹控制系统的负责人之一，并在之后改进的型号中领导、研制出具有中国特色的全惯性制导系统，使我国导弹控制系统的设计完全脱离了仿制苏联的框框。他参加了 1966 年 10 月 27 日在我国本土进行的导弹核武器试验。这次实验的成功震惊了全世界，从此我国进入了核大国的行列。梁思礼还是我国向南太平洋发射的远程液体火箭和长征二号运载火箭的副总设计师，负责控制系统工作。在他主持下，我国首次把集成电路用于弹上计算机，并首次以此进行全弹自动化测试。他还参加了 1980 年向太平洋发射远程火箭的飞行试验，获得了 1985 年国家科技进步特等奖。

梁思礼是第一代中国航天人，也是当代中国导弹控制系统的带头人，为我国的航天事业作出了重要贡献，是我国航天事业的开拓者之一。1987 年当选为国际宇航科学院院士；1993 年当选为中国科学院院士，同年被选为第八届全国政协委员；1994 年当选为国际宇航联合会副主席；1996 年 10 月获“何梁何利基金”。[①]1997 年 9 月，他作为全国十名有突出贡献的老教授之一，获“中国老教授科教兴国贡献奖”。2016 年逝世于北京。

梁启超的子女们各有自己的成就，都是本行业的专家。他们都十分用功，学习刻苦；他们都十分热爱自己的专业；他们学贯中西，善于把自己在国外所学的知识和先进技术运用在祖国所需要的研究上；他们从不炫耀自己的功绩，而是默默无闻地奉献。他们都不靠父亲梁启超的名声，而是像陶行知先生所说的那样：“滴自己的汗，吃自己的饭。”但是，他们又都和他们的父亲一样，有一颗挚诚的爱国之心！

梁启超有三个儿子是院士。其中，梁思成、梁思永兄弟俩同时于 1948 年 4 月当选为第一届中央研究院院士（人文组），梁思礼于 1993 年当选为中国科学院院士。梁氏一家真可谓“满门俊秀”。公公梁启超在天有灵，可以含笑九泉了。

---

① “何梁何利基金”是由香港何善衡慈善基金会有限公司、梁銶琚博士、何添博士以及伟伦基金有限公司（创办人利国伟）共同捐款在香港成立。每年颁授奖金给予国内杰出的中国学者，藉以表彰其在科技、医学等领域的成就。颁奖始于 1995 年，每年评选一次。

二

艺蘅馆主人

——大姨梁思顺

公公的大宝贝

1893 年，大姨梁思顺生于广东新会老家，她是公公梁启超的第一个孩子，是长女。有思顺时，梁启超才二十岁，如以现在的眼光，二十岁的人自己还是个孩子，但梁启超已经是一个对女儿充满父爱的合格的父亲了。李蕙仙婆生下大姨后，又生下长子，但他不久夭亡；这样一直到八年后，婆才生下二舅梁思成。八年的独生女生活，使思顺能得到比别的孩子更多的父爱。当然，在这开明的家庭中，她一直很有发言权。作为父母的长女、弟妹们的长姊，她在各方面都很出色。公公不仅把她看为女儿，同时也将她视为最好的朋友，公公给她以特殊的爱，这爱在公公写给她的几百封信中可以见出。

大姨梁思顺摄于加拿大。

“大宝贝”是公公对大姨的爱称。每封信中，公公或称她“宝贝思顺”，或称她“我的宝贝”；早期的信抬头都是“示娴儿”或“娴儿读”。

1927年，公公去世的前两年肾病已十分严重，经常尿血。在病痛的折磨中，他思念海外的儿女，尤其想念思顺。他在一封信中对大姨写道：

> 我平常想你还自可，每到病发时便特别想得厉害，觉得像是若顺儿在旁边，我向她撒一撒娇，苦痛便减少许多。

公公晚年家中经济困难，大姨寄信给他，表示愿承担一些家庭费用，他回信说：

你虽是受父母特别的爱，（其实也不算特别，我近来爱弟妹们也并不下于爱你。）但你的报答也算很够了。妈妈几次的病，都是你一个人服侍，最后半年多衣不解带的送妈妈寿终正寝。对于我呢，你几十年来常常给我精神上无限的安慰喜悦，这几年来把几个弟弟妹妹交给你，省我多少操劳，最近更把家里经济基础由你们夫妇＜一＞手确立，这样女孩儿，真是比别人家男孩还得力十倍。你自己所尽的道德责任，也可以令你精神上常常得无限愉快了……①

我的“妈姨”

我一直叫大姨为“妈姨”，因为我刚会说话时，不会说“大”，把大姨叫成“妈姨”，而大姨也很喜欢这种称呼，因为她疼爱我，把我当作她的小女儿。“妈姨”既是妈妈又是大姨，全家人都觉得这种称呼很有趣，从此就这样叫下去了。

当我一岁半时，爸爸去世了。大姨亲自到广州把才二十七岁的年轻的妈妈和我接回北平。最初我们住在二舅家，后来就住到了大姨家。妈妈对大姨有着一种特别依恋的感情。从小我就很爱大姨，她的四个儿女如同我的亲哥哥、亲姐姐。我一直叫他们大姐、大哥、二哥、三哥。

记得我五岁多的时候，我们和大姨一起住在燕京大学南大地

① 丁文江、赵丰田编：《梁启超年谱长编》，上海人民出版社，1983 年第 1 版，1164 页。

五十二号。一天妈妈给我剪指甲，一片指甲绷入妈妈的眼睛里，顿时她疼得睁不开眼，泪流满面，一动不动，也不说话了，吓得我大叫：“妈姨——妈姨！”大姨听到我这种叫声也吓坏了，赶紧跑到我的房间。她冷静地使劲儿地吹妈妈的眼睛，然后用眼药水冲洗，过了一会儿，妈妈睁开眼笑了。这件事情虽小，但在我脑海里留下了极深的印象，至今好像还在眼前。大姨是妈妈和我的保护神。

我叫“妈姨”总是响亮而清脆，这种叫法也是我的“专利”。抗日战争胜利后，我们从成都回到北平。我在贝满女中读初一，住在大姨家。她家有只大狼狗名叫“菠萝”，是三哥（大姨的三子周嘉平）的好朋友。我每天下午放学都要和“菠萝”疯闹一阵，跑来跑去十分开心。有一天我又逗“菠萝”，一不小心把衣服钩在一株仙人掌上，那时贝满的校服是蓝布大褂，结果把侧面的开叉撕开一大条，越钩越紧，不能脱身；“菠萝”在一旁边跳边扑来扑去，不知是高兴还是着急。我又大叫：“妈姨——妈姨——妈姨！”大姨从客厅又稳又快地应声而出：“怎么了？怎么了？！”她帮我解脱出来，瞪着大圆眼睛说：“别大惊小怪大喊大叫的，只是衣服开叉开线了，快自己缝上。”

东单象鼻子中坑三号大姨家有棵大枣树，结的枣又大又香甜。每年枣快红时我都要用竹竿打几个先尝为快，大姨总是管着我，一定要等枣熟了才许打下来。后来，我回到城外和妈妈一起住时，每年大姨都要给我留很多大红枣。

大姨很疼爱我，说我是她的小女儿；但每当我做错事时，她就用大眼睛瞪着我。我最怕她瞪眼睛，觉得她有点儿厉害，也许这就是大小姐一贯的表现吧？据妈妈说，大姨在家还是很有权威的，连公公梁

1937 年，梁家第三代五个孩子：梁柏有（前排右，梁思永之女）、吴荔明（前排左，梁思庄之女）、梁再冰（后排右，梁思成之女）、周嘉平（后排中，梁思顺三子）、梁从诫（后排左，梁思成之子）摄于北平。（梁思成摄。）

启超都很重视她的意见。她仪态端庄，很注意礼节训练，她告诉我，女孩子穿裙子时千万不能随便掀裙子，那样既不雅观又不礼貌，坐下时要端正，把裙子整理好。餐桌上的规矩，要求尤其严格。记得有一次，只是我和她两人面对面地吃饭，我喝汤时发出了很大的声响，她就用大眼睛瞪着我，吓得我赶快纠正了错误。

大姨很疼爱小孙子，二哥周有斐的儿子生下来就住在她家。从幼儿园回家时，大姨总叫他脱下鞋“解放脚丫子”，因为小孩子的脚出汗，闷在鞋里难受。大姨每天拿本小人书给孩子讲故事，她真是一位慈祥的老奶奶。

《艺蘅馆词选》与艺蘅馆主人

大姨自幼受到良好的家教。公公不仅亲自教她习字读书，还教她写诗填词，并且为她作了很多诗词。因此，大姨有深厚的古文根底。公公给她的书房起名“艺蘅馆”，她抄写了很多诗词，编成《艺蘅馆词选》并作了《自序》，这篇《自序》和词选曾被传诵一时，1981年还由广东人民出版社重新出版。

大姨的《自序》云：

令娴校课之暇，每嗜音乐，喜吟咏，间伊优学为倚声。家大人谓是性情所寄，弗之禁也。既而麦蜕弇世丈东游，主吾家者数月，旦夕奉手从受业。丈既授以中外史乘掌故之概，暇辄从问文学源流正变，丈谆谆诲不倦。令娴家中颇有藏书，比年以来，尽读所有词家专集若选本，手钞资讽诵，殆二千首，乞丈更为甄别去取，得如干首。同学数辈展［辗］转乞传钞［抄］，不胜其扰，乃付剞劂，聊用自娱。夫选家之业，自古为难。稚齿谫学如令娴，安敢率尔从事。顾词之为道，自唐迄今千余年，在本国文学界中，几于以附庸蔚为大国，作者无虑数千家。专集固不可得悉读，选本则自《花间集》《乐府雅词》《阳春白雪》《绝妙好词》《草堂诗余》等，皆断代取材，未由尽正变之轨。近世朱竹坨氏网罗百代，泐为《词综》，王德甫氏继之，可谓极兹事之伟观；然苦于浩瀚，使学子有望洋之叹。若张皋文氏之《词选》，周止庵氏之《宋四家词选》，精粹盖前无古人；然引绳批根，或病太严，主奴之见，亮所不免。令娴兹编，斟酌于繁简之间，麦丈谓以校朱、王、张、周四氏，盖有一节之长云。抑令娴闻诸家大人曰：凡诗歌之文学，以能入乐为贵。在吾国古代有然，在泰西诸国亦靡不然。以入乐论，则长短句最便。故吾国韵文，由四言而五七言，由五七言而长短句，实进代之轨辙使然也。诗与乐离，盖数百年矣。近今西风沾被，乐之一科，渐复占教育界一重要之位置，而国乐独立之一问题，士夫间莫或厝意。后有作者，就词曲而改良之，斯其选也。然则兹编之作，其亦可以免玩物丧志之诮软！

戊申八月 新会梁令娴[①]

梁启超流亡日本时，大姨曾在日本人下田歌子举办的女子师范读过书。因此，她的日语非常好，她不但语言流利，而且能熟练地掌握高级日语（宫廷语言）。据说她一开口，日本人就知道她的身份很高贵，后来这成为她和日本鬼子斗争的武器。从日本回国后，她曾在北京一位英国妇女开办的一所女子学校学英语。

太平洋战争爆发前，大姨也在燕京大学教过中文。当年燕园里曾传颂过大姨的一段佳话：1941 年太平洋战争爆发，日美宣战，日寇占领了燕京大学这“七七”事变后的一个“自由孤岛”。那时，我们和大姨全家一起住在燕园，在教职员撤离燕园前，日寇对人们采取了恐怖的高压政策。为了封锁新闻，日本兵到每一家去查收音机，

① 梁思顺：《艺衡馆词选 · 自序》，广东人民出版社，1981 年版，1—2 页。

禁止大家收听短波新闻。当查到我们家时，大姨用高级日语严厉地对日本兵说："不许你们动我的无线电，不然我就把它砸烂！"这些日本兵一听她讲的是日本宫廷语言，也不知她是什么来历，都不敢动她的无线电，灰溜溜地走了。事后，这个消息传遍了燕园，极大地鼓舞了危难中燕京人的士气。面对日本兵，大姨是无畏的。这在当时需要多大的勇气，担当多大的风险啊！

公公的得意"赘婿"——周希哲

大姨丈周希哲（国贤）是马来西亚华侨，家道清苦。青年时曾在海轮上作小职员，他追求进步，拥护维新变法，被维新派送往日本，之后又去美国哥伦比亚大学攻读，获国际法博士学位。周希哲是公公梁启超的得意学生，也是他首先看中的女婿。1923 年 11 月 5 日，公公还在信中向已经结婚多年的大姨提到他们的婚姻：

> 我对于你们的婚姻得意得了不得，我觉得我的方法好极了，由我留心观察看定一个人给你们介绍，最后的决定在你们自己，我想这真是理想的婚姻制度。好孩子你想希哲如何，老夫眼力不错罢。徽音[1]又是我第二回的成功。我希望往后你弟弟妹妹们

---

① 原名林徽音，20 世纪 30 年代因发现与一男作家同名同姓，故改名林徽因。公公梁启超的书信中称她为徽音，为叙述方便，本书一概称为林徽因。

个个都如此。（这是父母对于儿女最后的责任。）我希望普天下的婚姻都像我们家孩子一样，唉，但也太费心力了。[①]

大姨的婚事是她自己同意的，由于她是梁启超的宝贝女儿，所以大姨丈（周希哲）是“入赘”女婿，也就是上门女婿，住在女方家里。大姨自己曾对她的三子周嘉平说：“当年结婚时，你父亲还是坐着花轿来到梁家的。”这真是件新鲜事（约在1915年），详细的情况现在谁也说不清楚，大姨没有详细讲过，事情已经过去了一个多世纪。

在我三岁多的时候，大姨丈就去世了，但我对他还是有印象，因为曾在他身边住过两年多。大姨丈很洋气，经常穿西服，戴毡帽，还留着短胡子，满口洋文，嗓门儿大，脾气也大。但他对小孩子从不发脾气。大姨曾告诉我，大姨丈平常总爱说英语，连对我这么小的孩子也说英语，后来我也能听懂一些简单的词，如：Yes，No，thank you等。我小时爱把杯子里的水往地上乱洒，他就摇着头说：“No，No，不乖。”但从不发火。有一次，他用英文加手势对我说：“请你给我那本*LIFE*（《生活》杂志）。”我居然正确地把*LIFE*拿给了他，他大为惊喜，抱起我来用胡子扎我的脸。我想，当时我一定是看懂了他的手势，并不需要听懂他说些什么。

---

① 中华书局编辑部编：《梁启超未刊书信手迹》，中华书局，1994年11月第1版，583—584页。

◀
婚后不久的梁思顺、周希哲与长女周念慈。

外交官的家庭生活

大姨丈曾任中国驻菲律宾、缅甸、加拿大领事和总领事。大姨作为外交官夫人，曾和他一起会见过英国皇太子爱德华八世（即不爱江山爱美人的温莎公爵）、加拿大总理 Mackenzie King 等要人。周希哲的中文没有英文好，北京话没有广东话好。20 世纪 20 年代末至 30 年代初期，大姨随他在外国生活多年。最有意思的是，他们的家庭用语五花八门：和孩子们讲英语，因为我的四个表哥表姐都从小在国外，不会说中文；有些事不愿孩子们听时，夫妻两人就讲广东话；大姨丈和我的李蕙仙婆还会讲点儿贵州、四川话；而他们夫妇两人吵嘴时，多用英文夹着广东话，因为大姨丈的英文讲得最流利；家中来了客人又说北京话。

1925 年，大姨丈任中国驻加拿大总领事，希望能够在业务上有所提高，他利用闲暇时间读了不少书。梁启超对大姨丈如何做学问有过很具体的指导。1925 年 7 月 10 日，他在给孩子们的信中写道：

> 希哲既有余暇做学问，我很希望他将国际法重新研究一番，因为欧战以后国际法的内容和从前差得太远了。十余年前所学现在只好算古董，既已当外交官，便要跟着潮流求自己职务上的新智识。还有中国和各国的条约全文，也须切实研

究。希哲能趁这个空闲做这类学问最好。若要汉文的条约汇纂，我可以买得寄来。[①]

二哥周有斐当年在加拿大时年纪还很小，但对一些事情还可回想起来，他向我回忆了当年的生活片段：

我在 Ottawa（渥太华）上的幼儿园和小学一年级。当时我们家住一个二层小楼，右边是个有顶的凉台，对面有座五六层高的公寓式大楼，离不远就是河边，河比海河宽，学校离家只有两条街。（街不宽，相当于中国的胡同，但每个楼不紧挨着，中间有相当的空隙，人口也少，很像以前燕京大学的燕南园。）那里冬天有很高的雪车滑梯（几层楼高），还有冰球场。学校名称是 Model School，一二年级合班上课，除英语外，二年级还学法语，在班中只有我一个中国儿童。据说当时（渥太华）华侨少，不如温哥华那样多，所以我从小就意识到有种族差别（虽然尚无明显的种族歧视）。幼儿园和一年级都有手工课，我妈妈一直给我保留着我做的手工，它们直到“文革”时才被毁掉。我记得那里冬天雪很大，一冬天雪都堆在便道上，有一人高。我妈妈记得，我打着伞走在便道上，只见伞顶和下面一双小雨靴不见人。冬天送牛奶的车都换成雪橇，马拉着雪橇铃儿叮当响。嘉平[②]在凉台上作户外睡眠，那里的空气新鲜，灰尘很少。我在学校还参加过溜

① 中华书局编辑部编：《梁启超未刊书信手迹》，中华书局，1994 年 11 月第 1 版，615 页。

② 思顺三子，当时刚出生。

冰比赛，最初跑在前面，但快到终点时滑倒而失败大哭……

当时我们有个家庭医生，家里人生病都请他来看。他叫Dr.Challetoire。我记得小时生病，爸爸就给我吃泻油（蓖麻油）或涂盐，我觉得这是最可怕的事。

1924年之后，思成、思永、思忠、思庄先后赴美国读书。思庄去美国之前在加拿大读中学，住在思顺家。周末全家有时出去旅行，乘汽车到不太远的山区玩儿一天，当天返回；或是到较远的山里湖区住一两夜，那里湖边山坡上有几户人家，木质小楼，周围有树林。湖面不大，但四周都是小山坡，称得上是山清水秀。

在国外期间，公公梁启超授权大姨代理家长的职责。弟弟妹妹们的学业、生活、经济都由她全权管理，及时向梁启超书信汇报。由于她对此任务认真对待、尽职尽责，常常受到公公的赞扬，这在他们来往的众多信件中经常可以见到。

公公宠爱的外孙、外孙女们

大姨的四个儿女出生时，公公还在世。他们的名字都是公公起的：

长女周念慈，外国名叫Nancy，小名桂儿；取名“念慈”是为纪念她的祖母。

长子周同轼，外国名叫Tomy，小名瞻儿，生在北京。“同轼”是由苏轼的名字而来。

约 1928 年，大姨梁思顺一家合影。梁思顺抱着周嘉平（前左）与大姨丈周希哲（前右）、周有斐（前中）、周同轼（后左）、周念慈（后右）摄于加拿大。

次子叫周有斐，外国名叫 Philip，小名斐儿，因他生在菲律宾。

三子叫周嘉平，外国名叫 Charlie，小名嘉儿，因他生在加拿大。

三哥出生前，公公就给他取好了名字。1928 年 5 月 13 日，公公在给大姨的信中写道：

> 此信到时，计算你应该免身了，我正在天天盼望平安喜电哩。你和忠忠来信，都说“小加儿”，因此我已经替他取得名字了，大名叫做“嘉平”，小名就叫“嘉儿”，不管是男是女，都可用（若是男孩，外国名可以叫做查理士）。新近有人送我一方图章，系明末极有名的美术家蓝田叔（桃花扇中有他的名字）

1928年，三十五岁的梁思顺和三子周嘉平摄于加拿大。

所刻“嘉平”两字，旁边还刻有《黄庭经》五句，刻字极精，今随信寄去，算是公公给小嘉儿头一封利是［市］。[1]

公公不仅对自己的儿女爱护备至，他对自己的孙辈也处处流露出喜爱之情。1928年，当二舅思成寄回他们在加拿大举行婚礼后的全家合影时，他于当年5月5日给大姨思顺回信道：

婚礼照片今日收到，合家争观皆大欢喜，新郎新妇皆光彩动人，思成自然一片丰腴俊秀尤令我观之不厌。前此对于彼体

① 中华书局编辑部编：《梁启超未刊书信手迹》，中华书局，1994年11月第1版，892页。

> 子之忧念销释大半了。但你何以忽然苍老到如此，（你照相时像是动了一下）令我有一点点不大高兴。此信到时计正在你免身前后，切盼你十二分善养以慰老怀。
>
> 庄庄很丰泽可爱，但样子大变，几乎认不得了。
>
> 三个孙子都极有趣，斐儿酷像他爸爸，瞻儿和新郎一比真是“外甥似舅”了，桂儿越长越美了，他们三个那种高兴样子像是比新人还得意。[①]

公公对照片上的每个儿女、每个小外孙都仔细地观察，正如信中所说“观之不厌”，而且针对每个人作了生动有趣的描述。二哥的确很像他爸爸；而大哥后来越长越像二舅，长大后戴上眼镜更是“外甥似舅”了。很遗憾，这张照片没有保存下来。

妈妈曾经给我讲过在加拿大时的生活趣事，尤其关于大哥和二哥，当时他们正是“七岁八岁讨狗嫌”的年纪，十分淘气。

有一天，妈妈听见屋里咚咚响，打开门一看，满眼鸭绒乱飞，什么也看不见，原来小哥俩在打枕头仗，越打越急，打得枕头里的鸭绒都飞了出来。

妈妈当时上中学念地理，回家背国名，听得多了，他们也会背了，整天嘴里说：“乌拉圭、巴拉圭。”妈妈背“洪都拉斯、尼加拉瓜”，他们就接着背“危地马拉、哥斯达黎加”。有趣的是，因为妈妈给我讲了这个故事，当我长大念外国地理时，这些国名很容易就记了下来。

---

① 中华书局编辑部编：《梁启超未刊书信手迹》，中华书局，1994 年 11 月第 1 版，886 页。

有一次二哥要找靴子，找不到就问他们家的刘妈（保姆）要boot（靴子），刘妈听不懂，他就急得大哭。

妈妈说，二哥小时会唱外国的流行歌曲：

> She's got eyes so blue，I haven't got that eyes so blue，But she's got eyes so blue，that's my weakness now.
>
> （她有很蓝的眼睛，我没有那样的蓝眼睛，可是她有蓝眼睛，我现在不如她。）

这首歌在我小时候，妈妈就教会我唱了，至今我还记得很清楚，可以全部唱出。

当年在Ottawa（渥太华）电影院是放循环片，也就是一个片子反复循环不停地放映、观众随时可以进去看，可以看一天这一张片子，也可以看完整个故事就退场。当时有著名狗星警犬——Rintintin演的片子很受欢迎，还有Tim Mccoy演的牛仔片，以及与印第安人作战的西部片等。

有时大姨夫妇还到美国去旅行，并探望弟弟们。在美国念书的思成、思永、思忠也常来加拿大，常把思庄接到美国去度假。

在国外，兄弟姐妹们在他们大姐的领导下，过着愉快而丰富多彩的生活。

与祖国共患难

大姨全家从加拿大回国的1929年正是公公梁启超去世的那一年。他们没有赶上团圆。

据二哥回忆：他们回国时先坐横跨美洲的火车，途中看到大草原上好多群美洲野牛。到温哥华后住在旅馆，从高高的楼上打开窗子可以看到下面街道上来往的车辆。过太平洋坐的是“皇后”号大轮船，有游泳池、健身房还有赌场。大哥去赌钱玩儿，赢了点儿钱放在裤兜里，在窗口边看大海边吃口香糖走了神，错把钱当糖纸扔到了大海里。船上还有舞厅，二哥还记得当时的流行舞曲是Valencia。船遇到风浪，很多人呕吐，吃不下东西，风平浪静时就到达了横滨，“皇后”号从那里直接开往上海。大姨一家在横滨下船转神户再坐船到塘沽。从神户到塘沽坐的是小货轮，船上只有大姨一家客人，可能是通过日本友人找到的。回到塘沽的第一印象是码头上厚厚的尘土，还有两个躺在尘土上的穷人的孩子。

回国后，最初两年，大姨全家住在天津老家，最先住在老楼，后来又搬到新楼里去住。孩子们立即进入天津最好的学校，大姐在中西女中住校，大哥在南开中学住校，二哥就在离家不远的培植小学。

1931年后，大姨丈在北平买了房子，房子是在东直门大街二〇四号（新中国成立前的门牌号），院中有假山，山上有草亭子，还有很多树：梨树、杏树、桑树、槐树、柏树、松树等。后院的东厢房，三舅结婚前在那里住过。妈妈带着我从广州回北平时，先住在二舅家，后来也住在那里。

约 1936 年，梁思顺、周希哲伉俪在一起。

小时候，妈妈给我讲过在东直门大姨家中发生的一件感人的故事：有一天夜里，三舅在大姨家东厢房睡得正熟，家里的大狼狗在外面用爪子使劲儿抓门，嘴里还发出一些怪声音，把三舅吵醒了。他还想继续睡，但狗不停地抓门，他只好出门看看。那狗咬着他的衣襟，拉着他往厨子的房间走去，原来厨子煤气中毒已昏迷！三舅见状，立即打开门窗透气。这只狗成了厨子的救命恩人，真是“义犬救主”啊！

大姨丈回国之后就脱离了外交界，在北平的一些大学当教授，讲国际法。由于不坐班，所以大姨丈每天自己做早点。他要求每人每天必须吃一个鸡蛋。他煮的鸡蛋都是半熟的，不太老，而且要求别人也吃半熟的鸡蛋，这可苦了孩子们。他脾气很坏，每天早上都要大喊大叫发一顿脾气，吃完早饭又会恢复正常。这种规律性的发

1938年，中年丧夫的梁思顺和女儿周念慈（后中）、长子周同轼（后右）、二子周有斐（后左）、三子周嘉平（前左）摄于北平。

作可能是他高血压症状的一种病态反应。过去他身为外交官，经历过无数大场面，懂得各种礼节，但有一点儿不知为何他总是做得“不得体”，那就是不管在什么场合的餐桌上，只要夫人（思顺）在，他首先是给夫人布菜，客人和孩子们都放在后面。这种习惯也成为后来全家人议论的一个笑柄。

北平沦陷后，大姨丈就不工作了，他既不愿替日本人做事，也不愿为国民党工作，因为他政治上与国民党不和。当时北平有不少留日的维新派学生在伪政府中任职，日伪政府对大姨的典雅日文很重视，动员她与日伪合作，遭到他们夫妇的拒绝。为了避免与日本人有任何牵连，他们只和一些爱国的知识分子、教授、“协和”的大夫以及一些外国的宗教界、教育界人士等来往。较亲近的有卢毅安、张奚若（清华教授）和裘祖元（北平防痨协会）等。这段时期，他们的政治、经济压力和精神压力都很大。

1938 年春的一天，大姨丈骑车上街时摔倒在地，之后中风，送协和医院几天后逝世。据说他是走过岗哨，不给日本兵行礼，挨了耳光，心情极不好，本来就血压很高，经受不住这种侮辱和刺激导致了中风。

1938 年是大姐周念慈从燕京大学毕业的一年。遗憾的是，大姨丈没有赶上她的毕业典礼就去世了。

大姨自从丈夫去世后，带着四个孩子与我妈妈和我一起住在燕京大学。1941 年太平洋战争爆发，妈妈带着我到成都，大姨搬到城

1938 年，周念慈（中，梁思顺之女）在燕京大学毕业典礼后与家人梁思顺（左三）、周同轼（右二）、吴荔明（前小孩）、梁思庄（右一）等摄于燕园贝公楼前。

1958年，梁思顺（前右）与亲人们合影于西单手帕胡同院内。前左，王桂荃；后排由左至右为：张郁文（梁思懿之女）、吴荔明（梁思庄之女）、梁思庄、俞雪臻（梁思达夫人）、梁任堪（梁思达之子）、张安文（梁思懿之子）。

里东城象鼻子中坑住下。大姨始终保持着高洁的品格，决不为日本人做事，并为北平防痨协会筹款赞助设立在西山的青年学生肺病疗养院。抗日战争胜利后，国民党政府想拉她当“国大”代表，她拒不参加，却通过协和医院社会部的余汝琪阿姨向解放区捐赠衣物。她热心于公益事业，是北京市女青年会防痨协会的成员。

新中国成立后，她因身体不好，基本没有参加工作，但她对新中国的建立由衷地感到高兴。她积极参加各种社会活动，后来任东城区政协委员和中央文史馆馆员。她日语很好，英语也不错，年过花甲后还学起俄语。她桌上总放着几本英语小说，连上厕所时也抓紧时间看。她订阅了很多报纸，对每天发生的国家大事都很关心，生活得丰富多彩。

不幸的是，我正直的大姨也没能逃脱“文化大革命”的浩劫。她的家一次一次地被抄，红卫兵不许她的保姆给她做饭，年过七旬又体弱的大姨生活已难自理，艰难地活着。当红卫兵鞭打她时，她说：“我要给毛主席写信，毛主席相信我没罪！”她盼着救星的到来，她怎么会想到，当时会有谁来保护她呢？在红卫兵的多次毒打下，梁思顺终于在1966年悲惨地死在自己的家中。和王桂荃婆的命运一样，没有任何亲人来和她诀别，因为她的弟弟妹妹们以及孩子们不是“反动权威”，就是“反革命分子”。

至今，每当我想起无辜的婆和大姨悲惨的死，我的心就会颤抖！

1995年，梁思顺的女儿周念慈坐着轮椅回来了，回到燕园（她毕业于燕京大学），她落泪了。她的身世深深打上了时代烙印。大学时，她与一个美国小伙子Josiah. W. Bennett（中文名字为卞成修）恋爱，梁思顺坚决反对这桩婚事。周念慈毕业后，义无反顾地跟随爱人去美国并结婚，1949年后与梁思顺断绝了音讯。这张照片是她带着她的孩子们回国探亲与家人一道在梁启超墓园祭祖后的合影。左一为本书作者吴荔明。

三

谱写“凝固音乐”的人

——二舅梁思成

我有趣的二舅是个小矮个儿，瘦瘦的身材，满头乌发，瘪瘪的嘴，机灵的眼睛，戴副眼镜，腰弯着，背微驼，腿微瘸，可走起路来蛮精神。他别有一番风度，穿上西装戴好领带打扮起来有股子帅劲儿。妈妈总说：“二舅很 smart（潇洒）。”每次二舅来我们家，妈妈总会说：“Handsome boy（漂亮小伙子）来啦！”他们兄妹在一起总是亲亲热热，高高兴兴。

二舅患有颈椎软骨硬化和颈椎灰质化症，所以颈椎僵化不能转动。他终年穿着一件很重的铁背心，靠它来支撑上身；如果他要看身背后的东西，就必须整个身体向后转，所以我们都不从背后叫他，尤其在他毫无准备的情况下，更是格外注意。但我小时候常爱和二舅开玩笑，有时躲在他身后故意小声叫：“二——舅——”他知道我逗他，就拿手杖向后一挥，绝不回头。我们俩一前一后哈哈大笑。

现在回想起来，那时他真是苦中作乐。二舅在他的大半生中，每天要承受着常人所没有的、极难忍受的疾病带来的痛苦；但是，他的一生却做出了许多常人所难为的贡献。他既是中国著名的建筑学家，也是国际建筑界的知名人士。

公公人格与名誉的继承者——“思成梁启超”

“思成梁启超”这个名字是公公梁启超为二舅起的。1927 年，梁思成与林徽因准备结婚，婚礼究竟是在国内还是美国举行，考虑了很久。当时二舅在美国，公公于 1927 年 12 月 5 日给二舅的信中有一段写道：

> 有一件事要告诉你们，你们若在教堂行礼，思成的名字便用我的全名，用外国习惯叫做“思成梁启超”，表示你以长子资格继承我全部的人格和名誉。①

从这段话中不难看出公公对二舅婚礼周到的安排，也说明公公对二舅这个长子所寄予的希望——要他继承自己全部的人格和名誉。

很多人问我：“梁思成是梁启超的长子，为什么你叫他二舅？”

---

① 中华书局编辑部编：《梁启超未刊书信手迹》，中华书局，1994 年 11 月第 1 版，886 页。

清华学校管乐队成员合影，梁思成（左一）任队长。

其实，他是公公的第二个儿子。如前所述，在他上面，李蕙仙婆还生有长子大舅，但大舅出生不到两个月就夭折了。二舅出生后，身体瘦弱多病，婆担心他的命运和大舅一样，因此特意给大舅留着位子，思成便成了二舅。所以，他在家男孩中行二，却是长子。这以后成了梁家的传统：夭亡的孩子，总给他（她）们留着位子。这也就是我称梁思懿为五姨、梁思礼为八舅的原因。

二舅于1901年出生于日本，出生时，两腿是畸形撇开，两脚尖相对。公公请了一位外科医生给他治疗，医生建议把他双脚扳正，用绷带扎紧，然后再放入一个小木盒子里；一个月后，他的腿果然治好了，但后来脚板还是斜的。他皮肤白白净净，是个秀气可爱的小男孩。

二舅的童年是在日本度过的，他在日本读完了华侨小学。神户郊外的“双涛园”给他留下了美好的回忆。他有一次对我说：“我们

'双涛园群童'很日本味儿，都穿和服，你妈妈小时还走不稳时，就有一身小和服。"

1915 年夏，二舅进入北京清华学校读书。这所学校是用美国退还给中国的庚子赔款创立的。虽然他当时只是一个十四岁的少年，但他在父亲梁任公的教育下有较好的国学根基；明治维新后的日本社会使他能够接触到"近代文明"；中国当时所处的丧权辱国的地位，又使他幼小的心灵中埋下了反帝爱国的种子。所以他在清华各方面都有突出的表现。当年他的同班同寝室的好友陈植（我国著名建筑师）回忆："（思成）性格爽直，精力充沛，风趣幽默，与我意气相投，成为知己。""在清华的八年中，思成兄显示出多方面的才能，善于钢笔画，构思简洁，用笔或劲炼或潇洒，曾在 1922—1923 年《清华年报》任美术编辑；酷爱音乐，与其弟思永及黄自等四五人向张蔼贞女士（何林一夫人）学钢琴，他还向菲律宾人范鲁索（Veloso）学小提琴。在课余孜孜不倦地学奏两种乐器是相当艰苦的，他则引以为乐。约在 1918 年，清华成立管乐队，由荷兰人海门斯（Hymens）任指挥；1919 年，思成兄任队长。他吹第一小号，亦擅长短笛。当时北京学校中设乐队的，清华是首屈一指。"[①] 除二舅外，当时在乐队演奏的还有我的三舅思永和四舅思忠以及陈植、汤佩松、谢启泰（章汉夫）、张锐、周自安等三十多人。在校期间他还曾和黄自等组织歌唱团，自己则担任男低音和男中音两个声部的演唱。毕业时同学们用英文为他写了一份短评语，其中有一段是："他

① 陈植：《缅怀思成兄》，《梁思成先生诞辰八十五周年纪念文集》，清华大学出版社，1986 年版，1—6 页。

是一位有高度音乐修养的人，能欣赏多种乐曲。”每逢假期，他们兄弟就把铜号带回家练习吹奏，推动了全家人都喜爱音乐；结果，家里每人都选择了一种乐器学习。

二舅所在的班叫一九二三级，也叫癸亥级。陈植、顾毓琇、梁实秋、施嘉炀、孙立人、王化成、吴文藻、吴景超等都是他的同窗，也都是级内人才中的佼佼者，后来都成为我国著名的专家学者。

二舅除爱好音乐、美术外，还爱好体育运动，曾在全校运动会上获跳高第一名。他的“特异技能”是爬高，能在铁架下手攀绳索自由上下。著名体育家马约翰教授直到晚年还常常提到他说：“中国学生在国外念书都是好样的……体育方面也不能落后。像施嘉炀、梁思成等，体育都是很好的。梁思成能爬高，爬绳爬得很好，后来到了美国，因为运动伤了腰，以后又得了病身体才坏下来的。”[①]这种运动技能在他以后跋山涉水到各地进行的艰苦的古建筑考察测绘工作中起了很好的作用。

美术是二舅最得意的业余爱好。他常常一次作几种画，以从中获得新的浪漫感。美术教师很赞赏他的美术才能，将他列为全校少数最有才能的小美术家之一。二舅曾被美术教师指定，和杨廷宝、闻一多等一起组织了一个研究“艺术及人生关系”的团体——“缪斯”。二舅还经常被推举为校内各种报刊的美术编辑，为校内刊物创作过大量的美术作品，其中包括封面画、扉页图衬、栏头画、写生画、速写、漫画等。他曾针对当时校内情况作了一幅漫画，标题

① 黄延复：《有政治头脑的青年艺术家》，《梁思成先生诞辰八十五周年纪念文集》，208 页。

是《两种假日服务，你喜欢那［哪］一种？》。画面左半部是一个姿容端正的学生面对听众在作某种宣讲，右面是一对情侣坐在“公理战胜”的语牌下。

清华大学校史组的黄延复教授在一篇文章中写道：“学生时代的梁思成的另一与众不同处，就是他具有冷静而敏捷的政治头脑，同学们称他为‘一个有政治头脑的艺术家’。1919 年‘五四’运动中，他是清华学生中的小领袖之一，是‘爱国十人团’和‘义勇军’中的中坚分子。进城宣传时，曾同一百三十余人一起被反动军警拘禁于北大法科大院内。拘禁期间，他们坚持斗争，并声明‘政府不派人谢罪，誓不出法科一步’。终于迫使军阀政府派参议曾彝进前来当众道了歉，然后在‘义勇军’和军队的护送下凯旋回校，沿途特意从总统府门前过，大呼‘中华万岁’，声动天地，观者如堵，军警再也不敢干涉。到校时，‘校中教职员及同学百余人，排立大门两旁迎接，掌声雷鸣’……”

五四运动之后，民主与自治新思潮迅速在校内传播。运动爆发前，清华校内尚无学生会的组织；运动过程中，组织起一个“学生代表团”临时指挥行动；运动过后，学生们要求“代表团”变为常设机构，并改称“学生自治会”。然而，1919 年 12 月 23 日召开成立大会时，校长竟出面粗暴阻挠，召来军警，甚至采取中途熄灭电灯等不光彩手段，引起学生公愤。这时梁思成站起来大喊一声：“我们罢课！”全体响应。[①] 于是，开展了一场很有声势的驱赶校长运动。在不到一年的时间里，接连有三位不称职的校长被赶下台。这样，直到 1922

① 黄延复：《有政治头脑的青年艺术家》，《梁思成先生诞辰八十五周年纪念文集》，208 页。

年春，校内尚无称职的校长接任。为此，校刊上进行了一次“校长应具备何等条件”的讨论。有一种说法是：“校长应无党派臭味”，有很多人附和此论调，但这不利于革命势力和进步思想渗入学校。1922年3月，梁思成在《清华周刊》上发表了一篇文章，标题是《对于新校长条件的疑问》。虽然当时他对党派的认识尚不成熟，但对所谓“无党派臭味”论，是个有力的打击。文中说：“人类是有群性的动物，他们群性的产品就是社会。在社会上的团体活动就是政治，所以政治同社会是不能分离的……一个人既与政治有关系，他就必然有所属的党，政党这东西，岂如我们所想，是一件毒如蛇蝎的坏东西吗？它是一个主义的结晶。只要是一个社会里的人，除非他不知道本身的存在，除非他没有脑筋，总要属于一个党，只要我们意见同某党的政策相合，我便属于那个党。无论如何，我们绝找不出一个绝无党派关系的人，犹之乎在20世纪的地球上，绝找不出一个没有国籍的人。他不属于此国，便属于那国；不属于这党，便属于那党。”①

二舅在清华学校这八年中，在英语和西方科学、历史的一般背景知识上打下了良好基础，各科功课都取得了优异的成绩；同时，课外的音乐艺术和体育活动也使他受益终生。

这个时期，二舅也经历了挫折。一次车祸险些送了他和三舅的命。那是1923年5月7日，二舅骑摩托车带着三舅去参加北京学生举行的“国耻日”②纪念活动，正出南长街，可恶的北洋军阀政府陆军部次长金永炎的汽车横撞过来，两人立时倒地。三舅血流满面地

---

①《清华周刊》第二百三十八期，1922年3月。

② 1915年5月7日是日本向袁世凯政府提出企图灭亡中国的“二十一条”的日子。

飞跑回家说："快去救二哥吧，二哥碰坏了！"等听差曹五将二舅背回来时，他脸上一点儿血色都没有。但是，两个舅舅都非常勇敢，二舅虽然伤很重，左腿骨折，但还强忍住痛安慰家人。三舅思永嘴唇碰裂了一处，流血很多，依然尽力看护哥哥思成。兄弟二人经医生检查，幸好没有发现其他伤。他们同住在协和医院一间病房，过两天伤势稍微好转又淘气起来：三舅嘴不能吃东西，二舅就大嚼大咽去气他；二舅腿不能动，三舅就大跳大舞去恼他。一对难兄难弟在医院却过得很快活。1923 年 5 月 8 日，公公梁启超在给大姨思顺的信中详细讲述了 5 月 7 日车祸的情况：

宝贝思顺：

你看见今日《晨报》，定要吓坏了。我现在极高兴的告诉你，我们借祖功宗德庇荫，你所最爱的两位弟弟，昨日从阎王手里把性命争回……出事后约摸二十多分钟，思成渐渐回转过来了，血色也有了，我去拉他手，他使劲握着我不放，抱着亲我的脸，说道："爹爹啊，你的不孝顺儿子，爹爹妈妈还没有完全把这身体交给我，我便把他毁坏了，你别要想我罢。"又说，"千万不可告诉妈妈。"又说，"姐姐在那［哪］里，我怎样能见他［她］？"我那时候心真碎了，只得勉强说："不要紧，不许着急。"但我看见他脸上回转过来，实在亦已经放心许多。我心里想，只要拾回性命，便残废也甘心……[1]

---

① 丁文江、赵丰田编：《梁启超年谱长编》，上海人民出版社，1983 年第 1 版，992—993 页

为此，二舅只好推迟一年出国。不幸的是，这次车祸影响了二舅一生的健康，他的左腿比右腿短了一截，落下残疾，使他走起路来微跛。更严重的是，他的脊椎受到了严重损伤。

传奇浪漫的婚恋

1923 年的夏天特别热，三舅一个礼拜就出医院了；二舅躺在病床上，腿上缠着绷带，一直缠到腰间，还得在医院再待两个月。二舅受伤，急坏了我未来的二舅妈林徽因，她每天都到医院去看望二舅。公公梁启超在 1923 年 5 月 8 日给大姨思顺的信中写道："……内中还把一个徽音也急死了，也饿着守了大半天（林家全家也跟着我们饿）……"当年十九岁的林徽因美丽大方，她每天坐在思成床边，安慰他，和他谈心或玩笑。她还用湿毛巾为思成擦汗。这一切开放的行为使李蕙仙婆很是反感。她激烈地反对这门亲事，但林徽因丝毫不在乎这些，因为她和思成已经交往较深，彼此间产生了感情。

1919 年，林徽因初次结识了梁思成。公公梁启超和二舅妈林徽因的父亲林长民是挚友，两人都在日本待过一段时间。林长民性格开朗，充满政治热情而又严谨。他在浙江海宁任官期间，培养造就了不少人才，是新文化运动的先驱之一。1906 年，他就读于日本早稻田大学，主修政治、法律。回国后不久再次赴日学习，1910 年学成归国。他曾和梁启超一起组织"宪法研究会"，还担任过段祺瑞政府的司法总长。梁启超和林长民想要结成儿女亲家，使这两家更加亲密，这是很自然的；但梁启超并不想按传统婚俗行事，他明确地告诉当时才十八岁的思成和十五岁的徽因：尽管两位父亲都赞成这门亲事，但最后还是得由他们自己作决定。这个决定又经过了四年才最后做出。因为他们两人分别了几年才再次见面。

1920 年，林长民被迫卸去司法总长职务，以国际联盟中国协会成员的名义准备赴欧洲游历，为了国联的事务需要常驻伦敦。他决定带女儿徽因同行。行前，他给徽因一信："我此次远游携汝同行。第一要汝多观览诸国事物，增长见识。第二要汝近我身边，能领晤［悟］我的胸次怀抱……第三要汝暂时离去烦琐家庭生活，俾得扩大眼光养成将来改良社会的见解与能力。"[①] 徽因随父亲周游了半个世界，最后抵达伦敦。她不仅是父亲最好的伴侣，而且是个有益的助手。她在英国学得一口流利的英语，能自如地和外国的来客们交往；她协助父亲接待各国来访客人，成为他们父女俩在英国住所的女主人。这些社交活动对她之后的事业有很大的帮助。

在英国期间，林徽因认识了徐志摩。他是梁启超的一位年轻弟子，毕业于北京大学，曾在美国哥伦比亚大学攻读政治学，是一位很有魅力、富有幽默感的浪漫诗人。1920 年他来到伦敦，和林长民性情相投，成了好朋友。当他见到气质非凡的林徽因时，立即被她的聪明、美丽、活泼所倾倒。林徽因的文学天赋和敏锐的观察力，都是徐梦寐以求的。徐志摩很快爱上了林徽因。

当时林徽因还是一个十六岁的女中学生，对比她大八九岁的徐

---

① 陈钟英、陈宇编：《林徽因》（中国现代作家选集），三联书店（香港）有限公司、人民文学出版社，1990 年版，326 页。

志摩差一点儿叫“叔叔”。从诫表哥在回忆母亲林徽因的文章中写道：“当徐志摩以西方式诗人的热情突然对母亲表示倾心的时候，母亲无论在精神上、思想上还是生活体验上都处在与他完全不能对等的地位上，因此也就不可能产生相应的感情。母亲后来说过，那时，像她这么一个在旧伦理教育熏陶下长大的姑娘，竟会像有传说的那样去同一个比自己大八九岁的已婚男子谈恋爱，简直是不可思议的事。母亲当然知道徐在追求自己，而且也很喜欢和敬佩这位诗人，尊重他所表露的爱情，但是正像她自己后来分析的：徐志摩当时爱的并不是真正的我，而是他用诗人的浪漫情绪想象出来的林徽因，可我其实并不是他心目中所想的那样一个人。”[①] 林徽因的考虑是现实的，她尊重两家父亲的意见。不能否认，“门当户对”是美满婚姻的重要基础——家庭背景的一致、志趣的相投会使彼此更加理解，感情更加坚实深笃。而梁思成学业优秀、思维敏锐、多才多艺、风趣幽默，富于男子汉的气质风度，这些都是林徽因所喜爱的。最终选择这位朝气蓬勃的翩翩少年，完全是林徽因自己的决定。事实证明，她的选择是正确的。他们两人在几十年的共同生活中，无论在事业上、生活上还是感情上已融为一体。虽然他们后来都病魔缠身，在多灾多难的岁月里过着极艰苦的日子，但他们始终互相支撑，乐观面对人生。他们的婚姻生活是幸福的。

1924 年，二舅和林徽因同赴美国宾夕法尼亚大学学习。梁思成报的是建筑系；由于当时建筑系不招收女生，所以林徽因只好报了

---

① 梁从诫：《倏忽人间四月天——回忆我的母亲林徽因》，《林徽因》（中国现代作家选集），三联书店（香港）有限公司、人民文学出版社，1990 年版，247 页。

美术系，旁听建筑系的课。

1927年，林徽因于宾夕法尼亚大学美术学院毕业后，又进耶鲁大学戏剧学院学习了半年舞台美术设计，成为我国向西方学习舞台美术的第一位留学生。同年2月，二舅获得建筑系的学士学位，7月获得硕士学位。

在美国学习期间，追求林徽因的男孩子很多，当然二舅最占优势，因为他们出国前就有了较深的感情，出国后在业务上又志同道合；加之三舅思永、四舅思忠和我妈妈思庄在一旁鼓劲儿，二舅总是既信心百倍又耐心十足。妈妈回忆说，每次约会，二舅都要在女生宿舍楼下等待二三十分钟，林徽因才打扮好下楼来。当年三舅开玩笑撰了一副一对联："林小姐千妆万扮始出来，梁公子一等再等终成配。"横批是"诚心诚意"。两人毕业后，婚姻大事自然就提上了议事日程。

远在中国的公公梁启超最后决定在国内为思成与徽因举行特别庄重的中国式的订婚仪式，那时他本人刚动完手术出院，身体虚弱，因此由二公梁启勋代为执行。1927年12月12日，公公在给大姨思顺等的信中写道：

> 这几天家里忙着为思成行文定礼，已定本月十八日（阳历）在京寓举行……因婚礼十有八九是在美举行，所以此次文定礼特别庄严慎重些。晨起谒祖告聘，男女两家皆用全帖遍拜长亲，午间宴大宾，晚间家族欢宴……今将告庙文写寄，可由思成保藏之作纪念。
>
> 聘物我家用玉珮两方，一红一绿，林家初时拟用一玉印，后闻我家用双珮，他家也用双印，但因刻玉好手难得，故暂且不刻，

意气风发的梁思成

明眸皓齿的林徽因

完其太璞。礼毕拟将两家聘物汇寄坎京[①]，备结婚时佩带，惟物品太贵重，深恐失落，届时当与邮局及海关交涉，看能否确实担保，若不能，即仍留两家家长处，结婚后归来，乃授予宝［保］存。

在美婚礼，我远隔不能遥断，但主张用外国最庄严之仪式，可由希哲、思顺帮同斟酌，拟定告我。惟日期最盼早定，预先来信告知，是日仍当在家里行谒祖礼，又当用电报往贺也。[②]

公公在给二舅行聘礼之后，心情很好，于1927年12月18日致二舅一信：

这几天为你们聘礼，我精神上非常愉快，你想从抱在怀里“小不点点”（是经过千灾百难的），一个孩子盘到成人，品性学问都还算有出息，眼看着就要缔结美满的婚姻，而且不久就要返国，回到我的怀里，如何不高兴呢？今天北京家里典礼极庄严热闹，天津也相当的小小点缀，我和弟弟妹妹们极快乐的顽［玩］了半天……

我主张你们在坎京行礼，你们意思如何？我想没有比这样再好的了。你们在美国两个小孩子自己实张罗不来，且总觉太草率，有姊姊代你们请些客，还在中国官署内行谒祖礼（婚礼还是在教堂内好），才庄严像个体统。

婚礼只要庄严不要侈靡，衣服手［首］饰之类，只要相当过得去便够，一切都等回家再行补办，宁可从节省点钱作旅行费。[③]

---

① 加拿大渥太华。

② 丁文江、赵丰田编：《梁启超年谱长编》，上海人民出版社，1983年第1版，1162—1163页。

③ 丁文江、赵丰田编：《梁启超年谱长编》，上海人民出版社，1983年第1版，1165页。

但未来的二舅妈林徽因不喜欢穿西式结婚礼服，也不愿在教堂举行宗教的结婚仪式。1928 年 3 月 21 日，二舅和林徽因的婚礼在中国驻加拿大总领事馆，也就是大姨家的客厅举行。当时大姨丈周希哲在加拿大作总领事，在这里结婚也是梁启超的意思。新娘林徽因为自己设计了一套“东方式”的结婚礼服，据说美貌的新娘和美丽的服饰轰动了加拿大新闻界，摄影记者们纷纷赶来为新人拍照。据二哥周有斐回忆：“当时在客厅餐桌上铺着桌布，摆满各式各样的点心，家里来了很多人，我们几个小孩儿都被赶上楼去，不许下来，允许我们下来时宾客们都已散去，我只记得喝鸡尾酒。”我想这婚礼一定是中西结合的，不是传统的东方型的；不知是否按公公梁启超要求的那样行谒祖礼，但至少那些客人大部分是大姨代他们请的。

婚后的蜜月和回国后的各项事宜公公梁启超都有非常周密的考虑，并订出了详细的计划。1927 年 12 月 18 日，在给二舅的信中公公继续写道：

> 我替你们打算，到英国后折往瑞典、挪威一行，因北欧极有特色，市政亦极严整有新意，（新造之市，建筑上最有意思者为南美诸国，可惜力量不能供此游，次则北欧特可观。）必须一往。由是入德国，除几个古都市外，莱茵河畔著名堡垒最好能参观一二，回头折入瑞士看些天然之美，再入意大利，多耽搁些日子，把文艺复兴时代的美，彻底研究了解。最后便回到法国，在玛［马］赛上船，（到西班牙也好，刘子楷在那里当公使，招待极方便，中世及近世初期的欧洲文化实以西班牙为中心。）中间最好能腾出点时间和金钱到土耳其一行，看看回

1928 年，梁思成与林徽因在加拿大温哥华的结婚照。

“林小姐千妆万扮始出来，梁公子一等再等终成配。”1928年，梁思成与林徽因在加拿大温哥华。

教的建筑和美术，附带着看看土耳其革命后政治。（替我）关于这一点，最好能调查得一两部极简明的书（英文的）回来讲给我听听。①

公公对思成、徽因的蜜月旅行安排实际上是他们毕业后对西方建筑的一次见习。信中安排的具体路线也说明公公熟悉建筑，对欧洲文化和市政建设都充满浓厚的兴趣。

欧洲是林徽因少女时期曾经游历过的地方，那时她是跟随父亲，如今是与夫君共度蜜月，这是他们夫妇第一次也是最后一次共同访问欧洲大陆。他们认真地写日记、照相、画素描，为今后在建筑史的教学和科研收集了大量珍贵的资料。这次欧洲之行为他们此后的事业打下了重要的基础。

当二舅思成结婚大礼完成后，他们致信父亲报告婚礼的情形。梁启超又为新婚夫妇送上两个祝福。1928 年 4 月 26 日，他在给思成、徽因信中写道：

一家的冢嗣，成此大礼，老人欣悦情怀可想而知。尤其令我喜欢者，我以素来偏爱女孩之人，今又添了一位法律上的女儿，其可爱与我原有的女儿们相等，真是我全生涯中极愉快的一件事。你们结婚后，我有两件新希望：头一件你们俩体子都不甚好，希望因生理变化作用，在将来健康上开一新纪元。第二件你们俩从前都有小孩子脾气，爱吵嘴，现在完全成人了，

① 丁文江、赵丰田编：《梁启超年谱长编》，上海人民出版社，1983 年第 1 版，1166 页。

希望全变成大人样子，处处互相体贴，造成终身和睦安乐的基础。这两种希望，我想总能达到的。[①]

1928 年，二舅夫妇回国，公公对新娘徽因很满意，他写信告诉国外的大姨："新娘子非常大方，又非常亲热，不解作从前旧家庭虚伪的神容，又没有新时髦的讨厌习气，和我们家的孩子像同一个模型铸出来。所以全家人的高兴，就和庄庄回家来一般，连老白鼻也是一天挨着二嫂不肯离去。"[②]

一对爱吵嘴的"欢喜冤家"

北平解放初期，那时二舅妈林徽因的身体还很弱。她年轻时曾得过肺结核，1947 年，结核菌又侵入她的肾，不得不动大手术切除了一个肾，因此她很少出门。记得一次全家在大姨家聚会，二舅妈也和二舅一起来了，大家都很高兴；以往每次全家聚会，二舅妈徽因和三舅思永总不出席，因为他们身体太差了。二舅妈的到来是太难得，那天天气很好，大家在象鼻子中坑三号这座小四合院中欣赏大姨种的葡萄和各色各样的花。突然二舅妈的说话声调高了起来，而且飞快不停地说，二舅时不时作一下声音不大、慢条斯理的反驳。原来他们是对花草的布局有不同的看法，也许还有别的缘故我不得

① 丁文江、赵丰田编：《梁启超年谱长编》，上海人民出版社，1983 年第 1 版，1172 页。
② 丁文江、赵丰田编：《梁启超年谱长编》，上海人民出版社，1983 年第 1 版，1186 页。

1929年，梁思成与林徽因测绘沈阳北陵。

而知。王桂荃婆把我们大家轰进屋里，只剩下大姨在那里“调解”。婆对我们说：“唉！这一对爱吵嘴的欢喜冤家，别管他们，一会儿就没事了。”果然，一会儿“雨过天晴”。现在回想起来，公公梁启超对他们实在太了解了。他们两人恩恩爱爱一辈子，吵嘴吵了一辈子。当然，他们大多都是在业务上的高水准的吵嘴，很少涉及婆婆妈妈的家庭琐事。“欢喜冤家”这四个字给我留下深刻的印象，至今还记得很清楚。我觉得这是婆对他们夫妻关系对立统一的绝妙形容，也说明了婆既有眼光又很风趣。

熟悉梁思成夫妇的人都知道，他们两人的脾气性格很不相同。二舅妈林徽因非常美丽、聪明、活泼，善于和周围人搞好关系，但又常常锋芒毕露表现为自我中心。她放得开，使很多男孩子陶醉。思成舅舅相对起来比较刻板稳重，严肃而用功，但也有幽默感。他们的好朋

1931 年，梁思成与林徽因在天坛祈年殿顶。

友费慰梅（Wilma Fairbank）女士（费正清夫人）在回忆中写道：

> 大学时代，他们性格上的差异，从工作态度上便可看出。满脑子都是创意的徽因，常常先画出一张草图或建筑图样，然后一边做，一边修正或改进，而一旦有了更好的点子，前面的便一股脑儿丢开。等到交图的最后期限将届，即使在画图板前不眠不休赶工也来不及了。这时候思成就插进来，以他那准确和熟练的绘图功夫，把那乱七八糟的草图变成一张简洁、漂亮、能够交卷的作品。他们俩合作无间，各为建筑贡献出自己的特殊天赋，在今后的共同的专业生涯中始终坚持着。①

正是因为他们都酷爱建筑学，在事业上他们总是合作得很好，而在生活中他们也能各自保持自己的个性和极不相同的脾气，彼此容忍；虽然各自还有棱角，但磨合成你中有我，我中有你。他们合作的成果总是 1+1>2。

“刀子嘴豆腐心”的林徽因

二舅妈林徽因是一代才女，人长得十分美丽，性格非常活泼，而且天资非凡。她会画画，也会作诗，还会演戏，兴趣十分广泛，

---

① 费慰梅著，成寒译：《中国建筑之魂——一个外国学者眼中的梁思成林徽因夫妇》，上海文艺出版社，2003 年版，38、39 页。

20 世纪 30 年代，梁思成与林徽因在北平。

1933年，林徽因与女儿梁再冰、儿子梁从诫。（梁思成摄。）

能力超群。她和梁思成一样在我国的建筑界很知名；同时，她还是一位文学家，写过诗歌、散文、小说和剧本。20世纪30年代初，她受到“新月派”的影响开始写诗，善于用充满意象的语言描绘自然景物。她的诗很优美。中国现代文学史上有三位杰出的福建籍女作家——冰心、庐隐和林徽因。冰心和庐隐比林徽因略长几岁。林徽因的诗作早在1937年就准备结集出版，但由于抗日战争爆发而未能实现；直到1984年，才由陈钟英、陈宇两位编辑出版了《林徽因诗集》，共收入1931年至1948年她所写的新诗五十五首。这些诗绝大部分发表在20世纪30、40年代的报刊上。

非常不幸的是，林徽因没有一个健康的身体。她一生的大部分时间都在和病魔作斗争，她的每一项成就的取得都比常人要付出更大的代价，而她那种奋不顾身、奉献事业的精神尤为人们所敬佩。

对她和二舅两人在20世纪30年代辛苦的田野考察工作，不少文章有过描述。在一封 1936 年夏天写给我妈妈的信中，林徽因生动地描绘了他们当时的生活和心情：

思庄：

来后还没有给你信，旅中并没有多少时间，每写一封到北平总以为大家可以传观，所以便不另写。

……出来已两周，我总觉得该回去了，什么怪时候赶什么怪车都愿意，只要能省时候。尤其是在这几天在建筑方面非常失望，所谓大庙寺不是全是垃圾，便是代以清末简陋的不相干房子，还刷着蓝白色的“天下为公”及其他变成机关或学校。每去一处都是汗流浃背的跋涉，走路工作的时候又总是早八至晚六最

1936 年，林徽因带着女儿梁再冰、儿子梁从诫在郊外踏雪。（梁思成摄。）

热的时间里，这三天来可真真累得不亦乐乎，吃的也不好，天太热也吃不大下，因此种种，我们比上星期的精神差多了。

……

匆匆

二嫂

整天被跳蚤咬得慌，坐在三等火车中又不好意思伸手在身上各处乱抓，结果混［浑］身是包！

二舅、二舅妈和他们的同事就这样风餐露宿，艰苦跋涉在荒郊野谷之中，考察和实测有价值的古代建筑。

对建筑事业的酷爱和强烈的事业心使二舅妈感到家务事是一种

1936年，林徽因（右）与梁思庄（左）在故宫太和殿前。

1936年，林徽因（左二）与梁思庄（右一）带领孩子们游览故宫太和殿。图中孩子们从左至右依次为：梁柏有（梁思永之女）、梁再冰（梁思成之女）、吴荔明（梁思庄之女）、梁从诫（梁思成之子）。

负担，是烦琐小事，浪费了她宝贵的读书时间。她烦二舅有那么多姐妹。1936年，她在给美国好友费慰梅的一封信中写道：

> 对我来说，三月是个多事的月份……主要是由于小姑大姑们。我真羡慕慰梅嫁给一个独生子……我的一个小姑（燕京学生示威领袖）面临被捕，我只要用各种办法把她藏起来，送她去南方。另一个姑姑带着孩子和一个广东老妈子来，要长期住下去。我们必须从已经很挤的空间里分地方给她们住。还得从我已无可再挤的时间里找出大量时间！到处都是喧嚣声和乱七八糟。第三位是我的大姑，她半夜里来要把她在燕京读书的女儿带走，她全然出于嫉妒心，尽说些不三不四的话，而她的女儿则一直在哭。她抱怨说女儿在学生政治形势紧张的时候，不跟她说一声就从学校跑到城里来，“她这么喜欢跑出来找她叔叔和婶婶，那她干嘛不让他们给她出学费”等等。当她走的时候，又扔出最后的炸弹来：她不喜欢她女儿从叔叔和婶婶的朋友那里染上那种激进的恋爱婚姻观，这个朋友激进到连婚姻都不相信——指的是老金！①

信中提到的那个燕京学生示威领袖的小姑是我的五姨梁思懿，另一个带着孩子和一个广东老妈子来了、要长期住下去的姑姑就是刚刚丧夫（从广州来北平）的我的妈妈梁思庄，第三位最年长的大

① 费慰梅著，成寒译：《中国建筑之魂——一个外国学者眼中的梁思成林徽因夫妇》，上海文艺出版社，2003年版，38、39页。

1936年，林徽因陪着女儿梁再冰及外甥女——梁思庄的女儿吴荔明（骑木马者）在北总布胡同三号院中玩耍。

姑，就是我的大姨梁思顺。

从这封信看，语气的确是不友善，不近人情。她和我大姨思顺不能和谐相处；大姨是梁启超最疼爱的长女，也有一些独特的不容人的性格。在她们还很年轻时，梁启超就意识到这个问题，经常提醒她们要友好相处。

我的妈妈一直和二舅妈相处得很好，她们还在十几岁时就相识了，后来又一起在国外留学。由于共同接受了西方教育，她们有很多共同语言，亲如姐妹。这使公公梁启超很高兴。1926年9月4日，他在给孩子们的信中写道："尤可喜者，是徽音待庄庄那种亲热，真是天真烂漫好孩子。"[①]

但我觉得，除此以外更重要的是她们互相理解，坦诚相待，才能建立真正的感情。妈妈说，二舅妈林徽因是"刀子嘴豆腐心"，别看她嘴巴很厉害，但心眼儿好。她喜怒形于色，绝对真实。正因为妈妈对二舅妈的性格为人有这样深刻的认识，才能使她们姑嫂两人始终是好朋友。1936年1月，我爸爸病逝，悲哀的妈妈带着年仅一岁半的我从广州回到了北平，初到北平时就住在二舅家。当时虽然干扰了他们家的生活，她给费慰梅的信中也为此牢骚满纸，但实际上她十分善待我们母女。我们刚到北平，二舅妈就出去考察了，她很挂念我们，给妈妈写信询问：

> 你现在是否已在北屋暂住下，Boo[②]住哪里？你请过客没有，如果要什么请你千万别客气，随便叫陈妈预备。
>
> 思马一[③]外套取回来没有？
>
> 她的衣料做了没有？都是挂念。

---

① 丁文江、赵丰田编：《梁启超年谱长编》，上海人民出版社，1983年第1版，1086页。

② 我的小名。

③ 即"司马懿"，对思懿的戏称。

1936年，林徽因带着孩子们骑毛驴逛香山。左起：林徽因、梁从诫（梁思成之子）、吴荔明（梁思庄之女）、周嘉平（梁思顺之子）、×××、叶彤（叶公超之女）、梁再冰（梁思成之女）。（梁思成摄。）

妈妈说，二舅妈最喜欢我的胖劲儿和我的吃劲儿。有一天午饭，不到两岁的我一人吃了十几个大饺子，比二舅妈吃的还多，她直担心我吃坏了，结果我一点儿也没事。她还喜欢逗我玩儿，常带着我和表姐、表哥们一起出去。这些我当然不会记得，但妈妈保存的很多照片就是证明。

1952 年到 1953 年，二舅妈林徽因来我们家的次数最多。那时，她肾脏手术后身体渐渐恢复了一些，虽然很瘦弱，但医生说天气好时出来活动晒晒太阳有好处。当时二舅工作忙，常进城开会。二舅妈的一双儿女又都不在身边——再冰表姐南下，从诫表哥上大学住校。因此，她常出来解解闷儿。她喜欢我们家有田园风味，也爱和我妈妈聊天。她长期包用一辆三轮车，车主叫老曹。每周四下午或是周末，老曹就蹬着三轮送她到我家来。她知道我最爱吃冰棍，天热时常常用一个小广口暖瓶装着满满的几根水果冰棍或是小豆冰棍放在车子座位脚下，到门口时她就使劲地叫："Boo Boo！冰棍来啦！""二——舅——妈！欢迎冰棍！"我飞奔出去，先把广口瓶提好，然后扶着二舅妈进屋。妈妈见她总是轻轻问一句："Are you all right？（你身体好吗？）"二舅妈总是点点头。她们两人说话经常夹用很多英文，而这句话是我听妈妈对她说的最多的，以前听惯了觉得这是她们见面的套话，现在回想起来才明白，这句话饱含了妈妈对二舅妈的一片爱心和对她的健康的极大忧虑。当年我吃冰棍时很高兴，很自然，觉得很平常；二舅妈自己从来不吃，只坐在一边微笑地看着我。如今几十年过去了，我回忆起二舅妈林徽因，才真正感觉出那冰棍的分量，那是二舅妈拖着病弱的身体为我买的啊！我为什么就没想到问问她冰棍从哪儿买的？怎么买的？路远吗？为什么从来没说一声"谢谢"？我想啊，想啊，仿佛时光倒流，二舅妈林徽因抚摸着我的脸说："瞧这 Baby face（娃娃脸）。"

“把这只表‘红烧’了吧”

“七七”事变的爆发给中国人民带来了极大的灾难。日本侵略者长驱直入，整个中国已放不下一张平静的书桌，全国开始了轰轰烈烈的抗日战争。二舅思成、三舅思永两家人都随单位经长沙最后到达昆明，他们和全国百姓一样，苦度饱经忧患的艰难岁月。二舅在物质条件极其困难的境况下，还带领一支科研队伍对我国大西南进行了一次野外考察。他们走遍了云南、四川几十个县，收集了建筑和艺术领域的大量珍贵资料。

最令我难忘的是我们去李庄看望二舅和三舅两家，他们在那里

1938年5月，梁思成、林徽因夫妇和朋友游昆明西山太华寺。左起：周培源、梁思成、陈岱孙、林徽因、金岳霖、吴有训；小孩为梁再冰（左，梁思成、林徽因女）、梁从诫（右，梁思成、林徽因子）。

1939年，梁思成（右）在四川考察汉阙。

过着十分艰苦、清贫的生活。李庄是四川的一个小镇，属南溪县，二舅工作的营造学社在离镇约两华里的小坝村。那里交通不便，气候潮湿，冬季常阴雨绵绵，夏季又酷热无比。二舅家是间低矮的小屋，非常阴暗，竹篾抹泥为墙，顶上席棚是蛇鼠出没的地方，床上又常出现成群结队的臭虫，没有自来水和电灯，煤油也需节约使用，夜间只靠一两盏菜油灯照明。二舅妈林徽因睡在一个小帆布行军床上，身体消瘦得几乎不成人形。她的肺结核病复发，连续高烧四十度不退。李庄没有任何医疗条件，当时也没有治疗肺病的特效药，病人只能靠体力慢慢地煎熬。二舅身上担子非常重，要为营造学社四处筹集经费，又要照顾二舅妈。为了使二舅妈能吃得好些，他学会了蒸馒头、煮饭、做菜、泡菜和用橘皮做果酱；他还是二舅妈的

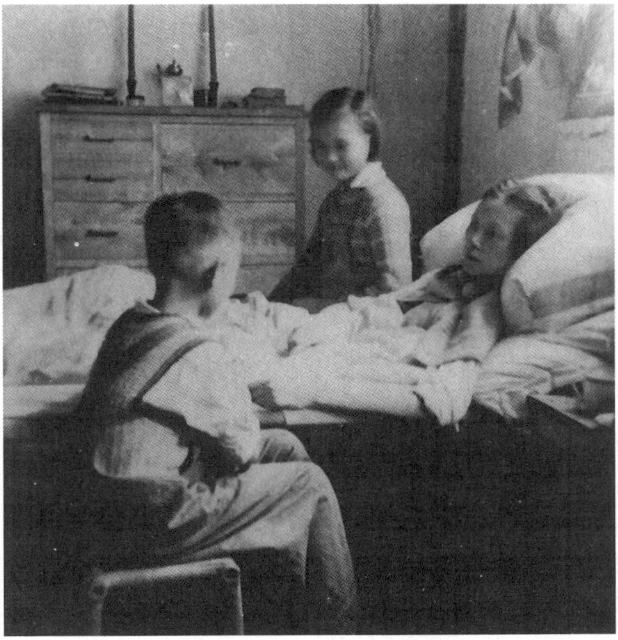

1941年，林徽因在李庄病重，卧床不起。她的身旁为女儿梁再冰（中）、儿子梁从诫（左）。

“特别护士”，学会了非专业人员极难掌握的静脉注射技术。物质条件虽极差，但大家精神上仍很充实，他们仍然不顾一切地从事学术研究。炎热的天气使他们画图时要不断地擦掉手臂上的汗珠。二舅还是那样乐观和幽默，当物价飞涨、揭不开锅时，他不得不把家中衣物拿去当卖。他还开玩笑地说：“把这只表‘红烧’了吧！这件衣服可以‘清炖’吗？”[1]我们母女的到来给二舅一家增添了欢乐，二舅妈和妈妈有说不完的话，她们常常是中英文夹杂。二舅妈身体虚弱但仍快言快语，妈妈坐在一边总是比手画脚又说又笑。由于屋子太小，二舅就叫从诫表哥带我出去玩儿。他很淘气，虽然当时还不到十岁，但跑

① 梁再冰：《回忆我的父亲梁思成》，《梁思成先生诞生八十五周年纪念文集》，241页。

遍了李庄的各个角落；他瘦小的身体十分灵巧，房前一株树一下子就能爬上去。我们常常在一座小山上玩儿，直到吃饭的时间才回家。

二舅主管着三舅和自己的两个家庭，上有老（岳母），下有小（儿女），中有病人（妻子、兄弟），艰辛的日子使他驼背的身躯更虚弱了。但是，对妻子的爱、对兄弟的手足情支撑着他没有倒下，他是两家的主心骨啊！

1945 年，日本投降，抗战胜利了！大家终于度过了这段艰苦难熬的岁月，几家人又回到了北平。

“梁思成成天乱跑”

抗战胜利后，1946 年 7 月，二舅全家搭乘一架从重庆直航的飞机飞返北平。回北平后，教育部指令他创建清华大学建筑系并任系主任。

同年，他收到了两份美国大学的邀请函，一份是耶鲁大学邀请他 1946—1947 学年作为客座教授前往纽黑文去讲授中国艺术和建筑，另一份是普林斯顿大学邀请他参加 1947 年 4 月“远东文化与社会”国际研讨会的领导工作。因为梁思成一直不畏艰难险阻，坚持研究中国建筑史并做出了很多研究成果，他的论文引起了国际学术界的关注和赞扬。梁思成受到他的西方同行瞩目，成为国际建筑学领域一位知名人物。而这次他作为两所最具权威大学的嘉宾去美国，也就更有意义。此时，他们在清华的住房条件比起在内地好多了，他唯一不放心的是林徽因仍然很糟糕的身体。病中的林徽因不但竭力支持丈夫的这次远行，而且还主动担当起指导清华建筑系年轻教师的任务。因为梁思成邀请了当年的得力助手到清华执教，这些人初到清华需要有人指导，林徽因就主动告诉他们有问题可以找她。

二舅临行前有不少事情要做，他准备了很多照片和建筑图片，以便到耶鲁大学后制成幻灯片，作为讲授中国建筑史的形象资料。这些图片是他用英文撰写的重要著作《图像中国建筑史》的插图。同时，他还带着此书的英文稿本，那是当年他身处大后方四川的小村李庄时，在极艰苦的条件下完成的。他希望在美国逗留期间，找一家美国出版社将其出版。谁料想，他这个愿望在三十多年之后才得以实现，而当年他带到美国去的那些插图的神奇命运，却成了一个传奇的故事：二舅思成在美国期间十分繁忙，利用工作间隙和美国好友费慰梅一起修改了他带去的文稿。但二舅意外地于 1947 年 6 月接到来自北平的电报，得知二舅妈林徽因的肺结核病情急剧恶化，已侵入到肾脏，要考虑作一次肾切除的大手术，他必须在身边照应。二舅决定立即动身返回北平。行前，他把书里要用的插图交给费慰梅保管，而已理好的手稿，他决定带走。他要在两个星期横跨太平洋的海上航行中在船上最后改定，然后尽快再寄回美国。之后的事实证明，这是一个极大的错误。不久，北平解放了，中美断绝了一切联系，从此双方音讯杳然。文稿一直在梁思成手中没再寄出，而这厚厚的一包插图则被费慰梅存放在哈佛大学的福格艺术博物馆。

1955 年，二舅妈林徽因不幸逝世，二舅在无限悲痛之中又重新想到了这个耽搁已久的计划。他辗转写信给费慰梅，请她把那些图纸和照片退还给自己。费慰梅接信后，按照来信所写的地址将邮包寄给了一个在英国的学生，请其转交梁思成。1957 年 4 月，这个学生去信说邮包已经收妥。直到 1978 年秋，费慰梅才发现这些资料始

1947年，梁思成在纽约介绍他所设计的联合国大厦方案。

终没有回到梁思成手中，而梁已于1972年逝世。这些资料到哪里去了？是寄丢了还是根本没有寄出？

对此，费慰梅在回忆中写道："1980年，那个装有图片的邮包奇迹般地失而复得。一位伦敦的英国朋友为我追查到了那个留学生后来的下落，得到此人在新加坡的地址。这个邮包仍然原封未动地在此人的书架上。经过一番交涉，邮包被送回了北京，得以同清华大学建筑系所保存的梁思成文稿重新合璧。"①

1980年，清华大学建筑系主任吴良镛教授委托费慰梅编辑《图像中国建筑史》并设法将其在美国出版，她非常高兴地重新承担起

① 费慰梅著，成寒译：《中国建筑之魂——一个外国学者眼中的梁思成林徽因夫妇》，上海文艺出版社，2003年版，238—243页。

三十三年前梁思成托付给自己的这个任务。费慰梅为此书数次奔波于北京和波士顿之间，1980 年和 1982 年又在北京同我的第二位二舅妈林洙一起作插图核对、标码补缺等细致工作，她们不厌其烦地合作了三年，终于在 1984 年将此书交由美国麻省理工学院出版社高质量地出版，使这个传奇的故事有了一个完美可喜的结局。

此书的中文译本已于 1991 年由北京建筑工业出版社出版，台湾也出版了繁体字本。译者是我的表兄——二舅思成的爱子梁从诫；他英文很好，又懂建筑，因此对原著理解透彻，能保持原文特色并对原文作了订正和说明。当看到这部精美的著作，看到那些中国古建筑的照片以及书中二舅思成和莫宗江教授所绘制的精美细致的建筑图时，我更觉得中国古建筑之伟大可爱。回想他们在抗战期间那种艰苦的生活和做学问孜孜不倦的刚毅精神，我从内心深处更加敬佩他们！费慰梅说："虽然耽误了几十年，思成对中国建筑精辟的分析依然不失其领先地位。这本书博得中外人士的欢迎以及赞扬，麻省理工学院出版社也因本书在 1984 年获得美国出版家专业暨学术书籍出版金奖。"①

中文译本出版后，面世几个月就销售一空。费慰梅写道："中英对照《图像中国建筑史》1992 年由北京建筑工业出版社出版，推出几个月就销售一空。现在，这部书在清华大学保留了一些，当作赠给应校长之邀来访的贵宾的礼物。"②

二舅一边忙着准备赴美讲学所需的资料，一边着手安顿家庭，

① 费慰梅著，成寒译：《中国建筑之魂——一个外国学者眼中的梁思成林徽因夫妇》，上海文艺出版社，2003 年版，243 页。

② 费慰梅著，成寒译：《中国建筑之魂——一个外国学者眼中的梁思成林徽因夫妇》，上海文艺出版社，2003 年版，241、242 页。

主要是病中的二舅妈林徽因和她的妈妈——林婆；他打电话给我的妈妈思庄，要她多加关照，因为我妈妈住在北大，离清华很近，可以经常骑车去看看。

到美国后，二舅住在耶鲁大学，除了在耶鲁教书之外，他抓紧一切时机参加各种活动。因为与美国的长期隔绝，他必须加强对本专业领域新进展的了解，同时也扩大自己作为一个中国学者的学术影响。

二舅回到宾夕法尼亚大学和他的老同学们团聚，又到哈佛大学作报告。在此期间，他还作为指定的中国代表参加联合国纽约总部大厦设计咨询委员会，并结识了来自世界各地的杰出建筑师。4 月初，他作为领导人物参加了普林斯顿大学的“远东文化和社会”国际研讨会。二舅还被授予普林斯顿大学的名誉博士学位，以表彰他在中国建筑史研究方面的成就。会议期间，他还举行了一次图片和照片展览。总之，他整天在外面跑来跑去，忙得不亦乐乎。

一天，梁思成的朋友罗常培（语言学家，老舍的好朋友，后为北京师范大学教授）去耶鲁大学他的住处找他，吃了一个闭门羹，于是留了一个条子：

梁思成成天乱跑（罗常培）

过了几天，梁思成去找罗常培，主人也不在，于是他也留下一个条子：

罗常培常不在家（梁思成）

1946年在美国，梁思成开着小车去辛辛那提看望他的小弟弟梁思礼，梁思成专门买的是crosley车；因为小，他考虑把车带回北京，可以钻小胡同。

他们两人还互赠一句，写成一副对联：

罗常培常不在家大儒常陪女弟子

梁思成妄思伏骥拙匠思成联国楼

定居在纽约的王方宇老先生给我们讲了这些趣事。他是一位书法家，1993 年我们去纽约他家拜访时，他告诉我们：1947 年，二舅思成访问耶鲁大学时，他正在那里教书，认识了梁思成。当年梁思成精力充沛，显得很年轻，很精神，不像腰有毛病的人。那时梁思成很忙，在耶鲁仅仅几个月却办了很多的事；但他很会忙里偷闲，稍有空就和几个中国朋友聚在一起说说笑话轻松轻松。

王先生还给我们念了当时他们编的一个中西合璧的顺口溜（英文最后一个字母读得很重）：

先生说我 No good　　我说先生是 dog

先生给我一 hand（巴掌）　　我给先生一 foot

先生把我开除了　　可怜有家归不得

父亲母亲饶恕我　　还念孩儿尚 Young

得知二舅妈林徽因病情恶化，二舅归心似箭，幸好他在美国的各项工作已基本完成。当他回到北平时，二舅妈正在发低烧，手术无法进行；这样，一直拖到 1947 年 12 月，才终于做了手术。手术做得很成功，二舅妈的精神和体力逐渐地恢复起来。

“麻雀虽小，五脏俱全”

20世纪50年代初，清华大学、燕京大学、北京大学三校建委会成立。为了解决燕大教职工的住宿问题，在中关村的荒地上建起了一大片小平房，就是院系调整后远近闻名的北京大学中关园宿舍。

中关园平房由清华大学建筑系设计，每套建筑面积有一百平方米、七十五平方米，还有更小一些的。每两幢房肩并肩对称地靠在一起。室内房间计有客厅、卧室、小储藏室、浴室、厨房等。最新鲜的是还设计了一堵火墙，横立在客厅和储藏室、浴室、厨房之间，形成一个屏风，同时还能取暖；火墙的炉口开在厨房，生火时煤烟不会影响其他房间。浴室有一坐式抽水马桶、一个白瓷脸盆、一个很深的水磨石浴盆，三样东西就把浴室挤满。这在那个年代是很先进方便的。

妈妈最喜欢住新房子，人们都笑她是“耗子搬家”。我们于1952年第一批就搬入了新居，那是一套建筑面积七十五平方米的平房，房号是九十六号，我们在那里一住就是二十四年。我们紧邻的九十五号，后来陈意阿姨搬了进来。陈意是当年燕大家政系教授，她的弟弟陈植是二舅思成在清华学校和国外的同学，后来又是同行、好友，陈意本人和妈妈从年轻时就是好友。我们两家相邻住了二十多年，直到“文化大革命”中期他们才搬走。

这些平房盖好了，二舅妈林徽因非常高兴，她和妈妈一起看房子时赞扬说：“这房子‘麻雀虽小，五脏俱全’。”当我们搬到新居后，她就开始张罗要帮妈妈设计布置房间。她擅长住宅室内装饰，我记得她告诉妈妈窗帘单色的好看，如果是花的，最好是大花。正巧，1948 年曾有朋友从美国回国给妈妈带来漂亮的黄底和橘黄色加红色大花的窗帘布，二舅妈对此大为欣赏，于是用这块布做成了客厅的窗帘，给沙发床做了一个罩子，摆上两个同样布料的靠垫。当时的家具完全是旧的，沙发是抗战胜利后从东单地摊上买的日本沙发，都是日本战败后从中国撤退时留下的。地毯是几十年前公公家的一块旧地毯。这些不配套的东西，经二舅妈林徽因的精心安排，使客厅变得十分美丽舒适。她非常得意地对妈妈说："你看，多 Cosy（舒适）！"

二舅妈林徽因的审美观点是反对复杂和豪华，她认为家一定要 Cosy，要简单。她自己的家就是这样布置的，她也教会了我妈妈，我妈妈也总是把我们俩平常朴素的家布置得很 Cosy。二舅妈的女儿——我的表姐梁再冰也得到了这个真传，她的家也布置得很 Cosy。有年，她到我家客厅，说了一句"很 Cosy"，我觉得这是对我的最高评价。这里没有一件高档家具，只有旧沙发、旧书架、旧钢琴，也许有人会觉得近乎寒酸，而再冰表姐却很欣赏。也许她早已忘了自己说的这句话，但我听了之后确实非常高兴，当时立刻就想起了她的妈妈——我的二舅妈林徽因。

我们的新家布置好之后，二舅妈就带了一批清华建筑系的学生来参观。我当时住在学校，没有见到他们。据妈妈说，二舅妈兴致勃勃地带大家参观了每个房间，从窗帘的色调到家具的摆设都讲了自己的观点。二舅妈指出：特别是小型住宅，房间较小，注意不要把空间割裂，以免使房间更小。墙壁上挂的画和照片，不要挂得太高，顶天立地最难看，画的位置要和房间的大小高度适应，有些画或照片挂得低一些更有味道。后来妈妈也总爱把有些画挂得低一些。

“我逸得太劳啦”——我眼中幽默的二舅

二舅性格开朗，是家中的幽默大师。他自小淘气爱开玩笑，一开口就妙语连珠，到老都本性难移。他成名后不摆架子，不放弃一切机会表现他的滑稽腔，曾给不少人带来欢乐。当然，我最爱听他的笑话。有几件事令我终生难忘。

20世纪40年代初，妈妈带我从成都到重庆大学傅鹰伯伯（著名化学家）家度暑假。正巧二舅带着十二岁的表哥梁从诫到重庆上南开中学。表哥整天跟着二舅，影响他处理公务。一天二舅对妈妈说：“三妹，我免费借给你一个‘活动秤砣’，过几天你再还给我好吗？”妈妈莫名其妙。他又说：“小弟这个秤砣我实在扛不动了。”于是，妈妈就带着从诫表哥一起住在傅鹰伯伯家中。南开中学有极严格的校规，男生一律剃光头。表哥到理发店自己舍不得剃光，留了一个小平头，二舅严厉地叫他再去剃，他无可奈何地剃了个光头回来。二舅又开玩笑了，对着我耳朵小声说：“他就是怕当和尚。”从此，我们就拿表哥的光头开心。

20世纪50年代初，妈妈接二舅到北京大学我们家休养。一天吃饭时，二舅对妈妈说：“唉！我是个无齿之徒，有不白之冤啊！”我们吓了一大跳。原来他说自己没牙齿是“无齿之徒”，而他到老还是满头黑发，有不“白”之冤。

大约在1951年下半年，天气还热，我们当时住在燕园南门八号一座小小的四合院里。和我们相通的前院是七公梁启雄家，七婆非常会做菜，也会做很多广东小吃如薄脆饼干、萝卜糕等等。那时，二舅妈林徽因的身体很虚弱；二舅由于照顾病人，再加上工作繁忙，变得更瘦，睡眠不好。妈妈和七公商量后，决定把二舅单独接到我们家住几天，一方面躲开找上门的事务，另一方面请七婆做些好吃的给他补养一下，让他晚上睡个安静觉。谁知，二舅躲到哪里人们就能找到哪里。那时我在城里中学住校，一天周末放学回家，推门一看，二舅终于被请来了。他坐在客厅的一个图板前正在看一张图纸，在他周围堆满了人民英雄纪念碑的设计图纸，旁边还坐着几个人。原来，他正在为他的好友张奚若刚刚去世的年轻女婿设计墓碑。当客人走后他要休息一下时，才发现拖鞋忘带了。妈妈叫我立即骑车去清华取二舅的拖鞋。但他穿上我的一双粉红色绣花拖鞋时，觉得很舒适，就叫我不要去清华了。妈妈认为二舅这个大教授穿着绣花拖鞋接待客人不好，于是用蓝色的咔叽布把鞋面包了起来。二舅非常高兴地玩笑说："Boo Boo，咱们两个人共产，合穿一双拖鞋，我穿的时候套上蓝布，你穿的时候取下蓝布，这就多辛苦你妈妈喽！"这

20 世纪 60 年代的梁思成

梁思成力主保护北京城墙，这是他亲自绘制的利用北京城墙、城楼的设想图。他将城墙上变成了美丽的花园。

双包着蓝布的拖鞋我又穿了好几年，因为那个年代穿绣花鞋有被扣上“资产阶级坏思想”帽子的危险，于是这双拖鞋直到穿破了也再没有机会显出原形，至今我还很清晰地记得它和它的故事。

1955年二舅妈林徽因去世后，孤寂之中的二舅经常来我家。妈妈把小茶几、椅子搬到院子里，大家坐在那里一边喝咖啡一边聊天，二舅称之为“摆茶座”。一次，他在“茶座”上对我们讲：他多次带文艺演出团体到国内外访问，[①]节目都看腻了，还得硬着头皮，假装兴致勃勃地看。他站起来学了一句郭兰英的唱腔，又做了一个郭兰英谢幕的姿势说：“我这样训练几次，也能和这些名角一块儿登台了吧？”

---

① 当时的人大代表视察团到各地访问，随团有一个演出团。

记得20世纪50年代和60年代初，每年春节都在人民大会堂举办大型联欢会，有节目演出、舞会、各种游戏等等。1961年春节，我和丈夫一起在晚会的人群里穿梭，忽然看见二舅一个人在那里聚精会神地看“钓鱼”，这种游戏时常引得人们哄堂大笑，二舅也和大家一样开心地笑着。我们跑过去叫：“二——舅！”不知为什么，我叫二舅和二舅妈从小就是拖长声调，因为每次我都会从他们那里得到一种非常有趣开心的回应，这种奇特的感觉不可言传，只有我自己能够意会。在“大干快上”的年代，党号召大家要注意劳逸结合。二舅告诉我们：他最近虽然还忙，但也有不少休息的机会，跟着文艺演出团体到了很多地方去访问。最后，他说：“我逸得太劳啦！”一语，道出了二舅对那种过多“休息”的不满和身心的疲惫。我们被逗得大笑！

大屋顶·老北京城墙

二舅梁思成不是靠他的父亲梁启超出名的，他是靠自己的勤奋刻苦、靠自己的才华学识在建筑学界树立了功勋而成名。而真正使他名震全国的却是因为他搞了“大屋顶”，受到了批判。中国人从此就有一种误解：梁思成等于“大屋顶”，凡是大屋顶的建筑就认为是梁思成设计的。其实他本人没有设计过一幢大屋顶的建筑。这对二舅是多么的不公平啊！建筑界人士都知道，继承和发扬中华民族的文化遗产是他一生最大的心愿。他强调：要尽量吸收新的东西来丰富我们原有的基础。他认为：应当突破单一的条形平面屋顶，参考西方建筑进行创新。他指出：现代建筑结构完全有可能和中国古代建筑的传统结构有机地结合起来，形成新时代的中国民族风格。这和 20 世纪 50 年代那种各修建单位所表现的铺张浪费、一哄而起的不良作风，和那种复古主义、形式主义的作风完全是两回事。当仿古建筑，即所谓的“大屋顶”风行之际，1955 年 2 月，开始了对“以梁思成为代表的资产阶级唯美主义的复古主义建筑思想”的批判。中央领导同志多次找他谈话，并组织人员撰写大量文章批判他。在极强大的压力下，他只承认自己对建筑界的“复古主义”“形式主义”的设计偏向有不可推卸的责任，但他保留自己的学术观点。他认为中国的新建筑还在创造和摸索的过程之中，这种努力是中国精神的抬头。他认为，几年之后，“我的真理将要胜利”。对此，二舅是充满信心的，而且依然保持着他的乐观诙谐的作风。当年他清华大学的学生萧默先生在一段回忆中写道：1955 年，记得有一次梁思成先生来到系馆，“瘦小的身上穿着西服，戴着宽边礼帽，我们一帮同学像孩子似地围着他看”。梁思成诙谐地指着帽子自我介绍说：“我就是梁思成，你们只要看这顶帽子就能猜着了，也是个‘大屋顶’。”[①] 这种自嘲的话表面上很诙谐，骨子里却充满了苦涩。

二舅去世几十年了，我们国家发生了极大变化，人们的思想也有了很大的解放。1998 年，在北京大学校园中又竖立起一座新图书馆，它由清华大学建筑系关肇邺教授设计；漂亮的民族形式的屋顶使建筑更为端庄雄伟，北大师生们都对其投以赞扬的目光。这时，我就想起了二舅。

还有一件事使二舅名声更大，那就是他抗上，抵制拆毁老北京

---

① 萧默：《梁思成先生与敦煌》，《梁思成先生诞辰八十五周年纪念文集》，201 页。

城墙和牌楼。20世纪50年代初，北京市领导决定拆掉大城墙和城门楼。他们认为城墙是封建帝国的防御工事，现在已无用，既妨碍交通又限制城市的发展，它的砖头能用来建造房屋或铺设马路，拆除后还可取得地皮。

二舅为此心急如焚。美丽的北京古城由宽十余米、全长约四十千米的城墙围绕，北京内城的很多门都是由箭楼、瓮城和城门楼构成的巍峨建筑；门楼是三檐双层的巨大楼阁或殿堂，包括外城和皇城的城门、城楼、箭楼、角楼等，曾多达四十七座。当二舅知道旧城作为一个整体将无法保全时，他明智地退而求其次，希望保住旧城的城墙和城楼。1950年，二舅提出把城墙建成空中花园，为人民的健康和娱乐服务。他指出：城墙顶部平均宽十米以上的空间，可种花铺草，供数十万人纳凉休息。双层屋顶的门楼和角楼可以建成陈列馆、阅览室、茶点铺，这样的环城立体公园会是世界上独一无二的、最特殊的公园之一。城墙底部的护城河和二者之间的空地可以建成美丽的"绿色地带"，供广大劳动人民划船、钓鱼、滑冰之用。北京的城墙是我们民族的瑰宝，属于中国，也属于世界。我们已经拥有这个世界上独一无二的无价之宝，现在怎能毁坏它呢？这是梁思成最后的呐喊！他大声疾呼："是这样的北京城门，是这样的北京城墙，为什么要拆？"拆掉北京的一座城楼，就像割掉二舅思成的一块肉；扒掉北京的一段城墙，就像剥掉他的一层皮！他要为保护北京城墙作最后的努力。他四处奔走呼号，又提出简单易行的建议，即在不破坏门楼和城墙的整体性前提下，在每座城门两边打开一个车辆进出通道；如此，交通堵塞问题就可以得到缓解和控制。而这个建议，也遭到了上级的拒绝。

“拆墙运动”轰轰烈烈，到1957年，地安门、广安门、广渠门一个一个被毁，最后崇文门和西直门也被炮轰掉，“毁城大军”所向披靡。二舅的眼泪并不为领导所动，他根本不知道北京市领导对拆除城墙之所以如此坚决是秉承了最高领导的旨意，这是无法抗拒的。二舅无法理解，也无可奈何。

几十年过去了，北京有了飞速的发展，但也一跃成为世界上污染最严重的城市之一。现在北京市又掀起了轰轰烈烈的“爱北京城，献城墙砖”运动，许多北京市民，甚至一些年事已高的老大妈、老大爷纷纷抱着当年拆毁的旧城砖高呼“我们要为恢复北京城墙作贡献”，他们这种精神实在令人感动。他们是否知道，当他们还年轻时，曾有一个人，他为了保住城墙老泪纵横，不顾一切地抗争，而以彻底失败告终？历史虽已证明二舅站在了真理一边，但几块旧城砖再不可能堆砌成当年的北京城墙，古都的风貌再也无法重现。如果历史肯再给中国人一次机会，人们将不会让这种悲剧重演，愿二舅的在天之灵能得到一丝安慰。

北京市的牌楼、牌坊是古老北京的重要街景，也是当时人们要拆除的对象。老北京城最繁华的地点——东四、西四各有四个牌楼，东单、西单各有单牌楼，新中国成立前称为东四牌楼、西四牌楼、东单牌楼、西单牌楼，后来简称东四、西四、东单、西单。前门有五牌楼，东西长安街也有牌楼，东交民巷、西交民巷都有牌楼。为了保住这些牌楼，二舅也作了不懈的努力。最后，周恩来总理亲自出面做二舅的思想工作，以李商隐“夕阳无限好，只是近黄昏”的诗句回答了二舅。周总理不能违抗最高指示，但又无法明言。这番苦心当时又有谁知道呢？现在的北京城中，除了在国子监街能看到古老的牌楼外，其他的牌楼全部被拆毁；更可惜的是，一大套完整的牌楼资料、照片、图纸全部被“四人帮”销毁。如今的年轻人和我们的后代不但不可能看见北京的这些美丽的、有价值的街景，就连看看当年的照片都已属难得。

二舅最后岁月的忠诚伴侣——林洙舅妈

我的第二个二舅妈林洙是较晚进入梁家的。1955 年，二舅妈林徽因去世之后，二舅过了将近八年的孤寂生活。1962 年，他和清华大学建筑系资料室的林洙结婚了。林洙很年轻，比二舅小二十多岁。她用自己的爱心伴随着二舅度过了“文化大革命”中最艰难的岁月，与二舅相依为命地走完了二舅人生最后饱受煎熬与痛苦的旅程。二舅去世后，她写了大量的回忆文章，字里行间渗透着对二舅和林徽因深厚的感情。她深知，“建筑”是梁思成的“生命”，她克服了种种困难，将二舅的遗作整理发表。

由于对林洙不了解，再因她和二舅的年龄相差太悬殊，当时他们的婚姻遭到了家人的反对。社会上确实有不少老夫少妻的婚姻是以悲剧而告终的。出于对二舅思成的关心，二舅的弟弟妹妹们联名给他写了一封“抗议信”。这封信给二舅和林洙带来很大的精神压力，现在看是不必要的，也是不合适的。从此，二舅与他的弟妹们感情疏远了。不久，“文化大革命”开始，他们兄弟姐妹全部失去了自由。二舅也从一个受人尊敬的老专家，一下子被打成了“反动学术权威”。他不断地遭到批斗，人格受到各种侮辱。他被赶到两间四

1962年，梁思成和林洙摄于清华大学十二公寓。

面通风的小破屋去住，还要时常受到造反派和各种趁火打劫的坏人的勒索和打骂。在这种极端恶劣、残酷的处境下，林洙舅妈没有离开二舅一步；相反，她勇敢地和二舅一起承受着一切。那时，她带着自己两个年幼的儿女，照顾着年老的林婆（林徽因的母亲），而体弱的二舅经常感冒发烧，她便用小推车推着他去医院。这一切的一切对林洙这样一个弱女子，需要多大的毅力和勇气啊！他们一次又一次地被迫搬家，条件越来越糟；二舅一次接一次地感冒，身体越来越差。此时，林洙舅妈不仅是二舅的妻子，还是他的保姆、理发师和护士。她艰难地勇敢地保卫着二舅。

1971年底，在医院里的二舅病情已经很严重。他托人捎了一个字条给妈妈，希望能见到妹妹。妈妈真是又高兴又担忧。她非常想见二

1996 年，司徒兆光（左一，铜像作者）在中央美术学院为梁思成铜像设计向林洙（左三）、梁再冰（左四）、梁柏有（左五）、吴荔明（左二）征求意见。

舅，不知他病成什么样了。当时，她还没有得到彻底“解放”，于是小心翼翼地去向军宣队请假，没想到得到了痛快的批准。我陪妈妈到北京医院见到二舅时，他已经无力说话。他见到妈妈后伸出手，嘴张了几下，但没有发出声音；他认出了我，嘴唇动了动，仿佛是在叫：“Boo Boo。”而后，他一直用眼睛盯着妈妈。

他们无言地相视着，这对挚爱的兄妹手握着手，面无表情，没有哭泣，没有眼泪，就这样在劫难之中诀别。面对着痛苦的生离死别，他们麻木得像两尊雕像。

1972 年 1 月 9 日，二舅思成在北京医院逝世。由于家中电话被拆掉，医院打电话到北大统战部，学校再派人骑车来我家报信。当时交通不方便，我们接信匆匆赶到医院时，二舅已被送入太平间。

我们送憔悴悲哀的林洙舅妈带着二舅的遗物，坐上清华来接她的小卧车，凄凄凉凉地离开了医院。

但是，周恩来总理始终关怀着二舅一家，当他得知林徽因的母亲林婆还在世时，指示有关部门每月给她五十元生活费。林婆自己愿意住在二舅家（一直瞒着她二舅已去世的消息），林洙舅妈毅然继续照顾林婆——这位与她毫无血缘关系的老人，直到半年后林婆去世，林洙舅妈为她送终。

林洙舅妈用她的行动，用她对二舅真诚的爱，赢得了家人的理解和尊重。大家都说，如果没有林洙，二舅就活不了这么久。后来她和家人相处很好，互相理解之后，彼此有了感情。她随孩子叫我妈妈"三姑"。记得一次，她带了几斤鸡蛋来看妈妈，家里没有人，她就想法用绳子把鸡蛋吊进我们家一楼凉台。妈妈回来猜出送鸡蛋的是林洙舅妈时，十分感动，因为那时买鸡蛋要凭票定量，家家都不够吃。

林洙和二舅结婚的十年，绝大部分是在"文革"的灾难之中，在那些恐怖的日子里，是她照顾他的生活，是她排除他精神上的孤独，成为他精神上坚实可靠的支柱。她说："我所唯一感到慰藉的是，在他最困难的日子里，我给了他全部的爱，我与他紧紧相依，走完了他生命最后一段路程。"

荣任"反面教员"

二舅从 1952 年就开始写文章批判自己的"资产阶级思想"对国家造成的危害，几乎全面否定了自己的一切。但他在接受思想改造的同时，又努力坚持自己固有的学术观点。他写的自我批判和他内心真实所想是矛盾的。1955年，《学习》杂志登载了批判梁思成的文章，这意味着公开否定他的建筑理论。他不得不又写文章，承认自己的“错误见解”，但依然坚持自己学术上的观点。他自己十分困惑，人们对他也感到困惑。我想，当时的许多知识分子也都在困惑。

“文革”开始时，北大、清华的学生们闹得很欢，年长些的老师，尤其有留学经历、有海外关系的人都成为斗争对象，没有谁能幸免。恐怖笼罩着全家，人人自危，战战兢兢相互惦念着，就怕听见有关亲人厄运的消息。妈妈叫我设法打听二舅的情况，当时听说清华斗他斗得很厉害。一天，我和教研室的同事（那时年轻教师们很多都被卷入派系斗争，我们教研室的多数和我是同一个派）骑车从北大到清华去看大字报，他们也愿陪我打听二舅的消息。当骑到清华园二校门时，看见许多游行队伍在大礼堂前不断地绕圈，他们举着大横幅，上面写着：“老子英雄儿好汉，老子反动儿混蛋。”按此“反动血统论”的逻辑，当然这些游行的人都是些“好汉”。我一想，我当然是“混蛋”啦！心里真不是滋味，很不服气，但也很害怕，感到前途未卜。我们把自行车停在写有“清华园”三个字的二校门外，步行挤进了游行地区。走到老建筑馆附近时，见许多人在围观，我们使劲儿往里挤，但是一点儿也前进不了，只听人们说里面在批斗好几个人，有梁思成。这我早有思想准备，就是希望能亲眼看看他。由于人实在太多太乱无法近前，我们只好返回北大。又过了些日子，有一天我的教研室同事跑来告诉我：看见梁思成披着一件黑色长褂，手里捧着一尊佛像，站在建筑馆门口被人批斗；胸前还挂着一个大牌子，写着“反动学术权威梁思成”。我立即骑车飞奔清华，一路上想象着二舅的神情，一定是和妈妈一样。往日备受尊重的兄妹专家，今日却被挂上同样的牌子，分别在两个著名大学里遭受莫大的人格侮辱。当我们赶到现场时，人们已经散去，楼前留下满地破纸。我把这消息告诉妈妈，她苦笑了一下，一句话也没说。我知道，妈妈她心如刀绞！

“革命”不断发展，1969 年 1 月，北大和清华以及北京市六个工厂被当成运动重点，成了有名的“六厂二校”，作为全国的样板。一向被认为“池浅王八多”的两校中的众“王八”里，二舅梁思成“荣幸”地被领导定为反面教员（还有钱伟长和刘仙洲），当作知识分子中反动权威的改造样板再次扬名全国。梁思成被养了起来。北大全校师生听了中央的正式文件，是毛主席圈阅的清华大学关于《坚决贯彻执行对知识分子“再教育”“给出路”的政策》。我们终于从中央文件中得知了二舅的消息，妈妈也放心多了。记得有一天，妈妈从学校劳改楼回家度周末，我一边给她理发，一边和她聊天，她无比心酸地说：“二舅会不会再被打翻在地？再踏上一只脚？”听着妈妈这“文革”式的问语，我无言以对。

“文化大革命”真是史无前例，所有的事物都变得是非颠倒、人妖不分。被称为“反动学术权威”的二舅，实际上是一个地地道道的“爱国学术权威”！他的爱国之心是自小就从父亲梁启超那里继承的，而他的爱国行动、他一生在建筑界所作出的成就是他那颗爱国之心的明证！

对于二舅梁思成学术上的功绩已有很多文章和著作介绍了，中国建筑工业出版社出版的《梁思成全集》是他一生心血的总结。我对二舅的事业了解很少，以前从不关心，我虽然也很爱他，这种爱是来自他和妈妈的亲情。不知为何，我总有点儿怕和他谈他的事业。

虽然我们每次见面，他都要逗我，我见到他总是很开心，但我们从不谈什么“正经”事；我当时年纪小，总是作为妈妈的“配角”和“随员”，没有机会独自和他认真交流些什么，他也只把我当作他的小外甥女。他被打成“反动学术权威”后，迫使我要去了解他到底“反动”在哪里，我实在难以做到，也无法想通。

不平常的追悼会

1972年1月13日，各大报纸登载了梁思成去世的消息。大标题是：

全国人民代表大会常务委员会委员梁思成同志逝世

李先念和郭沫若同志参加了追悼会

内容是：

新华社一九七二年一月十二日讯

全国人民代表大会常务委员会委员、清华大学建筑工程系教授梁思成，因病于一九七二年一月九日逝世。终年七十一岁。

悼念梁思成同志的追悼会，今天下午在八宝山革命公墓礼堂举行。

中共中央政治局委员、国务院副总理李先念，中共中央委员、全国人大常委会副委员长郭沫若，参加了追悼会。

追悼会由郭沫若同志主持，中共北京市委书记、北京市革

1992年，为纪念梁思成对中国建筑学的贡献，邮电部发行了这枚邮票。

命委员会常委丁国钰致悼词。

……

悼词中的一段说："梁思成同志在全国解放以后，热爱伟大领袖毛主席，拥护中国共产党，拥护社会主义，努力从事教育事业，对我国的建筑科学做了有益的工作。"

一个被养起来作为反面教员的"反动学术权威"居然获得这样高的评价，使人费解。后来才知道，是周恩来总理排除了各种干扰才举行了这样一个不平常的追悼会。

不久，"反右倾回潮"运动又紧锣密鼓地开展，知识分子们再度陷入危难之中。

功不可没的爱国学术权威

二舅一生所作的贡献，使他成为建筑学界的一个权威，有人还尊称他为泰斗。他做了几件知名、也是了不起的事：

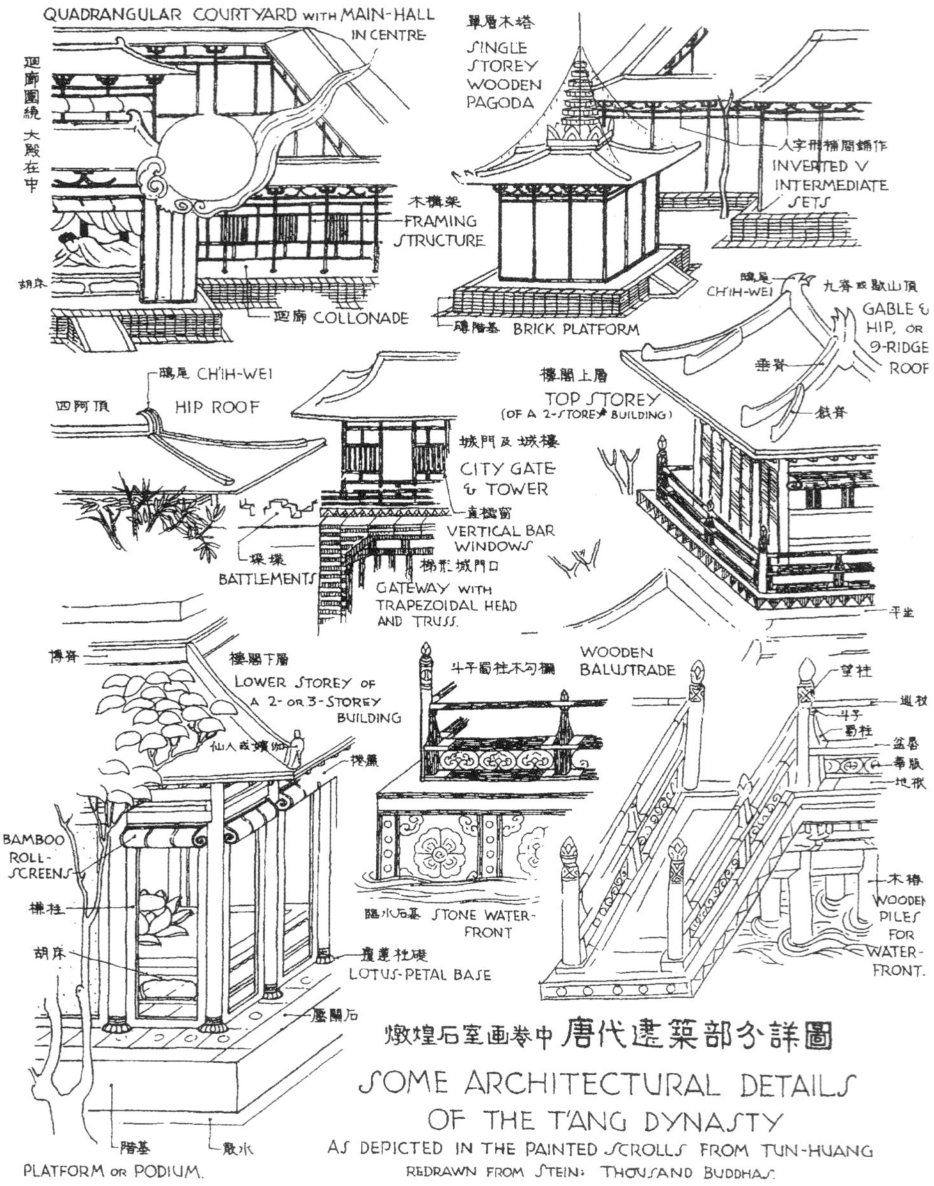
QUADRANGULAR COURTYARD WITH MAIN-HALL IN CENTRE
迴廊圍繞 大殿在中
木構架
FRAMING STRUCTURE
胡床
迴廊 COLLONADE
單層木塔
SINGLE STOREY WOODEN PAGODA
人字形補間鋪作
INVERTED V INTERMEDIATE SETS
磚階基 BRICK PLATFORM
鴟尾 CH'IH-WEI
九脊或歇山頂
GABLE & HIP, OR 9-RIDGE ROOF
垂脊
戧脊
鴟尾 CH'IH-WEI
四阿頂
HIP ROOF
樓閣上層
TOP STOREY (OF A 2-STOREY BUILDING)
城門及城樓
CITY GATE & TOWER
直欞窗
VERTICAL BAR WINDOWS
梯形城門口
GATEWAY WITH TRAPEZOIDAL HEAD AND TRUSS.
垛堞
BATTLEMENTS
平坐
博脊
樓閣下層
LOWER STOREY OF A 2- OR 3-STOREY BUILDING
仙人或嬪伽
撩簷
斗子蜀柱木勾欄
WOODEN BALUSTRADE
望柱
尋杖
斗子
蜀柱
盆唇
華版
地栿
BAMBOO ROLL-SCREENS
檐柱
胡床
臨水石基 STONE WATER-FRONT
覆蓮柱礎
LOTUS-PETAL BASE
木樁
WOODEN PILES FOR WATER-FRONT.
壓闌石
階基
散水
PLATFORM OR PODIUM.
燉煌石室画卷中唐代建築部分詳圖
SOME ARCHITECTURAL DETAILS OF THE T'ANG DYNASTY
AS DEPICTED IN THE PAINTED SCROLLS FROM TUN-HUANG
REDRAWN FROM STEIN: THOUSAND BUDDHAS

梁思成绘制的古建筑图

1931 年，梁思成加入中国营造学社。他身后为营造学社社址——中山公园（社稷坛）东朝房。

一、保护北京文物古迹

1948 年底，解放军攻城部队已开到北平西郊清华、北大（当时是燕京大学）一带，准备解放北平，城里的所有文物、古迹都有被毁的危险。正当二舅担忧之际，围城部队的两名干部亲自来到二舅家，自我介绍之后，说明来意：他们是向二舅请教，请他把城里著名文物古迹的位置准确地标在军事地图上，以便攻城时避开。二舅大为惊喜，他不仅标好了图，而且组织了建筑系的部分教师，仅花了一个月时间就飞快地编出了一本长达百页的《全国重要文物建筑简目》，从翻书、查资料到刻钢板、折纸页、装订、包裱封面都是自力更生用手工完成的。这份简目不仅在解放广大地区时起到了保护文物的重要作用，在建国初期开展文物调查、保护、研究工作中也起了积极作用，它已成为新中国文物保护史上一份早期重要历史文

1934年，梁思成在河北赵县考察隋代安济桥。这是世界上最早的一座敞肩桥。

献。这也是二舅对新中国成立后全国文物古迹保护的第一大贡献。为此，大家对他敬佩不已。积极保护文物是二舅对共产党的第一印象，也是他认识共产党的开始。

二、开拓了古建筑研究的道路

二舅夫妇为考察中国的古建筑千辛万苦，呕心沥血。他们和营造学社的同仁们踏访了全国十五个省份、二百个县，实地精细地研究了两千座古建筑。他们风尘仆仆，在当时极端落后的交通条件下，骑着毛驴，坐着大车，有时步行，发现、考察了很多极有价值的古迹如五台山佛光寺、宝坻广济寺、蓟县独乐寺等；最老的佛光寺建于公元857年，是他们多年来发现的唯一的唐代木结构殿堂。

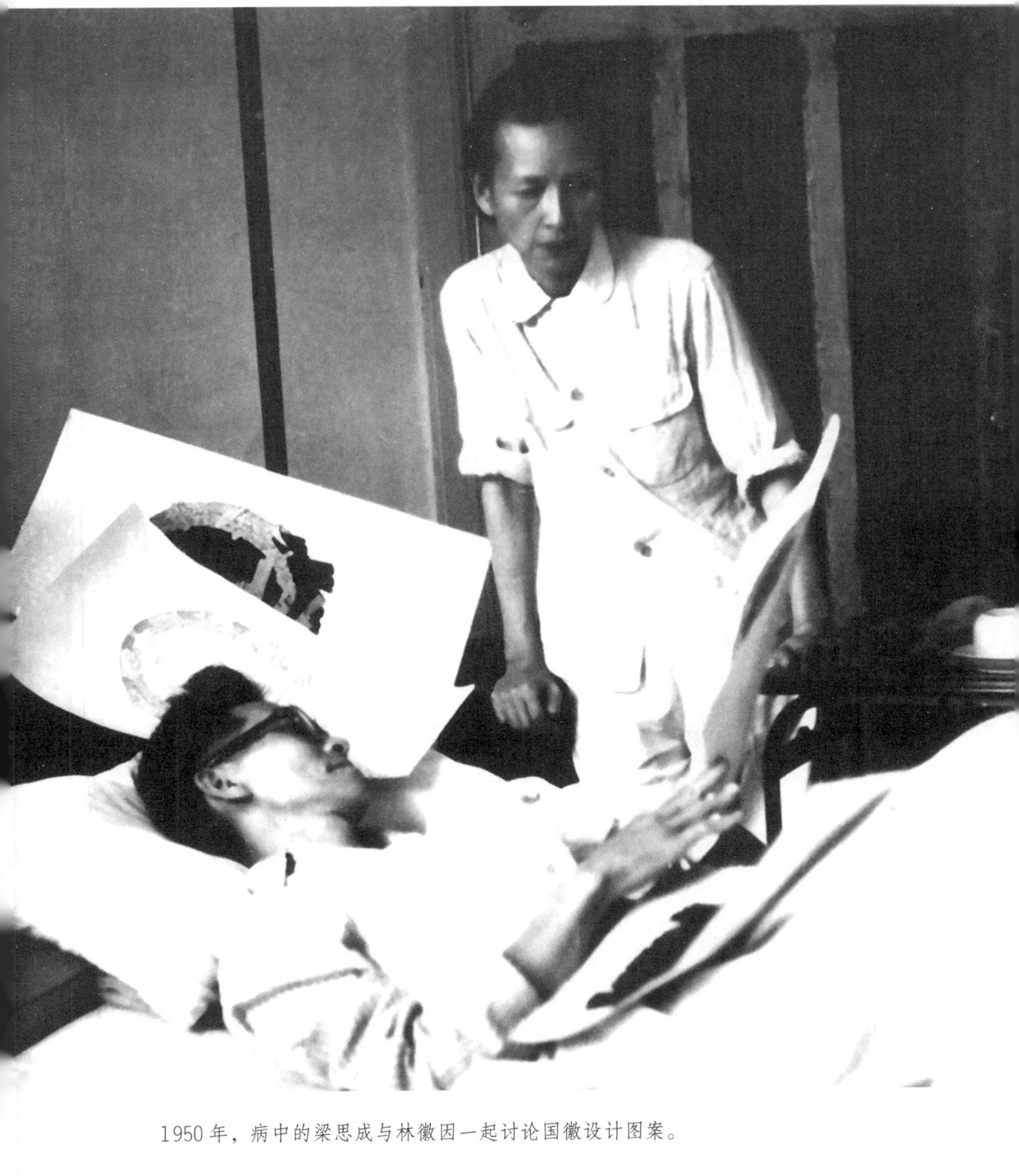

1950 年，病中的梁思成与林徽因一起讨论国徽设计图案。

三、参与设计联合国大厦

1947年，梁思成作为中国建筑师参加纽约联合国大厦的国际性设计竞赛；他被指定为中国代表，加入联合国纽约总部大厦设计咨询委员会。

四、一生为中国的大学建成了两个建筑系

1928年，二舅刚从美国留学归来就创办了东北大学建筑系。建筑系有陈植、林徽因、蔡方荫等先生作教师，后来他们都成了知名学者。东北大学后因“九·一八”事变而停办。抗日战争胜利后，二舅又筹办清华大学建筑系，很快形成了以他为学术带头人的一支教学科研队伍。这两个建筑系先后为国家培养了大量的人才，其中不乏学术带头人和建筑大师。

五、指导整修怀仁堂

解放初期，为了迎接中国人民政治协商会议的召开，党中央决定整修怀仁堂，将其作为大会会场。这个任务交给了二舅思成和清华建筑系。大家都非常高兴地接受了这一任务。怀仁堂建于1887年（光绪十三年），初名“仪銮殿”，是中南海西部的一组四合院式宫殿。十三年后，八国联军侵华，德国侵略军头子瓦德西住在这座宫殿，不久就放火将其烧毁。后来卖国求和的西太后又在这堆废墟上修建了“佛照楼”。民国初年，袁世凯窃国，中南海改为总统府，“佛照楼”更名为“怀仁堂”。在二舅的指导下，大家精益求精、不厌返工，成功地把怀仁堂改建成了人民的会堂。人民大会堂建成前，国家的所有重大会议都在这里召开。

工作中的晚年梁思成

六、绘制第一张国旗施工图

1949 年夏天，全国政协一届大会筹备会成立了“国旗、国徽图案评选委员会”，梁思成、徐悲鸿、艾青等受聘为顾问。9 月，中国人民政治协商会议第一次全体会议通过了“中华人民共和国的国旗为红地五星旗，象征中国革命人民大团结”。二舅根据政协对原国旗方案的修改意见，通宵不寐为正式公布的国旗图案绘制了第一张施工图，并采用坐标法规定国旗的比例和五星大小与位置方向。

七、设计国徽图案

1950 年春，梁思成和几位美术家受命设计国徽图案，以备进行多方案比较评选。二舅领导清华部分教师组成的国徽设计小组开展工

1996年，梁思礼（右三）、梁柏有（右一）、梁忆冰（右二）、吴荔明（右四）在清华建筑馆参加梁思成铜像落成典礼。

作。他和二舅妈林徽因亲自参加构思设计、勾画方案，和大家一起讨论研究。经政协几次对各方案评议讨论，在最后一轮评比中，由周恩来总理亲自主持，确定清华建筑系的国徽设计图案中选。1950年10月1日，庄严的中华人民共和国国徽高高地挂上了天安门。

八、主持天安门广场人民英雄纪念碑的设计

来到天安门广场，人们一眼就能看到矗立在那里的雄伟的人民英雄纪念碑。纪念碑须弥座上下枋上的装饰浮雕尤为惹人注目。它以唐风为主，兼具与欧洲文艺复兴类似的人文主义特点，更好地表达了新中国成立后人民对英雄的歌颂和怀念。这是二舅思成和二舅妈林徽因主持设计的。1952年底，接受此任务后，为了能把设计意图及时落实

成图面形象，他们借调了当时的毕业生关肇邺（后为清华建筑系教授）参加这项工作。关肇邺回忆道：“(1952) 年底，先生（思成）主持天安门广场人民英雄纪念碑的设计，每天奔走于城里和清华园之间。与先生一起参加设计的林徽因先生当时正重病卧床，已不能执笔，但仍以极大热情投身于这项有伟大意义的工作……当时在先生家的起居室兼书房里，安放了两张绘图桌，与林先生的病室只一门之隔。每天清晨，先生进城之前先与林师共同定出一日的工作，由我执笔绘制，并随时拿到床前由林师指导修改。有时先生也亲自动手示范，自总平面规划直至装饰图案纹样，逐次推敲研究。通过这段时间的工作，更是仿佛在我面前敞开了大门，使我得以窥见建筑文化殿堂里的一部分壮观景物。”①

九、设计扬州鉴真和尚纪念堂

这是他生平众多设计中唯一的仿古建筑。因为唐代鉴真和尚于东渡日本弘传佛法时在日本修建了唐招提寺，所以二舅把鉴真的纪念堂设计成仿日本奈良唐招提寺金堂的形式。这项 1963 年的设计在 1985 年获全国优秀设计奖。

这九项大事可称为梁思成的九大功劳，它们虽然只是他一生中所作贡献较重要的一部分，但足以证明他确实是一位“学术权威”；这位“学术权威”非但不反动，而且很爱国，应该称他为“爱国学术权威”！

---

① 关肇邺：《忆梁先生对我的教诲》，《梁思成先生诞辰八十五周年纪念文集》，158—159 页。

四

病榻上的学者

——三舅梁思永

我的三舅梁思永离开人世已近七十年了，在我的记忆里，他一直是躺在病榻上工作的；但在我的心目中三舅是那么健壮，那么有学问，那么和蔼可亲，那么能理解我，我心中的一切自然而然地都要向他倾诉，至今我仍然非常想念他。三舅的一生是短暂的，他只活了四十九年；更不幸的是，他二十八岁就开始生病，在病榻上生活、工作了十多年。他在不断地和病魔作斗争中，为中国现代考古学的开拓和新中国的考古事业的发展作出了杰出的贡献。

青梅竹马，心照不宣

1904 年 11 月 13 日，三舅梁思永诞生在澳门，他是王桂荃婆的长子，梁启超的次子，比二舅小四岁。作为“双涛园群童”的一员，他在日本生活了八年，于 1913 年随家人从日本回国。1915 年，三舅考入清华学校，这是所留美预备学校，就读的学生都是十一二岁的少年，学生在这里学习八年后毕业，相当于大学一年级水平；那时他们都还不到二十岁，出国深造正当年。从 1914 年起，梁启超也常在清华讲学。那时二舅思成、四舅思忠也在清华学校读书，他们都在学校住宿，每逢寒暑假，三兄弟就一道回天津度假。

1918 年，李蕙仙婆的娘家侄女——十一岁的李福曼来到了梁家，她比三舅小三岁，是三舅的表妹，因为她的父亲——十四舅外公当时家庭经济情况不好，李蕙仙婆就把李福曼接来，供养她读

1919 年五四运动中，十五岁的梁思永正在清华学校学习，因参加学生联合会游行被拘捕，关在北大沙滩红楼。获释后，他很得意于自己的英勇行为，并把拘捕期间吃的干馒头带回来骄傲地拿给家人看。梁思永夫人李福曼一直保留着思永当年被捕刚获释时拍的这张照片。照片上的题字为梁思顺所书。

书。这一对表兄妹从小青梅竹马一同长大，后来结为夫妻，李福曼就成了我的三舅妈。李福曼原名李福鬘，表姐妹们都说她的名字难写，她自己也嫌“鬘”字头发太多，进燕京大学后悄悄地将其改成了“曼”。梁启超在信中称的是她的原名“福鬘”。

由于年龄相近，三舅思永、李福曼和妈妈思庄三个人经常在一起玩耍；二舅思成也常参加，但由于年龄比他们大得多些，所以经常任“指挥官”的角色。天津新房子（饮冰室）院旁有个阴沟，那是他们娱乐的好去处。有时王桂荃婆带着这一大群孩子去看无声电影，那时的电影院要分好多次才放完一个片子，他们曾经看过一个片子名叫《怪手》，很恐怖，当银幕上突然伸出一只大怪手时，立即打出“且看下回分解”的字样，只好下次再来看。

在清华学校时，每逢假期，三舅思永和李福曼这对青梅竹马必定相聚；几年过去，他们之间的感情已暗暗地升华为爱情，但彼此都心照不宣。心与心的交流是无形的，一种感情向另一种感情的升华人们自己也说不出因为什么，也许这就是缘分，有时仅仅取决于感情的浓度，后来李福曼也是这样回忆的。

李福曼性格内向，不爱说话，年纪轻轻就很严肃，少年老成；而三舅思永活泼好动，爱说爱笑，他经常想和李福曼更亲近些，但李福曼总装作没事儿似的，不和他多谈。1924 年，三舅从清华学校毕业，准备出国读书了，他急于要对李福曼表达自己的爱情，但这位有点儿孤僻的小姑娘就是不听他说。实在没有办法，他只好把这一切都告诉了当时也住在家里的他的表姐（我的十四表姨）。当时她很得体地帮助了三舅。三舅出国后在哈佛大学读书，李福曼初在国内天津中西女中读书，毕业时由于成绩优异被保送到燕京大学教育系，只需考一门历史课，她考得也很好，由公公供她的学费。两人这一别就是四年，他们彼此没通一封信，但都互相惦念着。直到1928年，三舅回国收集资料，在清华大学研究院工作，离燕京大学很近，这时他们才时常见面。

燕京大学管理学生有一套完整的方法，对生活要求很严格。女生宿舍一院至四院是四个小院子，每个小院外面有两扇门，晚上定时关闭。院门口挂一个竖写的牌子，上面写着“男宾止步”四个字。因为校规规定，凡是来找女生的男士，不许进入小院，只能在门外等候，有人替他们呼叫被访的女生到院门外去会见。这个规定很受女同学的欢迎，因为关起门来在自己宿舍里既安全又方便。而很多男生不以为然，不知哪位淘气的男同学，用毛笔把止字上面加了一横，“男宾止步”一下子变成了“男宾正步”。此事后来男生们高兴地传来传去，成了燕园一个有趣的笑话。学校领导并没有对这个男生作任何的批评，而男生们依然不敢违反校规，大家走到女生宿舍门口依然乖乖地止步不前。当年，我的三舅从清华来看他的恋人李福曼，每次也是在大门外“正步”的。

三舅归国一年后还要返回哈佛大学继续完成他的学业。这一年里，他经常给李福曼写英文情书，但不知为什么他既不寄到燕京大学，也不寄到梁家，而是寄到李福曼的父亲——十四舅外公的家里。当时李福曼住在学校，这些信都被她在家的弟弟打开先看了。至今三舅妈回忆起此事还有遗憾之感呢。事实上，他们两人的事家里上上下下大人小孩儿都早已知道，在三舅出国前李蕙仙婆就说：“福曼是我家的人啦！”她很赞成这门亲事。六姨思宁那时还小，一次对着李福曼说：“我知道你是三嫂。”大家都默认了这件事。1930年，三舅归国，作为订婚的信物，他特意给李福曼打了一枚镶嵌钻石的金戒指，为他俩还各打了一枚纯金戒指。这一年李福曼也大学毕业了，在协和医院社会服务部工作。

1931 年 1 月，思永和李福曼终于结婚，婚礼在北平协和礼堂举行，二舅妈林徽因给新娘化妆，所有的兄弟姐妹都参加了庆典，好好热闹了一番。三舅和三舅妈的恋爱故事，既含蓄又浪漫。从此，他们同甘共苦，相濡以沫，温情相伴。他们的故事成为梁家人津津乐道的佳话。

年轻有为的考古学家

三舅对事业也很执着，在美国哈佛大学研究院攻读考古学和人类学时，曾经参加印第安人古代遗址的发掘，并对东亚考古作过特别的研究。留学期间，他很想了解国内的情况，希望回国实习并收集一些中国野外的资料。他为此写信征求父亲梁启超的意见，公公非常支持他，在回信中，答复了有关业务的统计资料，并安排他在清华学校国学研究院担任助教。三舅在国内工作了一年，整理了清华所藏的著名考古学家李济（字济之）于 1926 年发掘的山西夏县西阴村史前遗址出土的部分陶片，并写成了英文的专刊。一个才二十多岁的年轻学生，在国内的一年工作中能作出这么多的成绩，研究所的同仁都对他很赞赏，认为他的前途无量，并希望他将来毕业后仍到清华工作。

1928 年，三舅赴哈佛大学继续学习。1930 年毕业后，回国参加

1931年，梁思永在河南安阳考古有重大发现；梁思成闻讯后赶去祝贺，并考察了一些古建筑遗址。两兄弟的装束一土一洋，梁思永的中式布鞋上还有一个洞。该原照现藏台湾历史语言研究所。

中央研究院历史语言研究所考古组工作，秋季赴黑龙江发掘昂昂溪遗址，然后转道通辽，进入热河调查新石器时代遗址。

1931 年，刚结婚三个多月的三舅告别了新婚的妻子，又奔赴野外了。春季，他参加了河南安阳小屯和后冈的发掘工作；秋季，他又到山东参加历城（今章丘）龙山镇城子崖的第二次发掘工作；接着他又回到后冈，继续春季未了的工作。这次野外发掘使三舅惊喜的是，在后冈找到了三叠层，这个三叠层，第一次从地层学证据上明确了仰韶文化和龙山文化两种新石器时代遗存的先后顺序以及它们和商代文化之间的关系，这在中国考古史上是一次划时代的重大发现。这项发现，提高了考古发掘的科学水平，使之从此纳入近代考古学的范畴。梁思永主编并参与了城子崖遗址发掘报告部分章节的撰写，报告集于 1934 年出版，这是我国首次出版的大型田野考古报告集。

1931 年春，中央研究院历史语言研究所同仁及北平学术界部分人士欢迎蔡元培院长自上海来北平视察时，在所址北海静心斋沁泉畔摄。照片上五十七人中能确切辨认的著名学界人士有十八位。树右侧一排：右二罗常培，右五董作宾；二排：右二唐钺，右三赵元任，右六容庚，右七李济；三排：右一梁思永，右二李方桂；四排：右一胡适，右二徐旭生（炳昶），右五蔡元培，右六徐中舒；五排（坡上）：右四顾颉刚，右五傅斯年，右七丁山。树左侧坡下一排：左二郭宝钧；二排：左三陈垣；四排：左一马衡。（其他未注姓名者，如读者有能辨认的，务望函知本书责任编辑转告作者，十分感谢！）

20 世纪 30 年代的梁思永

1932 年，三舅才二十八岁，年轻力壮，对考古发掘事业满怀豪情。他在野外工作时和挖掘工人一起干活，同甘共苦。他不怕脏，不怕累，经常卷起裤腿泡在水中长达几个小时，吃饭也没有定时；工作太紧张无法离开现场，他就啃点儿白馒头，喝几口凉水。为了工作不受雨季影响，大家有时还挑灯夜战，十分艰苦。1932 年，在一次野外发掘时，他患了感冒，没有注意及时治疗，仍继续工作，直到后来发起高烧才住进了北平协和医院，届时已转成急性肋膜炎。医生从他的胸部抽出了四瓶积水，颜色像啤酒一样。三舅妈十分着急，那时她已有身孕，仍日夜守在三舅病床边。三舅出院后到香山玉皇顶疗养了一段时间，又回到赵堂子胡同住。1932 年底，三舅身体逐渐恢复，决定前往上海工作。

1933 年 4 月，梁思永、李福曼的女儿梁柏有在上海诞生。半年

梁思永留下的照片并不多，健康时的照片更少。此照为 1937 年前，梁思永与女儿梁柏有（左二）、母亲王桂荃（左三）、妻子李福曼（左四）在南京中山陵所摄。

后，三舅又决定回北平工作，全家三口人先到天津老家住了些日子，继而赴北平，住在米粮库。三舅的工作地点在北海静心斋。病后的两年中，三舅的身体始终没有痊愈，但他放不下自己心爱的考古事业。

1934 年秋，他又开始到野外，在安阳主持侯家庄西北冈商代王陵区的发掘工作。这是殷墟第十至十一次的发掘。

西北冈的三次发掘一共发现了大墓十座，小墓千余座。大墓一般是一个墓道，墓室面积达三百至四百平方米；墓虽经过盗掘破坏，收获还是相当丰富，出土有青铜器、玉器、石雕以及有木器印痕的花土等珍贵遗物；在大墓里普遍发现杀殉的“人牲”遗骨，最多达二百具，大墓附近排列密集的小墓千余座，就是当时的杀殉坑，它们生动地反

1936 年左右，梁思永摄于南京。

映了商代奴隶社会残酷的阶级压迫，展现了商代历史的真实面貌。

这次发掘规模之宏大、田野工作之精细以及考古收获之丰富在国内是空前的。而三舅也因这次的野外工作太艰苦、体力消耗太大而致健康状况逐渐下降，身体愈加虚弱。这项工作一直持续到 1935 年才结束，随后三舅即着手西北冈发掘报告的编写。

抗战期间奔向大后方

1936 年，三舅又转到南京中央研究院历史语言研究所工作。1937 年，“七七”事变打断了他的工作计划，他们全家随单位向后

1937年前，李福曼（左）与梁柏有（中）、王桂荃（右）在南京。

方撤退，开始了一年多的逃难生活。他们首先撤退到长沙，经桂林转越南河内又赴昆明，一路上十分艰险。在长沙，他们全家借住在一户人家，三舅每天出去办事，三舅妈母女留在家中。

1937年11月一天的下午，大批日本飞机突然轰炸长沙，事先没有警报。一颗炸弹正好落在院子中央，由于院子里的土质疏松，炸弹一半进入土中才没有爆炸。这次轰炸中另外还有一些炸弹也没有爆炸，使得很多人幸免于难。当时三舅妈母女正在屋内，如果炸弹爆炸，后果真不堪设想。虽大难不死，可吓坏了全家，他们于是就设法搬家，最后和考古学家李济同住，直到离开长沙。

迁往桂林后，全家生活稍稍好一些，住在饭店，虽然是临时性的，但经济上还算过得去。当时的一元法币相当于二元桂币，当地物价不算贵，所以大家吃得特别好。内迁的最后目的地是昆明。由于交通不便及军阀割据等原因，必须绕道越南河内。柏有表姐还清楚地记得在河内商店有各种玩具，她看见了一个以美国著名女童星秀兰·邓波儿外形做的洋娃娃，就在柜台前不肯走，一定要买下来。

最终三舅妈还是让她如了愿，她把娃娃一路带着到了昆明，特别喜爱。但这洋娃娃命运不佳，谁知两年后全家又要从昆明转移到四川李庄，由于钱不够，三舅忍痛把它以十八元的价钱卖了，害得柏有表姐大哭一场。可又有什么办法呢？这就是抗战时期清贫的生活！

从河内抵达昆明已是 1938 年了，那时二舅思成全家五口已先到了昆明，住在郊区的龙头村。三舅思永全家也住在那里一个姓王的回民家的粮库。粮库是个四合院，李济先生住北房，一家姓吴的住南房，二舅一家住西房；生活虽艰苦，但也有很多乐趣。他们在当地结识了不少新朋友，相互来往很多，每逢有人家生孩子过满月，必送一大筐红鸡蛋；一次三舅和三舅妈不在家，柏有表姐一下吃了好多红鸡蛋，为此还挨了大人一顿打。为了生活，三舅妈同居住在昆明的许多教授的妻子一样，在小街边摆地摊变卖一些家中衣物。

1937 年，三舅全家在逃难中合影。梁思永将其寄给王桂荃婆，以慰母亲的思子之情。右起：梁思永、李福曼、梁柏有。

1938 年，梁思永全家在昆明。

当时知识分子的生活已贫困到捉襟见肘的地步。1939 年，二舅、三舅两家又随单位迁到四川一个小镇——李庄。

三舅自己凑了点儿钱盖了几间小房，内屋地板，外屋砖地，有一间厨房，一间厕所，简单朴素，他们的生活质量又提高了一些。他们很喜欢这几间小房，离开李庄时房子带不走，只得忍痛让给别人。

即使在这种颠沛流离的生活中，即使在身体虚弱、家庭负担又很沉重的情况下，三舅仍然一有机会就取出标本加以整理，构思自己的论文。1939 年，三舅在为第六次太平洋学术会议所提供的论文中，全面总结了龙山文化。大半个世纪过去了，目前对龙山文化类型的进一步划分仍导源于梁思永当年的创见！

大病不惧，梁思永战胜死神

1940 年冬，历史语言研究所和社会科学研究所、中央博物院、同济大学、营造学社五个学术单位共同迁往四川，三舅全家和大家一起住在南溪县李庄镇，同二舅思成一家住得很近。身体虚弱的三舅经过一路颠簸，初到李庄时身体尚可。但 1941 年 2 月间，他突患重病，与病魔进行搏斗，终于战胜了死神！帮助他和病魔斗争的是三舅妈和二舅，当时妈妈带着我正在去四川的路途中。1942 年，我们在广东我的祖父家暂住时，妈妈收到了二舅的一封信，信中详细描述了三舅的病情：

> 三哥到此之后，原来还算不错，但今年二月间，亦大感冒，气管炎许久不好，突然转为肺病，来势异常凶猛，据医生说是所谓 galloping T.B.①。好几次医生告诉我 critical②，尤其是旧历端阳那天，医生说 anything may happen any time③。形势异常危急，把我骇的手足无措。其实也因二嫂已病了一年，医疗看护方面都有了些经验，所以三哥占了这一点便宜。He was benifited by 二嫂 's experience。④幸喜天不绝人，竟渡过了这难关，至六月中竟渐渐恢复常轨……

二舅在信中再三嘱咐妈妈，三舅的病情千万不要告诉在北平的大姨思顺，因她多嘴，若说出来定要把婆急坏了。

---

① 意为：奔马痨，一种肺病。

② 意为：病情危急。

③ 意为：随时可发生意外。

④ 意为：他从二嫂的经验中获益。

梁思永全家在羊街八号。

三舅本来身体就虚弱，加之李庄物价太高、营养不足和工作辛苦，那时家住山下羊街八号，每天上山上班，只带些炸酱面作为午饭，怎能供得上体力消耗呢？他抵抗力太差，终于身患重病，直至威胁生命。为了使他能很好地养病，历史语言研究所的所长傅斯年（字孟真）临时为他在山上板栗坳研究所的院内腾出了三间房子，安上地板，钉上顶棚，装上玻璃窗等等；那里还有一个凉台，三舅在床上可以晒到太阳。这套房子叫“新房子”，在抗战时期的内地真是天堂了。三舅出了危险期以后，立刻就搬到了山上。上山需要走很多石阶，三舅一点儿都不能走动，为了使担架平稳安全，二舅亲自躺在担架上请人抬上山，反复试验，直到万无一失才放心地送三舅上山。

三舅妈李福曼精心地护理着重病的三舅，每顿饭都是专用的托盘，托着专用的一套碗筷，碗里是做得很精细的饭菜，量很少，但营养好；饭后，所有餐具都经严格消毒后放在一边。三舅妈为三舅

1941 年，梁思永全家合影于四川李庄羊街。此后，梁思永再也没有真正恢复健康。

擦身、换床单，犹如一位熟练的护士；每天她还为三舅读几段英文小说和报纸，生活安排得很有规律。当时二舅思成一家住在营造学社，学社位于李庄镇西一里多的一个村子，离三舅的住处爬山大约三刻钟方可到；由于离得远了，二舅只能一个礼拜去看望他一次。后来三舅的体温总在三十七摄氏度上下，他自己又很能静养，一年后慢慢好了起来。三舅渐渐又可以在床上工作了。

三舅在家中仍然是个主心骨，教育女儿非常严格。柏有表姐虽是独生女，但三舅从不溺爱，有时她背不下书来，三舅就用尺子打她的手心。为了进一步培养女儿，他要柏有表姐去有名的南开中学读书，为此三舅妈只好托研究所的工友胡占奎照顾三舅，自己带着柏有表姐离开李庄，坐船到重庆，暂时告别三舅。1945 年 8 月 15 日，日本投降的消息她们母女俩就是在船上听到的。

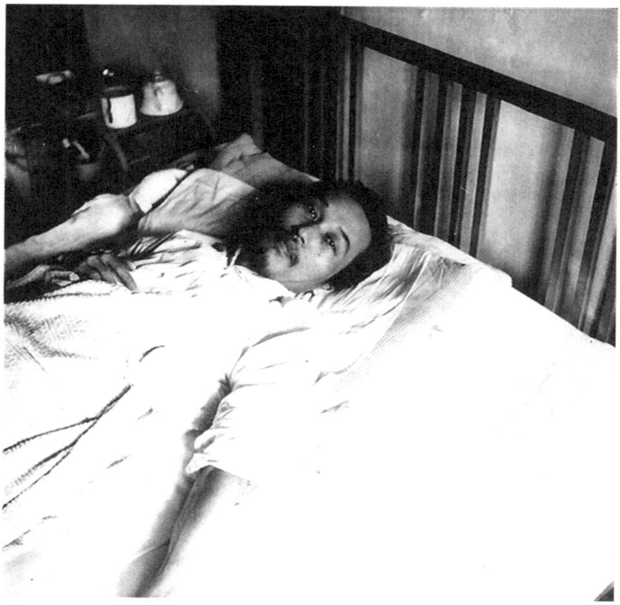

1942 年，身体极度虚弱的梁思永在李庄板栗坳病榻上。

雪中送炭，傅斯年仗义陈情

1998年5月，我的儿子杨念群去台湾参加学术研讨会，邀请他的单位是台湾“中央研究院”历史语言研究所，正巧是三舅思永当年所在的单位。那里的学者们对梁思永的才学和品德都十分推崇，并向他介绍了很多有关梁思永的资料。那个时期，二舅夫妇和三舅身体、经济上面临极大的困境。傅斯年是历史语言研究所所长，他为了保护、帮助梁氏兄弟，于1942年4月18日给教育部部长朱家骅写了一封情辞恳切的信，请求他设法拨款救济梁思成、梁思永兄弟。全信如下：

骝先吾兄左右：

兹有一事与兄商之。梁思成、思永兄弟皆困在李庄。思成之困，是因其夫人林徽音女士生了T.B.[①]，卧床二年矣。思永是闹了三年胃病，甚重之胃病，近忽患气管炎，一查，肺病甚重。梁任公家道清寒，兄必知之，他们二人万里跋涉，到湘，到桂，到滇，到川，已弄得吃尽当光，又逢此等病，其势不可终日，弟在此看着，实在难过，兄必有同感也。弟之看法，政府对于他们兄弟，似当给些补助，其理如下：

一、梁任公虽曾为国民党之敌人，然其人于中国新教育及青年之爱国思想上大有影响启明之作用，在清末大有可观，其人一生未尝有心做坏事，仍是读书人，护国之役，立功甚大，此亦可谓功在民国者也。其长子、次子，皆爱国向学之士，与其他之家风不同。国民党此时应该表示宽大。即如去年蒋先生

① 结核病。

赙蔡松坡夫人之丧，弟以为甚得事体之正也。

二、思成之研究中国建筑，并世无匹，营造学社，即彼一人耳（在君语）。营造学社历年之成绩为日本人羡妒不置，此亦发扬中国文物之一大科目也。其夫人，今之女学士，才学至少在谢冰心辈之上。

三、思永为人，在敝所同事中最有公道心，安阳发掘，后来完全靠他，今日写报告亦靠他。忠于其职任，虽在此穷困中，一切先公后私。

总之，二人皆今日难得之贤士，亦皆国际知名之中国学人。今日在此困难中，论其家世，论其个人，政府似皆宜有所体恤也。未知吾兄可否与陈布雷先生一商此事，便中向介公一言，说明梁任公之后嗣，人品学问，皆中国之第一流人物，国际知名，而病困至此，似乎可赠以二三万元（此数虽大，然此等病症，所费当不止此也）。国家虽不能承认梁任公在政治上有何贡献，然其在文化上之贡献有不可没者，而名人之后，如梁氏兄弟者，亦复甚少！二人所作皆发扬中国历史上之文物，亦此时介公所提倡者也。此事弟觉得在体统上不失为正。弟平日向不赞成此等事，今日国家如此，个人如此，为人谋应稍从权。此事看来，弟全是多事，弟于任公，本不佩服，然知其在文运上之贡献有不可没者，今日徘徊思永、思成二人之处境，恐无外边帮助要出事，而此帮助似亦有其理由也。此事请兄谈及时千万勿说明是弟起意为感。如何？乞示及，至荷。专此

敬颂

道安

弟斯年谨上

四月十八日

弟写此信，未告二梁，彼等不知。

因兄在病中，此写了同样信给诚霓，诚霓与任公有故也。弟为人谋，故标准看得松。如何？

弟年又白 ①

事实正如傅斯年信中所写“弟写此信，未告二梁，彼等不知”。在台湾王汎森、杜正胜编的《傅斯年文物资料选辑》一书二百一十七页上，有一封林徽因致傅斯年信的影印件证明了这点。二舅妈林徽因的信共三页，写在中国营造学社的信纸上，全文如下：

孟真先生：

接到要件一束，大吃一惊，开函拜读，则感与惭并，半天作奇异感！空言不能陈万一，雅不欲循俗进谢，但得书不报，意又未安。踌躇了许久仍是临书木讷，话不知从何说起！

今日里巷之士穷愁疾病，屯蹶颠沛者甚多。固为抗战生活之一部，独思成兄弟年来蒙你老兄种种帮忙，营救护理无所不至，一切医药未曾欠缺，在你方面固然是存天下之义，而无有所私，但在我们方面虽感到 lucky 终增愧悚，深觉抗战中未有贡献，自身先成朋友及社会上的累赘的可耻。

现在你又以成永兄弟危苦之情上闻介公，从细之事累及诚霓先生，为拟长文说明工作之优异，侈誉过实，必使动听，深

① 资料来源：《朱家骅档案》，N0.73—936，文中重点符号皆原信所有。该档案为台湾王汎森先生提供。信中提及的“诚霓”，据华东师范大学中文系罗岗博士考证，应为翁文灏。

知老兄苦心，但读后惭汗满背矣！

尤其是关于我的地方，一言之誉可使我疚心疾首，夙夜愁痛。日念平白吃了三十多年饭，始终是一张空头支票难得兑现。好容易盼到孩子稍大，可以全力工作几年，偏偏碰上大战，转入井臼柴米的阵地，五年大好光阴又失之交臂。近来更胶着于疾病处残之阶段，体衰智困，学问工作恐已无分［份］，将来终负今日教勉之意，太难为情了。

素来厚惠可以言图报，惟受同情，则感奋之余反而缄默，此情想老兄伉俪皆能体谅，匆匆这几行，自然书不尽意。

思永已知此事否？思成平日谦谦怕见人，得电必苦不知所措。希望詠霓先生会将经过略告知之，俾引见访谢时不至于茫然，此问

双安

徽因　拜上

十月五日午后

从二舅妈的信中我们可以推测，也许傅斯年收到朱家骅的款子后，给了二舅一封他致朱家骅信的抄件以说明缘由，而二舅正好不在家，二舅妈代他收了信，并回了傅斯年一封信致谢，所以信中才会有："尤其是关于我的地方，一言之誉可使我疚心疾首……""思永已知此事否？""希望詠霓先生会将经过略告知之，俾引见访谢时不至于茫然"等语。

傅斯年最终究竟为二舅思成、三舅思永"讨"到多少钱，因为当事人都已谢世，无法妄测，只有耐心等待相关档案开放后才能真相大白。但是，林洙舅妈记得二舅曾告诉过她：收条是傅斯年代写的。

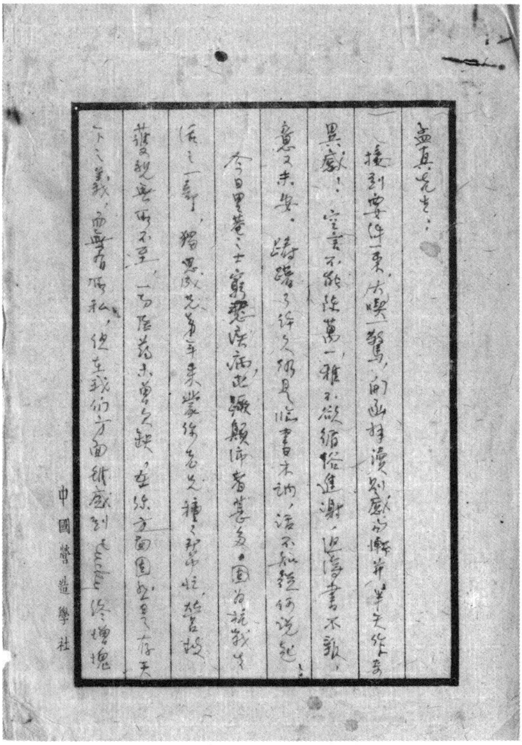
孟真先生：
接到要件一束，大吃一惊，开函拜读，则感与惭并，半天作奇
异感！空言不能道万一，虽不欲循俗进谢，但写书不能
意又未安。踌躇了许久仍是临书木讷，话不知从何说起。
今日里巷之士穷愁疾病，屯蹶颠沛者甚多。固为抗战生
活之一部，独思成兄弟年来蒙你老兄种种帮忙，营救
护视无所不至，一切医药未曾欠缺，在你方面固然是存天
下之义，而无有所私，但在我们方面虽感到lucky终增愧
中國營造學社

林徽因致傅斯年书信手迹

傅斯年真是好事做到底。他为思成、思永兄弟送来的这笔款子无疑是雪中送炭，二舅妈林徽因和三舅思永从此生活状况有了改观。

思成后来写信给费正清说：“你们可能无法相信，我们的家境已经大大改善。每天生活十分正常，我按时上班从不间断，徽因操持家务也不感到吃力，她说主要是她对事情的看法变了，而且有些小事也让她感觉不错，不像过去动不动就恼火。当然，秘密在于我们的经济情况改善了。而最高兴的是，徽因的体重两个月来增加了四公斤。”[①]

---

① 费慰梅著，成寒译：《中国建筑之魂——一个外国学者眼中的梁思成林徽因夫妇》，上海文艺出版社，2003 年版，166 页。

再战病魔，胜利复员北平

抗战胜利了，全国人民欢欣鼓舞，三舅是多么高兴啊！这将给三舅的生活带来什么呢？他热爱自己的考古事业，渴望着自己能够恢复健康，更盼有一天仍能回到野外，去发掘那些深埋在地下成百上千年的珍贵文物。一天，他在一本外文杂志上看到一个医学成果：去掉肋骨可使有病的肺萎缩下来，使健康的肺部发挥更大作用。于是，他自己下定决心，要去掉自己的肋骨，和三舅妈商量后，当机立断前往重庆高唐奎医院住院。手术由著名胸外科专家吴英恺教授主刀，一切都很顺利，共切除了七根肋骨，使有病的左肺萎缩下来。吴大夫预计要给他去掉九根肋骨，但因三舅营养不够，又不吃猪内脏，大夫怕他身体不支，只好少去掉两根。三舅忍着身体的剧痛，镇定自信地又闯过了这一大关。这是三舅精神上的又一胜利，这一决策的正确，使他后来能愉快地看到新中国的成立，并且为新中国的考古事业贡献力量。

1946 年，内地的一些学校和学术单位开始向北方复员了，中央研究院特别照顾手术后不久的三舅，让三舅一家乘坐一架军用飞机于 10 月 2 日飞回北平。三舅躺在一把帆布椅子上，身边备有氧气瓶及各种药品，幸好一路平安无事，只是柏有表姐晕机呕吐。到北平时天气不好，刮大风，傅斯年的妻兄俞大孚等人到机场接机，并派四个人抬着三舅下了飞机。三舅当时暂住在大姨家。

久别近十年，姐弟相见真是别有一番滋味在心头。看见虚弱的三舅精神很好，大姨很高兴。自从抗战胜利后，大姨就盼望着她的弟妹们快点儿回来，她准备好房间、床铺，把家布置成了“接待站”，所有从外地回来的人都先住在她家，然后再慢慢安顿。记得妈妈和我从成都回来，八舅从美国回来都是先住在大姨家。在大姨家住了一个多星期，三舅全家就搬到考古所前身东厂胡同原黎元洪的住宅大院内三间朝北的房子去住。那里终日不见阳光，冬天很冷。三舅在这样的环境中继续养病。

此时进入了解放战争时期，倔强的三舅已虚弱到不能起床的地步。他躺在病床上，脑子还在不停地运转。他有一个很好的美国制造的收音机，每天从那里收听各种消息。三舅心里很明白，腐朽的国民党政权已经快要垮台了，取代它的将是什么样的政权？这样的政权能否使中国富强？自己将何去何从？他在思考着。但他并不知道，此时有一件和他关系重大的事正在进行着：抗日战争时期，三舅在后方极艰苦的条件下整理的西北冈发掘报告的稿件已完成了大部分，1941 年由于肺病突发，他的编写工作被迫中断，而这部未完成的西北冈发掘报告稿件在解放战争期间被运往了台湾。

带病上阵，为新中国培养专家

1949 年，北平解放，10 月 1 日，中华人民共和国成立了。三舅怀着欣喜的心情放弃了八年多的蛰居休养生活，走出来为人民的考古事业贡献力量。1950 年 8 月，他被任命为中国科学院考古研究所副所长，当时郑振铎任所长。三舅躺在病床上主持考古所的工作，制定长远规划，指导野外工作和室内研究，热心扶掖后进，培养青年一代，为发展新中国的考古事业而积极奋斗。他以主人翁的姿态，

20 世纪 50 年代初，梁思永与李福曼摄于中国科学院考古研究所宿舍院中。

竭尽全力投入工作之中，开启了他生命中最后不平凡的几年。

他在病榻上主持考古所的日常工作，把纸裁成很多小条，将每天所要做的事和工作中遇到的问题写在小条上，逐条解决处理。当时郑振铎先生还兼文物局局长，所以考古所的工作担子主要压在三舅身上。他有条不紊地指挥着一切。考古所是新建单位，人员都是从四面八方调来的“精兵强将”，还有不少青年，总共二十几个人担负着很重的任务。1950 年秋天，全所人员“倾巢出动”到野外发掘，只有一员大将留守，他就是梁思永。他不仅要守住“巢”，还要遥控指挥外面的发掘工作，再次充分地显示了他的业务和组织才能。

三舅当年的研究生安志敏在回忆文章中写道：“梁思永先生对

中国近代考古学所作的杰出贡献，通过他的工作和论著，已为人所共知。这里需要补充的是，他对中国考古学人才的培养所作出的重要贡献。我国老一辈考古学家，像已故的夏鼐、尹达、郭宝钧和尹焕章等人都在历次殷墟发掘中受到梁思永先生的熏陶和培育，并为新中国的考古事业的发展，作出积极的贡献。目前留在台湾的石璋如、高去寻等人，也是殷墟发掘的参加者，并将有关资料的整理和研究成果，陆续公布于世。”安志敏先生还回忆了 20 世纪 50 年代他在研究生时代受到三舅指导的情况：“从我们到考古所那天起，便给我们布置了必读书目和学习计划，每周还要填表逐日汇报学习和工作情况，并经常同我们谈话以便作更深入的了解，从治学方法到思想修养无所不包，以督促和爱护的心情，帮助我们克服思想上和学

1949 年后，梁思永躺着的时间比站着的时间多，站立时已离不开拐杖。

习上的缺陷，为考古研究所培养了一批新的骨干，也使我们终生受益匪浅。”“令人难以忘怀的是，我为训练班和考古专业所准备的讲稿，事前都经过梁思永先生的审阅和批改，不妥之处也一一注出，表明他对干部培养工作是何等严肃认真！”[①]安志敏没有辜负三舅的期望，他后来成为我国考古界最有声望的专家之一，经常出国讲学。逢年过节，或出国归来，他们夫妇都不会忘记去看望师母李福曼，使三舅妈得到很大的安慰。

为了培养新中国的考古力量，三舅还积极支持由文化部、中国科学院和北京大学联合举办的考古工作人员训练班，从教学人员的配备、课程的设置、实习的选点都作了认真的建议和安排。1952年至1955年，举办了四届训练班，共培训了三百四十一人，他们成为全国考古工作的骨干。同时，三舅对北京大学历史系1952年成立的考古专业，也同样给予积极支持。这些培养干部的措施，为新中国考古事业的蓬勃发展创造了必要的条件。

虽然三舅已不能直接从事田野工作，但他十分关注调查发掘工作的开展。考古所20世纪50年代初期的年度计划都由他亲自执笔，特别是他还草拟了考古学研究的长远规划，对全国范围的田野工作和研究对象作了统筹的设想，成为后来考古所长远规划的得力蓝本。有些目标，今天已基本实现。这是三舅留给中国考古学的又一份珍贵遗产。

三舅在主持所务之余，还非常关心学术研究。1952年，考古所青年要编写《辉县发掘报告》，为了辅导他们写作，三舅在病榻上

---

① 安志敏：《梁思永先生和中国近代考古学》，《文物天地》，1990年第一期，6页。

20世纪50年代初，梁思永与中国科学院考古研究所的同事们。

用钢笔在便条纸上写成了两篇文章的草稿作为报告的参考提纲。第一篇《殷代陶器》是以考古学家李济编辑的《殷墟陶器图像》为基础，对商代陶器的质料、器形、制法、纹饰作了深入的分析，并剔去了图像中所收的龙山陶器，提纲挈领，易于了解；作为研究商代陶器的一篇重要论文，它已在1988年第二期《考古》上发表。第二篇《考古报告的主要内容》对调查发掘，人员组织，遗址、遗物的描述以及结语和附录的要求等都作了具体的规定，对编写考古报告具有很大的指导意义。他原想将其整理成考古方法的论著发表，遗憾未能实现。但当时青年们从中受到了不少教益，大家都深切怀念他。1990年，安志敏先生将三舅这篇遗作发表在《文物天地》杂志上，并写了很有感情的附记："本文为我国著名考古学家梁思永先生（1904—1954）的一篇遗作。1950年，中国科学院考古研究所成立伊始，便派遣大规模的考古发掘团在河南辉县琉璃阁和周围村庄进行考古工作。1951年和1952年又分别在琉璃阁、赵固、百泉和褚丘等地进行了发掘。当时的一些青年同志由于初次参加考古工作，并面临着如何编写考古报告的问题，先生始终给予指导和关注。我多次聆听过有关的谈话，在我个人的学习和成长过程中深受裨益，就记忆所及，其精神要点和手稿一致，表明这是先生深思熟虑的精心之作……”①

“皇帝探亲”——梁思永郊外养病

20世纪50年代初，为使三舅住得好些，领导上分配给他一套日本式小屋子，在考古所后面花园的小石台子上。那里原来是哲学家汤用彤先生的住处，后来汤先生迁往西郊的北京大学，房子就腾了出来。在此期间，妈妈每隔一周到周末就带着我去看望三舅。三舅和妈妈从小一起长大，又同时在国外读书；回国后，妈妈结婚前在三舅家住，三舅妈又是妈妈的表姐，从小也是一起读中学；三舅还是我爸爸的好朋友，他们同岁，在清华学校同年级，又同时在美国读书；就连妈妈爸爸的婚事也是三舅促成的。多种原因使他们这对兄妹格外亲密。当然，最主要的是三舅善解人意，能够细心听别人讲话，他对妈妈的性格、爱好、志趣十分了解，因此可以分享她

① 梁思永：《考古报告的主要内容》，《文物天地》，1990年第一期，8页。

1953年，梁思永到妹妹梁思庄家（北京大学中关园九十六号）休养，每天上午他都要在院中葡萄架前晒太阳。

的快乐，分担她的忧愁。妈妈青年丧夫，三舅对妈妈的不幸给予了无限的同情，并用他兄长的爱心抚慰她。他对妈妈从事的图书馆事业也很理解，无论是工作上还是生活上，妈妈遇到问题总毫无保留地告诉三舅；不管多麻烦，多苦恼，许多问题只要和三舅一谈就能迎刃而解。

1953年2月，三舅的身体更虚弱了，领导上特别给他半年时间脱离工作休养。他经常头痛，食欲不振，三舅妈总去五芳斋买面条、螃蟹捆面、虾仁等回来给三舅调剂口味。当时妈妈接三舅到我们家——北京大学中关园九十六号休养。郊区的空气新鲜，三舅的精神也很好。记得三舅来时随身带了很多用品，他睡的庞大的美国席梦思垫子都运来了，还有他的全套专用餐具：小锅、托盘、盆等等，

20世纪50年代初，梁思永摄于考古所宿舍院中。当时，他带病出任中国科学院考古研究所副所长，休息时猫总爱趴在他身上。

三舅说这是“国王搬家”，妈妈笑嘻嘻地说他是“皇帝探亲”！

在这短短的一个多月里，我陪伴三舅时间较多，有一种说不出的非常深厚的亲情在我的心中涌起。三舅是那样和蔼可亲，他满腹经纶，和他交谈能得到很多知识；他没有一点儿架子，和他相处很轻松。他思维敏捷，分析问题透彻清晰；他细致周到，尊重每个人，也爱护晚辈。

一次，我把三舅的痰杯从桌上打翻在地，响声把三舅吓了一大跳。当时三舅妈不在家，我和妈妈十分紧张，很怕三舅吓坏了。一向温柔的妈妈对我大加训斥；一向笨拙的我，则被训得更加笨拙，不知所措，躲在一旁。三舅见状，对妈妈轻轻地说：“三妹你不应这样训她，她已不是小孩子了，也不是故意的，杯子捡起来就行了嘛！”我当时就小声哭了起来，并不是因为挨了训斥感到委屈，而是觉得太对不起三舅了。他这样虚弱的身体经不起任何刺激，需要非常安静的生活环境，哪怕是一点儿突然的响声，也会对他造成伤害。

三舅那时说话都没有底气，他声音虽小，却干脆利落，没有废话。他在我们家时强迫自己每天要起床走动一下，如果是健康的人，这样的活动是轻而易举的，但对三舅来说真如同万里长征。他有一个手杖，扶着慢慢地走；但他更喜欢我当他的活拐杖，扶着我的肩膀由我带路。仅仅是从卧室走到院子这几米远，对他来说都十分费劲。他很幽默，常常在谈话中加几句幽默的话引人发笑，家里若没有别人时，他就叫：“拐杖，来啊！”我闻声赶紧跑去，慢慢扶他起来，转身让他扶着我的肩膀，我们一起慢慢地走。他说：“谢谢你替蹦子（柏有表姐）为我服务。”当时柏有表姐上大学住在学校，没有来我家。

三舅在柏有表姐小时候总要她背书，尤其是古文；他认为一个人的文学修养很重要，还主张背英文。

有一天，他想起要我给他背书，也许他是想考考我。我立即用四川话背了《陋室铭》：“山不在高，有仙则名……”又背了《五柳先生传》：“先生不知何许人也……”我飞快地背诵，他很高兴地笑了，问我为什么用四川话背？我告诉他，这些是我小时候在四川读小学时老师教的，所以不会用北京话背。他要我今后还背别的诗文，越多越好。他很知道我的底细，就没再要我背别的，也不要我解读诗文。我也真怕他再考下去，因为我会背的不多，对内容了解得也很肤浅。三舅还要我给他背诵莎士比亚的诗，我读都难，怎么背得出？于是，就给他唱了几首英文歌。他高兴地听着，当我唱到《苹果树》时，他还和我一起小声唱，这是他和妈妈在国外学的一首歌，这样也不使我难堪了。他后来给我背诵了一首莎士比亚的作品并解释给我听，我现在已想不起来是哪首诗，但当时他的神态、语气我还印象深刻。他说，要学习英文就得懂英国文学。我后来就听他的话，在大学期间旁听了北京大学西语系李赋宁教授的英国文学课。“文化大革命”爆发，我再也没好好学习。每逢我用到自己这半吊子英文时，就想起三舅那段教诲，真是终生遗憾。

患难夫妻，李福曼无怨无悔

那些天的相处，也使我真正了解到三舅妈是如何照顾三舅的。她每天亲自给三舅做可口的饭菜，为他擦身，铺床叠被。三舅所用的餐具每用过一次她都要消毒。她为三舅读报，读英文小说，密切注意着三舅病情的发展，定时给他吃药，给他打针。三舅妈帮助三舅处理来往信件，接听电话，招待来客；帮助三舅排忧解难。她从年轻时就放弃了所有的文娱活动，从不赴任何宴会，更不用说是参加游艺和看电影了。她寸步不离地待在三舅的病床前，没有一句怨言；她耐心勇敢地和三舅携手相伴，共度坎坷的人生，共同迎接命运的挑战。

三舅妈帮助三舅一次一次地战胜病魔，这不是一朝一夕，而是二十多年啊！二十多年如一日，三舅妈不仅是三舅的“柴米夫人”，而且是三舅的“家庭医生”“特别护士”和“业务秘书”。

她和三舅这对青梅竹马的恋人结成夫妻后，没有花前月下的漫步，一路上只有荆棘。他们几经风雨，始终相濡以沫，谁也离不开谁。在三舅的成就背后有着三舅妈默默的牺牲，在三舅的事业中浸润着三舅妈的全部心血和青春！

三舅的成功离不开三舅妈的奉献与付出！

“我奋斗不了啦”

在我家休养回去后不久，三舅的心脏渐渐衰弱下去，体力愈发感到不支。1954 年春，三舅心脏病发作，住进了北京人民医院。三舅妈日夜陪床，打地铺睡觉十分辛苦。三舅鼻中插着氧气管，手臂上插着点滴针，静躺在白色屏风后面的病床上；他身体极度虚弱，但脑子十分清醒。二舅也常去医院探病，一次晚上二舅去看望三舅，三舅妈由于太累睡着了，二舅见状，没叫醒她就悄悄地离开。我清楚地记得，1954 年 3 月 8 日，妈妈忽然接到医院的电话，说三舅希望妈妈去看他。妈妈和我急忙赶到医院。三舅平静地告诉妈妈，自己将不久于人世，要和大家永别了。妈妈握着三舅骨瘦如柴的手，强忍着眼泪安慰他。三舅要妈妈以后接三舅妈母女到我们家住，这是他对妹妹的最大信任和最终的希望。妈妈立即答应了他，要他放心。后来三舅妈和妈妈同住了二十二年，直到 1976 年她有了房子才和柏有表姐一家同住，安度晚年。从那天起，我每天中午一点左右都要到医院看望一次三舅，并打电话向妈妈汇报情况。每次三舅都握着我的手，对我微笑着，最初还轻轻地叫我的名字，后来只是看着我；每次当我离去时，他都点点头。我知道，他是在和病魔作最后的斗争！

三舅一直忍受着常人难以忍受的病痛在工作，他从不向别人诉说自己的病痛，直到病危，他都不哼一声。

一天，三舅对着和他相厮相守二十二年的三舅妈平静地说：“我不奋斗了，我奋斗不了啦，我们永别了！”1954年4月2日，我照常骑车到了人民医院，传达室老大爷说：“姑娘，不用拿牌子，快上去吧，你舅舅去世了。”我不能相信他的话，转身看见很多小卧车停在院中，顿时腿软了。我扶着楼梯两边的扶手一步一步上了楼，在灰暗的楼道里一眼就看见二舅那瘦小驼背的身躯。我轻轻走到他身边叫了一声：“二舅！”他悲伤地拍着我的肩膀，示意我到病房去。我记不清房间里挤满了什么人，有年长的领导，有年轻的学生。三舅如同睡着了一样，躺在床上，氧气管和点滴针都已取掉，医护人员一直在他的床边忙碌着，不许我们靠近。妈妈带领我向三舅深深地三鞠躬。三舅妈镇定地坐在一旁；柏有姐伤心至极，已哭不出声，倒在门口一张床上。我拉着她的手轻轻叫着：“蹦子，你哭啊！你哭啊！”我自己的眼泪止不住地往下流。

隆重的追悼会在嘉兴寺殡仪馆举行，无数的花圈摆满礼堂。郭沫若等科学院领导都来了。开会前，我独自一人守在三舅身边，默默地向他作最后的致意。哀乐声中，人们依次向三舅告别。

我仿佛觉得，他还躺在病床上对着我微笑！

历史永远不会忘记他

每当想起三舅，总会勾起我许多美好的回忆。三舅的一生虽然短暂，但他是一个成功者。1948年，他与二舅思成一同当选为中央研究院院士。他的卓越超人之处，在于他对事业无尽的投入。有一股强烈的热情从他内心喷放出来，似乎永不枯竭。他根本忘记了自己的病痛，对中国的考古事业鞠躬尽瘁，奉献了自己的一切！他在考古学上的深厚底蕴，加之敏捷的才思和出色的组织能力，使他在病榻上完成了常人难以胜任的工作。

我常想，如果他有一个健康的身体，准是一位指挥若定的潇洒大将。

2008年6月，梁思永之女梁柏有在立于广东江门市院士路的梁思永铜像旁留影。

梁思永墓

三舅是我国第一个受过西方近代考古学正式训练的学者，也是中国近代考古学和近代考古教育的开拓者之一。

令三舅可以欣慰的是，他那批解放战争时期被运往台湾的未完成稿件，由当年参加过发掘工作的高去寻先生辑补为《侯家庄》一书，仍用梁思永的名字，在台湾陆续分册出版，计有一〇〇一号墓（1962 年）、一〇〇二号墓（1963 年）、一〇〇三号墓（1970 年）、一二一七号墓（1968 年）、一〇〇四号墓（1970 年）、一五〇〇号墓（1974 年）、一五五〇号墓（1970 年）等各大墓的报告。身处台湾的著名考古学家李济，1962 年在《侯家庄第二本一〇〇一号大墓》序中写道：“关于这批资料的‘取得’以及‘保管’，实在不是一件容易的事。梁思永先生，中国的一位最杰出的考古学家，已经把他的全部生命贡献于这一件事了。他虽部分地完成了这一发掘工作，并将报告的底稿作了一个详细的布置，也写成了一大半，却不及见这一报告的出版。现在——他的墓木已拱了罢！——我们才能把这一本报告印出来。我们希望由于这一本报告的问世，研究中国史的学者，对于这位考古学家的卓越贡献，得些真正了解。”

三舅过早地离开了人世，他的价值在于他特有的才能、特有的贡献、特有的精神。历史永远不会忘记他。

三舅安眠在八宝山革命公墓。二舅设计的别致的汉白玉卧式墓碑上刻着郭沫若的题字：

中国科学院考古研究所副所长

梁思永先生之墓

一九〇四年十一月十三日生

一九五四年四月二日卒

郭沫若　敬题

五

浩瀚书海中的女领航员

——我的妈妈梁思庄

妈妈梁思庄是梁启超的小乖乖，也许人们会认为她是生活的宠儿。然而，生活并没有对她特别眷顾，风和日丽的日子在她青年时代也是短暂的。作为一个独立的知识女性，尤其作为一个年轻的寡母，她一生经历的辛酸与沧桑是难以诉说的——她也从不诉说。

公公的小宝贝——阿庄

1908 年 9 月 4 日，李蕙仙婆在日本神户生下了女儿思庄，她的降生给全家带来了极大的欢乐。公公梁启超自称偏爱女孩儿，思庄自然就成了小宝贝（大宝贝是大女儿思顺）。在她满周岁后，公公特地为她写了首小诗——《阿庄》：

阿庄始生今周晬，蕙质已与常儿殊。
调舌渐闻莺恰恰，扶床更见蟹跦跦。
惯能合十呼郎罢，贪上秋千昵女须。
却埽闭关弄孺子，敬通真欲老江湖。

郎罢，闽人呼父音，见苏诗。女须，姊也，也见《离骚》。阿庄不会爬，如阿成小时，真似蟹行也。[①]

诗中对庄儿的聪颖，对她牙牙学语叫“爸爸”，对她蹒跚学步如蟹行都有极细致的观察和充满父爱的描述。

思庄在家中是三姑娘，实际上她是梁启超的第二个女儿。不知为何，她的一位堂姐在家中排行老二，她只好排为老三，她的兄弟姊妹称她为三姐。

思庄小时候长得不漂亮，大大的眼睛加上一张“梁家嘴”，总是笑眯眯，有一股灵气。最使李蕙仙婆遗憾的是她的皮肤黑。为了使妈妈皮肤变白，婆曾用牛奶给她洗脸。

妈妈在九个兄弟姐妹中排行第五，生在中间的孩子通常最不得宠。但在公公眼里，大孩子中她最小，而小孩子中她又最大，也许就是因为这个位置，反而使她成了家中一个承上启下、举足轻重的人物。哥哥姐姐们疼爱她，弟弟妹妹们敬重她，而她那特有的好脾

① 梁启超：《饮冰室文集之四十五（下）》，台湾中华书局，1979 年版，40 页。

气、柔中有刚的性格、与世无争的乐天态度、诚恳坦率水晶般的心灵，又使她和每个兄弟姐妹都相亲相爱；她尊重哥哥姐姐，也疼爱弟弟妹妹。

我年纪小时，对他们这种手足之情并不关注，也不理解，只觉得妈妈和舅舅姨们在一起时就显得特别高兴。现在回想起来，妈妈每次对我讲起舅舅和姨们都是情挚意深，而这种根植心灵深处的美好，她珍藏了一生。

思庄小时候最爱和她的二哥思成、三哥思永一起玩儿。思成比思庄大八岁，思永比思庄大四岁。两位哥哥在北平清华学校学习时，思庄和全家住在天津，她在家最盼望的是两位哥哥放假回家。思成、思永在学校不仅学习成绩不相上下，你追我赶，就连在家里恶作剧也是联合出鬼点子。公公叫他们“两个淘气精”。妈妈是他俩最疼爱的妹妹，也是他们恶作剧的最佳对象。一次，两个哥哥送她一个漂亮的小纸盒，妈妈高高兴兴地打开一看，吓得尖叫一声，把盒子扔得老远。原来盒里装满了槐树上长的绿色肉虫子——“吊死鬼”！一转身工夫，两个哥哥早已不知去向。思庄只好去找婆告状。至于装神弄鬼，倒立着吓人的把戏，他俩搞得更是不计其数。他们的手段大多是两人先商量好办法，再由二舅主演，有时全身披挂各种怪装饰，有时倒立着怪声怪调唱歌，然后由三舅去骗思庄来。三舅摸透了思庄爱和他们一起玩儿的心理，说：“三妹，走，和二哥玩玩儿去！”而每次新花样都会逗得妈妈尖声怪叫，他俩就幸灾乐祸地达到了目的。

1925 年之前，妈妈和全家住在天津，同三舅妈李福曼一起上天津中西女中。中西女中是著名的教会学校，教学质量好，注重学生

“千里一笑”是梁启超特意请人装裱后寄给梁思庄的。前面是梁启超漂亮的楷书“饮冰老人一首滑稽诗和给他爱女的一封信”。后面是一首诗和一封信，信中写道：“小宝贝庄庄：我想你的狠［很］，所以我把这得意之作裱成这玲珑小巧的精美手卷寄给你。你姊呢，他［她］老成了，不会抢你的，你却要提防你那两位淘气的哥哥，他们会气不忿哩，万一用起杜工部那‘剪取吴淞半江水’的手段来却糟了，小乖乖你赶紧收好吧。乙丑五月十三日爹爹寄爱。”这件珍贵的礼物，思庄一直珍藏着。

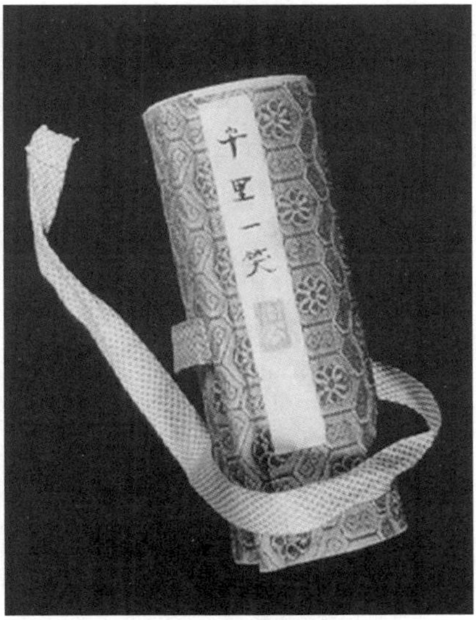

的全面发展。妈妈在那里打下了良好的英文基础，还学了钢琴。她的性格活泼，爱唱爱跳，在中学里可以尽情地发挥各种特长，这也为她今后的留学生活准备了条件。

1924 年 7 月，李蕙仙婆的逝世给全家带来巨大的悲痛。公公在丧妻之后首先想到的是孩子们怎么办。那时思庄才十六岁。正好大姨丈周希哲被政府派往加拿大任总领事，于是公公就叫大姨把妈妈带往加拿大去读书。那时大姨思顺已有了三个孩子：九岁的女儿念慈，七岁的大儿子同轼，两岁的二儿子有斐。孩子们都很喜欢这位年轻的三姨。到加拿大后，妈妈顺利地进入中学读书。

妈妈是在国外的五个孩子中最小的一个，梁启超十分惦念她。1925 年，他在一封信中写道：“宝贝思顺、小宝贝庄庄：你们走后，我很寂寞……思顺离开我多次了，所以倒不觉怎样；庄庄这几个月来天天挨着我，一旦远行，我心里着实有点难过。但为你成就学业

1925年，梁思庄在加拿大读中学时留影于宿舍。

起见，不能不忍耐这几年。”[1] 公公不但经常给她写信，还多次为她题写条幅，专门在条幅上抄写一些自己作的诗和给妈妈的信，并裱成精巧的小型手卷寄给妈妈。

妈妈由于初到加拿大，英文有些困难，一次考试时在班上得了第十六名，这大大伤害了她的自尊心，为此她极不痛快。公公得知后写信鼓励她：“庄庄：成绩如此，我很满足了。因为你原是提高一年，和那按级递升的洋孩子们竞争，能在三十七人中考到第十六，真亏你了。好乖乖不必着急，只需用相当努力便好了。”妈妈经过努力，英文很快就过了关，成绩一跃为班上前几名，很多加拿大的孩

① 丁文江、赵丰田编：《梁启超年谱长编》，上海人民出版社，1983年第1版，1030页。

梁思庄在美国的毕业照

子还要请教她。最终，她如公公所预言的那样，竞争过了那些洋孩子们。

妈妈按公公的意愿考入了加拿大著名的麦基尔大学攻读文学，公公非常高兴，并写信给孩子们嘱咐道："庄庄今年考试，纵使不及格，也不要紧，千万别着急。因为他［她］本勉强进大学，实际上是提高（特别）了一年，功课赶不上，也是应该的。你们弟兄姐妹个个都能勤学向上，我对于你们功课绝不责备，却是因为赶课太过，闹出病来，倒令我不放心了。"其实外公的嘱咐是多余的。1930年，妈妈获得了加拿大麦基尔大学文学学士学位。次年，她前往美国专攻图书馆学，获得了美国哥伦比亚大学图书馆学学士学位，真正实现了公公的意愿。妈妈上大学后，成绩依然是班上的佼佼者，当地人都觉得中国孩子非常聪明。

◀
1927年，在加拿大麦基尔大学读书期间的梁思庄，时年十九岁。

罗曼蒂克的吴鲁强博士

三舅思永有一个极好的朋友，用当今时髦的词说就是“铁哥儿们儿”。他名叫吴鲁强，和三舅同岁，在清华学校他们就是同班同学，后来他成了我的爸爸。吴鲁强瘦瘦的中等身材，戴一副金丝边眼镜，活似一位年轻的老学究，大家叫他吴公、吴博士，三舅思永叫他“义哥”。1904年11月20日，吴鲁强生于广东省开平县，其父吴在民（号鼎新）曾任广西省教育厅厅长和广东省国民大学校长。他幼年聪颖，五岁上小学，每考必列第一。1916年十二岁时，他考入清华学校，人们叫他“小子强”，年龄虽在同班同学中最小，但品学兼优，深得老师器重。在校时，他曾被推选为《清华校刊》的正编辑，初展才华。1924年毕业，年仅十九岁就被选送到美国留学。初学文科后，因国内急需理工人才，第二年转入麻省理工学院攻读化学。1927年获学士学位后，又在该校攻读有机化学。1930年完成题为《在一级反应中酮类的一般特性》的论文，获博士学位。毕业后，他在美国波士顿市何德橡皮公司当化验师，后又在美国金史氏工业研究所任化学师。

这位貌似学究的青年，彬彬有礼，平日不修边幅，但每逢正式场面，他都穿着笔挺的西服，衣冠楚楚地出现在人们面前。他从小受父亲的严教，非常好学，所以在三兄弟中父亲最疼爱他。他的中文功底深厚，不但文笔流畅而且也练得一手好毛笔字。在清华学校读书时，他就曾和三舅思永一起去饮冰室聆听梁启超讲课。他非常敬佩梁启超，后来还把梁启超的一些论著翻译成英文。当年，在天津饮冰室吴鲁强已见过思庄，那时她还是一个十二岁的小姑娘。

自1924年，梁氏兄妹先后到国外读书。三舅思永在哈佛大学人类学系，吴鲁强进入了美国麻省理工学院化学系。哈佛大学和麻省理工学院是近邻，如同我国的清华大学和北京大学。所以这两位好朋友有条件经常见面。妈妈在加拿大麦基尔大学读书时，每逢节假日必到美国和哥哥们一起去游玩儿，而吴鲁强总是夹在他们中间。他爱上了妈妈思庄并对她发起猛烈的攻势，穷追不舍。聪明的他知道三舅思永是一个关键性人物，必须首先得到他的同情和支持才有希望。他的一举一动三舅都看在眼里，知道他来一起玩儿是“醉翁之意不在酒”，戏称他是“罗曼蒂克的吴博士”。吴鲁强是清华学校培养出来的中国味儿很浓的少年学子，在美国读大学时又受了几年西方文化的熏陶，成了一个典型的土洋结合的小伙子。他自如地运用西方的习惯，编织成了一个又一个浪漫而有趣的故事：他是男主人公，而妈妈则是当然的女主人公。他给妈妈（英文名Florenza）写了上百封的情书，中文都是漂亮的小楷，英文都是熟练的草书，每封信都饱含激情，文笔流畅，还夹有很多英文诗。1929年7月17日，他在来自康桥的信中写道：

庄爱，追忆我们相思相聚的前情，我又禁不住要写几行了：

（To Florenza I say：）

It was in the Town of Philadelphia,

That formally we met one another;

Well through three years went by altogether,

when again we met, my sweet Florenza.

(Then, thinking aloud I say:)

When again I met my sweet Florenza

She was then a regular New Yorker,

Fondly and lovingly I follow her,

From busy New York to quiet Ithaca,

I love her lovely cunning cutie face,

I love her little healthy figure,

I love her youthful pleasing charming ways.

And I am pining for the happy days.

When I can declare to world for sure,

That I have won the enviable place.

此诗的中文大意是:

(我对思庄说:)

那是在费城的时候,

我们正式地彼此相见;

一起亲密地交往了三年,

我们再次相遇,我亲爱的思庄。

(然后,我心中想大声地说:)

当我再次遇到我可爱的思庄时,

她已经成为一个纯正的纽约人,

我用最天真可爱的心追随她,

从繁忙的纽约到恬静的绮色佳。

我爱她可爱的乖乖的脸蛋，

我爱她小巧健康的身姿，

我爱她青春快乐迷人的魅力。

我盯住这快乐的日子，

当我能向世界肯定宣布时，

那就是我已赢得值得羡慕的位置。

我的英文不好，不能准确翻译出诗的内容，但我读了这首诗，仿佛看到了年轻可爱的妈妈和当年的爸爸。爸爸是那么热烈地追求幸福的爱情，他是那么勇敢、浪漫。

在同一封信中吴鲁强明言：“我已经寄了一封信给你三哥，正式宣布我追求你的事情。”然后又追忆了一件使他不顺心的事：“记得去年秋间，你三哥由加拿大通知我说他要偕同庄爱你来波士顿，我得讯之暇万分地高兴，车到的前半点钟，已在车站等候。那时是一个清早，我清清楚楚记得我所穿的衣服就是我这次在绮色佳穿的那套。我高高兴兴地花了一角五分钱去把鞋子擦个光亮恭候你们大驾光临。好容易你们的火车入站了，停站了。我三步两跳地跑到月台上迎将前去。我走过了三四辆车，把迎面而来的客人一一察看，并不见你们，我那时心里有点子急了。正在无可奈何之时，我忽然听见了一声‘义哥’，我跟住声音来处一望，看见你三哥穿着大衣，两手满载住行李，迎将上来。我向他的附近的左右前后张望，没有他‘舍妹’的影儿，我心里大纳其闷。说时迟那时快，多年远别——其实相别才一年！——的老朋友，唧哩咕噜开，握起手来了。久别重逢的欢喜自不消说。但我心里直在那儿纳闷，为什么他的‘舍妹’不曾同来。他不是明说叫我到车站去接他们的吗？好几次我要问你三哥为什么你不曾同到，但我想，他既然不向我提及，我似不便追问，免得得罪他。直到如今我还在这里纳闷，为什么那次庄爱不到波士顿来。那次若来了，我们岂不是早见一年？天不作美有如此者！”这确实成了一个我永远猜不透的谜！也许是妈妈自己不愿去？也许是三舅故意恶作剧逗逗吴鲁强？

妈妈思庄在家从小受到宠爱，比较娇气爱犯点儿小脾气。她要选择的男朋友必须是品学兼优。而吴鲁强博学多才，人品也好，又是三舅思永的好友，当然有很大的优势。但事情并不是那么一帆风顺，因为他的竞争对手比他会“来事”。某位男生抓住了妈妈爱猫的心理，投其所好，送给妈妈一只大玩具猫，一身白绒绒的毛横卧在那里十分可爱；思庄非常高兴地接受了这一礼物，将它放在床上成了自己每天贴身的小伙伴。这只可爱的白猫一直伴随着她回国，后来成为我心爱的玩具，直至“文革”被抄走。这位送猫的男生只是一位囊中鼓鼓的公子哥或一位阔少爷，并不是妈妈所爱的。不知内情的吴鲁强感到了威胁，但他对妈妈的爱是十分细腻而忠诚的，他终于有一天“腰包充实了”，在给妈妈思庄的一封信中写道：“我想起了绮色佳的雨天，就大大地替庄爱你发愁。旁的事可以勉强省了，饭哪能不吃？早饭还可以免掉或劳四爷（梁思忠）冒雨送几片烤面包到家里用，至于午饭晚饭，那真是没有办法。庄爱你的雨伞不是在纽约失了么？在绮色佳感得没雨伞的苦况，都是我亲眼看见的。当时我就想为你设法，但苦腰间无钱心力两违。现在回到康桥腰包充实了，从前办不到的现在办得到了。我已请四爷转送雨伞一把给庄爱你。这并不是礼物，不过是一点心意的表示，深望你不要拒绝。”当然，妈妈心里的那杆秤是能称得出“大白猫”和“小雨伞”哪个情意重的！由此也可见当时中国留学生生活之艰苦，有时会身无分文，连把小小的雨伞都买不起。

老实的“吴公”还是一个幽默浪漫、爱开玩笑的人。同学们都知道他常从康桥（波士顿的 Cambridge）去绮色佳，但并不知他是与佳人相会。一次他在给思庄的信中写道：“同学们见我回来了，大家都争问绮色佳的佳境有无佳人在！我说，当然有，我又不是疯子，为什么特为上绮色佳？他们见我笑嘻嘻地说，以为是说笑，似乎不介意。哪知道我这说笑的话是老实话。那次，我哄了他们了。”

妈妈对男朋友要求是很严格的，经常要发号施令，而这些命令却对吴鲁强是一种极大的精神鼓舞。1929 年 7 月 17 日夜十一时，吴鲁强在麻省理工学院宿舍提笔给妈妈思庄写当天的第二封信：“今天下午我到学堂图书馆用了一下午的功，成绩甚佳。工作之快，倍于往常。人们说，爱情能使人兴奋，我从前听了总在怀疑。现在亲尝到了，这才相信。洋人所谓‘烟士波里纯’inspiration（灵感），大概指的就是这回事。庄庄，你是我的‘烟士波里纯’，你是我的灵魂驱使的人儿。记得你曾亲口向我施过命令，叫我好好地用功。我登时就觉得精神百倍。现在实地用功起来，果然得到意外的成效。工作完了，眼睛和身体自然免不了疲倦，但心神却觉得舒畅。这真是梦想不到的。”

最有趣的是，吴鲁强在给思永的信中，也使用了很多写给思庄的那些浪漫柔情的词，如：“爱火在我的心头燃着，爱神把我的心灵管住，爱丝把我的心肝吊住，令我神魂颠倒……”思永给他回了一封信，明确表态：

义哥：

十六日来信收到。老朋友虽然羡慕我的妹妹，写信也不该如此之酸！“化学作用”如此之强，我颇有点受之不了！

我非常能“领略”你对我态度，感谢之至。更感谢你来信通知我。你当然不“希望”EXPECT我发表意见或“有所活动”，我也照例站开。这事的进展如何，完全在乎你自己，绝不与别人相干，我在内。

不过我不能不说（不要错认为我怪你），你这“突如其来”把我给弄得莫名其妙。用纯粹客观的眼光看来足下的“兵法”似乎来得过于神速，各方面都没有圜转的机会，我以老友的资格劝你不要跑得像在纽约时那样快——记得孔二先生“过犹不及”那句格言。

恕我多嘴，以后当严密地关起来。

永 二十五

这封信吴鲁强一直珍藏着，因为三舅的信表面上是不客气地给他当头一棒，实际上是一副良好的冷静剂，使得他后来能稳扎稳打并出奇制胜。事实上，思永一直在帮他的忙，每当娇气的思庄犯小脾气时，吴鲁强总像只惊弓之鸟，急急去找思永讨主意。

当年在美国的中国留学生很活跃，文娱活动丰富多彩，妈妈会弹钢琴，业余时间经常给一些人伴奏。二舅的好朋友陈植（我叫他陈三伯）嗓子非常好，是男高音，他也是三舅和吴鲁强的朋友。一次在宾夕法尼亚大学的音乐会上，陈植独唱美国民歌《苹果树》，思庄为他钢琴伴奏。朋友们都在下面捧场，当然吴鲁强也在场。

1930 年，梁思庄在美国哥伦比亚大学读书，时年二十二岁。

歌词的第一段中小男孩对小女孩说：“请你给我一个吻。”“你是陌生人，先生”，小女孩转身非常惊奇地说，“我将要给你一个吻，那是当苹果长在丁香树上的时候。”

这首歌简明欢快，好听易唱，我在很小的时候妈妈就教会了我，当时虽然不懂英文，但我可以模仿着大人全部唱下来。更有趣的是第二段：小男孩陷入极大的痛苦，因为她是他的唯一所爱。小姑娘也为自己的错误做法而苦恼。第二天一清早，小男孩惊奇地看到他的心上人，正站在花园里把苹果拴在丁香树上。（He was so surprised to see, his little sweet heart standing in the garden tying apples on the lilac tree.）

这首歌由陈植唱得轰动了全校，当时被宾夕法尼亚大学全校广播，在学生中也流行起来。这歌也成了思永和吴鲁强开玩笑的一发炮

1932年，梁思庄（右一）、陈意（左一，陈叔通侄女）、林徽因（左二）、雷洁琼（左三）、梁再冰（前立小孩）等摄于燕京大学南阁前。

弹：“义哥，等到我三妹 Tying apples on the lilac tree 时，你就有希望啦！”

学成归国，有情人终成眷属

吴鲁强的真挚感情终于打动了妈妈思庄。她发现三哥思永表面不关心他们的事，实际暗地里一直在给吴鲁强帮忙。哥哥的好朋友是不会差的，而思庄内心早已倾慕吴鲁强的博学多才，但对他的小毛病又觉不满，如唱歌跳舞不太灵活啦，经济上有点儿“抠门”啦，平日太不修边幅啦，等等。虽然她答应嫁给他，但时不时还要闹些小脾气，弄得吴鲁强不知所措，十分狼狈。更有甚者，1931 年，当他们学业结束后决定回国时，妈妈硬是不告诉吴鲁强自己坐哪条船及具体行期。这件事是我长大后妈妈讲给我听的："我当时不知为什么，就是不愿你爸爸和我一条船回国。"我也觉得这是一种非常奇特的心理状态。他们的感情生活中有很多这种有趣的小插曲。

20 世纪 30 年代初，梁家在海外的兄弟姐妹先后学成回国，一度都住在北平。二舅、三舅都结了婚，有了自己的小家庭。二舅一家住在北总布胡同三号，一座恬静的小四合院。三舅家住在赵堂子胡同五号。而妈妈的生活是由二舅、三舅安排的。大约 1931 年至 1933 年间，妈妈结婚前住在三舅家，她租了一辆黄包车，每天到北京图书馆上班。二舅还特地为她的小屋设计了一套家具，本底色漆黑边，美观、淡雅，有书桌、书架、五屉柜、沙发床、床头柜，还有一个小巧的梳妆台和一面镜子，别具一格。直到今天看上去，它的式样还很得体。这套家具伴随着妈妈度过了坎坷的一生，也是他们兄妹感情的见证。如今妈妈和二舅都已去世，这套家具仍完整地放在我家。看到它，我就会非常怀念妈妈和二舅。

1931 年 8 月至 1933 年 2 月，妈妈在北京图书馆西文编目部当编纂员；1933 年 2 月至 1933 年 9 月，她被燕京大学聘去担任西文编目员。她十分喜爱美丽的燕园，也喜爱燕京大学的文化人。但她知道自己快要远嫁了，不可能长期留在燕大。1931 年，吴鲁强回国之初在北京大学化学系任教授，时年二十六岁，是当时中国最年轻的教授之一。第二年，他回广州探望父母，他的父母希望他能留在广州。当时的平粤交通靠香港至天津的直达轮船维持，船数少又走得慢，非常不便。他和思庄分居在平粤两地，只能靠通信商讨两人的终身大事和今后的生活。

由于长期生活在国外，有些留美归国的学者已不能适应国内艰苦的环境。他们同家庭闹矛盾，甚至于离婚，造成家庭瓦解的悲剧。这些消息让吴鲁强十分痛心，他深有感触地在信中告诫思庄："广州气候潮湿不像北平之干爽，此又吾人不可不注意者也。余近来深感生活习惯影响之大，吾辈留美学者，习惯于美国之优裕生活，回国后所处环境不似美国，遂感不快，因此而迁怒于家庭以致不能相安而处者为数不少，其尤甚者则负气离异，家庭瓦解，当日之精神结合，至此遂变为道背意反，良可痛心。吾人为预防计，故对于物质生活情况，不能不有相当认识，以免将来作无谓之牺牲。语云'由俭入奢易，由奢入俭难'，吾人今后生活当系由奢入俭，难事也，吾人不可不作相当准备焉。以上所言难免过于爽直，甚或遭 Taking too much for granted（太想当然）之讥，惟心所谓危，不敢不为我爱表白，尚垂察之，如何处之，统希明白示知。"

吴鲁强已稳操胜券，他不忘思永对他的支持；1932 年，他在给思永信中的词句已是充满自信：

思永：

令妹思庄小姐淑贤懿德，素所景慕，强以菲材，不揣冒昧：妄冀得与订定百年之好。

谨此奉求，伫候佳音。

吴鲁强上

二十一，三，十五

这是一封玩笑信，也是他对挚友最后确切的通告："我要当你的妹夫啦！"

▶ 1933年，梁思庄与吴鲁强的结婚照。梁思庄头戴漂亮的白纱，手捧一束白色鲜花。大家开玩笑说："思庄站在那里像维多利亚女王。"

婚礼决定在北平举行，婚后二人立即同去广州建立小家庭。那时公公梁启超已去世，由二公梁启勋做思庄的主婚人。结婚请柬简朴大方，双折白卡，印着红字，正面印喜柬二字，打开为竖排字：

谨詹于国历八月二十六日下午五时为侄女次
男思庄鲁强举行结婚典礼敬备粿茗
恭请
光临观礼
梁启勋 吴在民 载拜
礼堂设北平东单三条协和礼堂

这门亲事全家皆大欢喜。婚礼在北平有名的协和礼堂举行。当时三舅思永全家迁往上海，未能参加婚礼。最忙的就是二舅妈林徽因了，礼堂的布置、新娘的打扮，都由她一手包办。她给思庄设计了一件白色结婚礼服（这件礼服一直保存到"文化大革命"前，"文革"中最终被抄走）；披纱是从朋友吴佩球阿姨那里借来的。二舅妈把不起眼的思庄打扮得美丽端庄。

婚礼开始之际，全体来宾起立，风琴奏起婚礼曲，新郎和伴郎站在台前，面对来宾翘首迎接新娘；礼堂后面大门开启，两位小姑娘梁再冰和关从信穿着白色

吴鲁强、梁思庄结婚大合影。前排：关从宽（左一）、梁再冰（左二）、周嘉平（左三）；后排：周念慈（左一，梁思顺之女）、梁思懿（左二）、梁思庄（新娘）、吴鲁强（新郎）。

裙子手提花篮，缓缓向前将篮中花瓣一路洒在红地毯上。周嘉平手捧铺着白缎子的托盘，托盘上有两枚戒指；其后两个小姑娘缓步而行，再后面就是新娘思庄。她挽着主婚人二叔梁启勋，轻步走进，那长长的白纱拖在身后，由关从宽（女孩打扮成男孩）拉着。在优美的乐声中，新娘穿过两边的来宾走到新郎面前，主婚人将新娘交给新郎；此时奏乐停止，新郎、新娘面对台上证婚人，证婚人致辞之后，两人互相为对方佩戴结婚戒指，婚礼至此结束。在欢快的结婚进行曲的乐声中，新郎和新娘相互挽着手臂走出礼堂，来宾们欢呼着向新人们的身上撒花瓣，此时是他们两人最幸福的时刻。

新婚夫妇要离开北平南下广州开始他们的共同生活了，一路行程就是他们的蜜月。他们先去上海，然后去香港，最后到广州。很多亲友们到车站送行。吴鲁强欢快地向大家道别说：“还送什么？我们都是老夫老妻啦！”（几十年后，当妈妈给我讲这句话时，她的神情充满了幸福感，仿佛一切就发生在昨天。）这一句俏皮话引来了人们更大的笑声，谁能想到这竟是他们夫妻第一次、也是最后一次向亲人告别远行。

结婚相片选在王府井南口的同生照相馆拍摄，这是当时北平最好的一家照相馆，照出的相片每张都是艺术品，底片从不交给相片主人，必须在这里加印，因此它的质量和声誉永远很好。那天思庄夫妇进入同生照相馆，正遇里面有人在拍照，吴鲁强掀开帘子，高兴地大叫：“看！ Physics 夫妇在里面。”Physics（物理）是周培源（后为我国著名物理学家，我们叫他周爸）的外号。周培源和吴鲁强当年在清华学校是同学，想不到竟在照相馆巧遇。

短暂的幸福，终生的思念

新婚夫妇回到广州，受到吴家人的热情欢迎。我的祖父吴在民是广东省很有名气的爱国华侨，一生从事教育工作，深受国外华侨的信任和爱戴。他曾赴美等国六年，为广东省的教育事业筹募资金，并扩建了广东国民大学，兴办了开平县的开侨中学，现在开平市竖立着他的半身铜像。他毕业于北平京师大学堂，对梁启超非常敬仰，

1935年，吴在民夫妇与吴鲁强、梁思庄、吴荔明摄于广州家中天台。

吴在民先生铜像重立揭幕典礼。吴在民半身铜像立于广东开平市开侨中学校园内，铜像右侧为吴天任和Susan（吴在民孙和孙媳）。

对儿媳思庄十分疼爱。由于他本人在国外生活多年，思想比较开放，因此对儿女的婚事不加干涉，任他们自由安排自己的生活。

广州的天气闷热而潮湿，屋子窗户小光线暗，苍蝇也很多。婆婆封建思想很重，而且只会说广东开平话，语言不通更增加了隔阂，这一切使思庄很不适应。她常想念北平的亲人，有时半夜里会梦见娘和姊姊哥哥。吴鲁强为此十分担忧，问她是否想一起回北平生活，但思庄坚持留在广州，因为吴鲁强的事业在广州，当时他已被聘为中山大学教授。当然，思庄对广州的生活条件早有了解，结婚之前，吴鲁强给她的信中已清楚地写道："广州生活情形与北平简直不同，马路街道虽然比北平干净，惟屋内设备甚少近代化者，即我家新建之屋，亦只有最重要的近代设备一种而已。盥浴办法仍属旧式，余初返家时，颇感不快，但现在已能适应环境，泰然处之矣。友人中如有不能容忍此种生活情形者，吾劝其勿来此受罪也。""广州楼房几全用洋灰方砖作地面楼面，且不用地毡，吾辈惯住洋楼，惯用地毡者，迁来广州亦常感不快。"思庄对此是有充分思想准备的。为了吴鲁强的事业，她没有丝毫动摇！她这样从小娇生惯养的小姐如此决定，确实难能可贵。吴鲁强被深深感动，他也努力周全地安排好妻子的生活。他们在广州启明三马路租了一套房间，虽在楼上，但仍有些潮湿，方花砖地，还算明亮舒适。住处安排好后，就要考虑今后怎样生活了。是当一个纯粹的家庭妇女还是一个职业妇女？这个问题吴鲁强也曾在信中提过："父亲说，你（庄庄）若不嫌弃而来广东，又想做些家务以外的事，那么在国民大学担任点功课似乎不差。据思永嫂的经验，似乎整天在外服务，家里就不十分妥当。不然到本市的图书馆里做点事，也就算是用其所学。若不要在外服务，则职业一层不成问题矣。”思庄不愿意整天关在家里做一个家庭妇女，她到广州市立中山图书馆做了一名干事，凭其所学工作起来得心应手，心情也很愉快。

吴鲁强在中山大学教授普通化学。普通化学是土木工程系一年级生的必修课，全班约有九十人。他所在的化学系是一个“杂碎”，留德、留法、留日、留加拿大、留美者，一应俱全，实力很强。

结婚次年，他们的女儿——我就出生了。因出生在广州荔枝湾医院，家住启明三马路，爸爸为我取名“荔明”；又因我总爱把嘴噘起发出一种叶叶的声音，又给我取了个小名叫 Boo Boo。我用这个小名跟随着妈妈经历了人生的甜酸苦辣，亲友们都不习惯叫我的学名，Boo Boo 成了人们对我的爱称。我长大成人后，每当听见人们叫我 Boo Boo 时都会感到无比的亲切。

妈妈生我时是难产，医生用产钳夹出婴儿，妈妈受了不少苦。好在王桂荃婆一直守在身旁，给妈妈带去很大的安慰。婆在医院看着妈妈痛苦地分娩，看着我出生，她心疼妈妈也疼爱我，我们母女回家的一切事务全部由婆安排，爸爸只是手足无措地在一旁傻笑。我的出生给爸爸、妈妈和婆带来极大的欢乐，只是祖父、祖母有点儿失望，这当然是可以理解的。因为在我的上面，已有大伯家的三个姐姐，他们盼望着有一个男孩。

祖父母虽然对又添了个孙女不尽满意，但还是高高兴兴地给我做了满月，向满堂宾客显示了一番。那天，妈妈穿了一件很漂亮的浅黄色带有很宽的花边的旗袍，这是专门为我过满月做的；后来妈妈每次开箱时总要拿出来欣赏，这件旗袍和结婚礼服一起珍藏到“文化大革命”前，“文革”中被抄走。

梁思庄全家三口唯一的一张正式合影。这张照片伴随了梁思庄一生。

满月过后，婆要回天津了，那里的家人在等待着她。为了使爸爸妈妈安心在外面工作，请了一位小保姆阿玉照顾我，她来时才十八岁，后来跟着我们到北平，成了我最喜爱的离不开的人。直到太平洋战争爆发时，我们才分别。听说她回到广州，又随哥哥去了香港，从此杳无音信。我一直在寻找着她。

三口之家的小家庭是快乐温馨的，爸爸的事业也蒸蒸日上，他给学生开课，编写讲义，还写书。

但谁能想到，这小家庭的幸福生活竟如此短暂，爸爸和妈妈仅仅在一起生活了两年多，一切好像刚刚开始，不幸就向它袭来。那是 1935 年底，爸爸为了对《周易参同契》《抱朴子内篇》等炼丹术原著进行深入探讨，专程去香港向研究道教史的许地山（笔名落花

梁思庄与姐姐梁思顺

生，著名文学家）请教。不料，他在香港染上了伤寒。当他带着大批资料回到广州准备着手撰文时，伤寒病开始发作。临终前爸爸是清醒的，他握着妈妈的手呼唤着："庄庄，Boo Boo。"1936 年 1 月 30 日十时，怀着对娇妻爱女深切的爱和对自己未竟事业的留恋，他离去了。爸爸从发病到去世，仅仅二十多天。

噩耗很快传到北平的亲人那里，谁都无法相信这样的事实！他们担心那心力交瘁、悲痛欲绝的庄庄如何承受这感情上的巨大打击。大姨思顺当日得到电报立即提笔写信："庄：煜哥来了，我万想不到他给我们带来这个悲痛的消息！我用电话通知二哥，他不肯信。真的，我简直像在做梦，不过电报明明搁在面前，只好打电话通知天津。一月三十日。”大姨电话通知了所有在京、津的亲人们——二公启勋、七公启雄、二舅思成、三舅思永、五姨思懿等，要大家在思成家聚会商议办法。

1月31日，大姨又接着给妈妈写信：“我真不知道怎么安慰你，千言万语电报里不能尽，拿起笔来写信，也是千言万语，不知从哪里说起。

“我知道你心中的难过，身体的疲劳，我从接电后恨不能坐飞机来广东，把你抱在怀里，安慰你，咳！我苦命的爱妹，从十六岁就失慈母，屡经忧患，叫姊姊怎能不心疼痛杀！

“昨天下午煜哥拿着第一封电——鲁强病危——到我这里来，未到以前，第二封电已到，由良庆[①]从电话传来，当时我的哀痛真是心如刀割。”

全家商议之后，大姨又在信中写道：“我把我们的计划，大概说一下。鲁强既死，你们的小家庭拆散，你本来不喜欢广东，当然不必再留，你也不能在老家里去住，永久或暂时你总得回来北方。我们的意思是找个人去见你的公婆，说接你回家散心，数月以后，你找个事（先不用提，等住几个月后再去信商量），总可以养育自己同孩子。……你人缘又好，朋友很多——这两天许多人来电话问你住址，要打电报吊唁——你总可以勉抑哀思，为你的Boo Boo保重。至于上广东去的人，大概是我。老太太两年来身体很不好，不能再旅行，哥哥们都不能离开，所以我是义不容辞的。”全体亲人们集合在二舅家，认真地商量了四个钟头，得出以上的结论。先写信征求

---

① 梁思顺的外甥。

妈妈的意见。大姨对妈妈有一种特殊的爱，不仅因为她们的年龄相差十六岁，妈妈自小就随大姨出国求学，从生活到学业都由大姨掌管料理，大姨是公公在国外的全权代表，照管着众多的弟弟妹妹，而当时妈妈是最小也是唯一的妹妹，自然得到大姨最多的爱。如今大姨得知爱妹遭此不幸，她的悲痛真是千言万语道不尽啊！

> 我劝你把心放宽些，你的前途是会很光明的。你受过高等教育，本应为社会尽力，因为家庭所缚，只专于看孩子，管家事等等，未免可惜。虽然甜蜜的结婚生活不过两年多，但是你们曾经很快乐，很舒适，你的公婆待你也好，也算人生难得的了。人生在世总不免苦乐。现在你至少也能自食其力，并且有 Boo Boo 这样可爱的孩子慰安你，你把她抚养成人，也就够高兴的了。还有一说，你不是像别的女人，丈夫死了就无以为生，你自己还是有本事的哩！
>
> 庄庄我的爱妹！你千万达观一点，不要苦坏了身子。你想，你若是好好的，我们接你回北平，你的孩子还可跟着你，万一你有三长两短，我们不能把 Boo Boo 带来，谁能像你的样子招呼她哩？我希望你哀痛一番以后，就打起精神，往光明的路走去，姊姊为你祈祷将来的幸福。这两天姊姊的心，同你溶［融］为一，虽在远处我替你分忧。
>
> 我们昨天商议后，约好各写一信，我未说到的地方，或许在哥哥们信里有提及的。
>
> 现在我要到煜哥那里去，因为张君劢、张东荪明天上广东去，托他们去看看你。

你快来信，我要定行期，我已经订票去了。

我们各人都有电给你的公公，收到没有？

姊姊

二月一日

可以想象妈妈收到这封信的感受。她是一个挚情的人，凡事都做得十分认真和投入，她远嫁广州就是对丈夫爱情的证明。“幸福的家庭都是相似的，不幸的家庭各有各的不幸。”这突如其来的不幸，落在任何一个人身上都难以承受，何况他们一直是那样幸福美满，又是那样年轻。远方亲人们一封封的来信给了她极大的安慰，成了她战胜不幸的精神支柱。她没有被不幸吞没，更没有被悲痛压垮，她非常勇敢和冷静地独自处理着爸爸的后事，并细心地照看着女儿——她今后的精神寄托和唯一的快乐！她的坚强是哥哥姐姐们意想不到的，因为她一直是在爹爹、兄姊、丈夫的呵护下娇滴滴地无忧无虑地成长着。她这一反常态的表现，为爱她的兄姐们所敬佩，也使他们放下心来。人在逆境中比在顺境中更能坚强不屈，这坚强不屈使她生活得很洒脱，事业上也很成功。

1936 年 5 月，美国《化工教育》杂志（*Tournal of Chemical Education* Vol.13）登载了爸爸吴鲁强生前和他的导师 Tenney L.Davis 合著的一篇文章：《KO HUNG on the YELLOW and the WHITE》（《葛洪“黄白篇”》）。并登载了 Davis 写的一篇纪念文章《LU—CH'IANG WU》（《吴鲁强》），阐述了吴鲁强在短短一生中为化工界所作的贡献。

许多年过去了，人们还在纪念他。1995 年出版的郭保章教授所著的《中国现代化学史略》一书中写道：“吴鲁强博学多才。早在本

（20）世纪20年代末，吴鲁强在麻省理工学院学习时就对中国古代化学史发生了浓厚的兴趣。他将艰深难解的《周易参同契》和《抱朴子内篇》中的《金丹》《黄白》两篇试译成英文，前者是世界上现存炼丹文献中最古老的一种，后者是中国炼丹术集大成的著作。此两篇的译出打开了西方学者对中国炼丹术茫然无知的眼界，于是在世界上炼丹术的起源以何国为最早的问题被提出来了。他和导师化学史家戴维斯教授，还给两书加了注释共同署名发表，为中外学者所引用。用翻译的办法向西方介绍中国古代炼丹史，可以说是自吴鲁强开始的。吴鲁强不仅对中国古代化学史研究作出了贡献，而且对中国近代化学史也曾着意研究……”在此书发表之前，也有一些专家撰写过他的小传和生平事迹。

悠悠人生路，依依母女情

爸爸永远地离开了妈妈，他逝世时年仅三十一岁，而妈妈才二十七岁。爸爸的追悼会开完不久，大姨专程从北平赶到广州，把我们母女接回北平。妈妈流着泪告别了公婆，我的祖父母努力克制心中的悲痛送走了儿媳。白发人送黑发人，这人间悲剧对两位老人是一个极沉重的打击。后来妈妈再没有和他们共同生活过。离开了广州吴家，回到北平娘家，妈妈的心情如同孤雁返巢。从此，年轻的妈妈怀抱着幼小的我踏上了漫长坎坷的道路，开始了几十年相依为命的生活。她始终想念着爸爸。爸爸当年用漂亮的英文草书写的上百封情书，妈妈用纸盒装着，在箱子里珍藏了几十年。“文化大革命”中，

1937 年，梁思庄与女儿吴荔明摄于北平同生照相馆。

它们被全部被抄走，退还时已变成支离破碎的一堆乱纸。妈妈又一次细心地将这批珍贵的书信一封封整理好，仍放在盒子里保存起来。

妈妈把悲痛深深埋藏在心底，暗下决心一定要独立地把我抚养成人。她到燕京大学图书馆，仍然做一名勤勤恳恳的图书馆员，投身于她所喜爱的西文编目工作。为了不打扰同宿舍的朋友，她把我寄养在城里大姨家，每星期我们母女见一面。我固然不懂得去慰藉、温暖年轻的寡母，她也从不向我吐露自己的孤寂和悲伤。直到我十五岁那年，一天我因病一人在家，无意间翻开箱子，突然发现一叠爸爸去世后妈妈写给他的信："鲁强：我今天又给你写信了，……Boo Boo 已经会说北京话了……她很结实可爱，吃得很多，胖胖的……"信中语句断断续续，每封信都不落下款。泪水顿时模糊了我的双眼。妈妈啊，我懂得了你的心！

此事我决定永远不告诉妈妈，几十年过去，我的确没有告诉过她；但这对我感情上的巨大冲击，使我永生难忘。

妈妈热爱自己的事业，也爱身边的人。她的朋友很多，不仅有大人物，也有小人物，学校校卫队队员、花匠、电话员都是她的朋友。

我在托儿所、幼儿园、小学、中学、大学时的同学好友，她都视为子女，经常请他们到家里吃饭、玩耍，还住在我们家。大家调皮捣蛋，她一点儿也不嫌烦，还和我们一起唱歌、跳舞。至今很多同学还怀念当年在我们家的快乐情景。我从小性格孤僻，总爱一人独处，是妈妈帮助我广交朋友，培养我有了开朗的性格。妈妈对我的品德教育真是煞费苦心。

妈妈从不计较个人得失。多年来，她的工作职称和工资都低于

梁思庄与女儿吴荔明

她同水平的人，不少人为她鸣不平，但她自己活得很潇洒。在花钱上她从不斤斤计较，有钱了就多花，没钱就不花，因此每当妈妈发工资时我们吃得就好，然后慢慢就差下来，直到再发工资，如此周而复始。我已习惯于这种波浪式地过日子。我小时候还发现：每当发工资，妈妈的钱包就鼓起来，然后慢慢瘪下去，经常是到月底没钱了，向人借十元，发工资后又立即还账。就这样，我们家还长年请着一位保姆，过着不富裕的穷开心的舒服日子。

提起保姆，妈妈是离不开的。因为她不会做家务，满脑子都是图书馆。由于她善良，总是和保姆相处得非常好，保姆从没有主动辞职的。我们家的张妈和严大妈都在我们身边做了几十年。有一年，严大妈生病没来，妈妈自告奋勇要给我们做炒三丝，开始听着她在

1967 年 8 月 20 日，梁思庄与外孙杨念群摄于颐和园。

厨房里费力地慢慢切胡萝卜丝，好不容易切出粗粗的条，一会儿就听不见声音了；等了半天，我进厨房一看，她正用剪刀剪海带，一条一条的好像是在剪她的报刊资料，惹得大家捧腹大笑。更有甚者，她弄不清哪瓶是酱油，还举起酱油瓶问："这是酱油吗？"锅碗瓢勺怎么用她更不明白，完全是个外行。

妈妈虽然不会下厨房，但会织毛衣，也会做小孩儿衣服。我小时穿的漂亮毛衣和时髦的小裙子都出自妈妈之手，人们总是赞叹衣服的精致和她高超的技能。我的儿子快出生前，她织了好几套粉色、绿色的小毛衣，盼望得到一个外孙女。但她这技能没有丝毫创造性，完全是照着美国寄来的织毛衣的书一针一针地织。小裙子是完全按着衣服纸样子剪下来缝制的。她总是把书放在一边，边织边看，一丝一毫不离谱。每当完成一件衣服，就摆在床上，叫大家来品鉴，她左看右看，如同欣赏一件艺术珍品。妈妈因此得了一个外号——

“洋教条”。这个外号传遍家庭内外，她不但欣然接受，而且我行我素，教条到底。

在我小时，我们母女总爱穿一样风格款式的衣服，打扮得又像姐妹。每年我们要到同生照相馆照一张合影，我们母女俩的合影多次被选为橱窗照片。我知道这是妈妈对我的爱，她希望我能得到和双亲家庭的孩子一样的温暖。我五岁那年，妈妈带着我和郑林庄叔叔（燕大经济学教授）、关瑞梧阿姨（燕大教育学教授）一家一起散步。一岁多的燕诒弟弟要“爸爸抱抱”，郑叔叔就抱起了他；我在一旁小声对妈妈说：“我也要爸爸抱！”郑叔叔立即放下燕诒抱起了我。

尽管妈妈的许多朋友关爱着我，但亲生父亲的爱是任何人都不可替代的。妈妈孤单地呵护着我成长。

1939年，梁思庄（右）与朋友戴克贞陪女儿吴荔明在燕京大学未名湖上滑冰。

妈妈没有再结婚，她并不是没有机会，也不是要学习中国封建妇女恪守“妇德”，更不是对生活失去了信心。相反，她非常热爱生活，她把自己的全部心血倾注在图书馆事业和女儿的身上。她培养我上大学、读研究生，直到我独立工作。几十年来，妈妈一直思念着爸爸。1979 年，我的丈夫杨友麒要去美国麻省理工学院学习，去的又是爸爸当年念书的化学系，妈妈高兴极了，她叮嘱杨友麒到了那里一定要去查查有关爸爸的著作和学术活动情况，并给我们讲了爸爸在中国化学史研究方面的成就，勉励杨友麒在国外努力学习。

我丈夫出国那天，妈妈和我们一起送他到飞机场。妈妈虽已年过古稀，但精神很好，在汽车上还不停地嘱咐他各种事项。妈妈自始至终积极热情地鼓励杨友麒，考试前妈妈教他口语会话。两星期不到，他这“英语哑巴”能开口了，口试时居然能与老师简单交谈。老师见状惊讶地问：“你在哪个学校学的英文？”我丈夫出国后，我们经常用录音带代替写信传递消息，妈妈每次录音都用英文，帮助他提高英语。这对我丈夫真是得天独厚的好机会，妈妈的英语发音和美国人完全一样，很多人没见她面，单听她讲话都以为她是个美国人。

教年轻人说英语也是妈妈的一大乐趣，她总是边教边用。她要求我每天晚上提醒她吃药时必须用英文说：“Have you taken medicine？”（你吃药了吗？）她根据情况用英语作各种不同的回答。我的儿子杨念群有三个铁哥们儿，都是北大教师子弟，住得很近，每天晚上妈妈教他们四人英文；十四五岁的男孩子十分淘气，妈妈居然把他们驯服了。后来四个人都考上了大学，选择了不同的专业，都很有出息。

关于我可爱、有趣的妈妈，她的故事说也说不完！

妈妈对我的祖父母十分孝敬，这给我很深的教育。虽然爸爸去世多年，但妈妈仍然和祖父保持着联系。祖父住在香港，那里的冬天有时很冷，南方冬天不生火取暖，老人身体受不了，妈妈就请人做棉衣、棉鞋给祖父寄去。祖父很高兴，来信告诉妈妈穿着很舒适，很暖和。

还记得 1950 年暑假，妈妈带我去香港探望我的祖父母。祖父高兴地带领我们游览香港各个风景区，并尽量好好照顾我们。他们感到过去对妈妈关心不够，这次想把我们母女留在香港，将来送往美国，但妈妈没有同意，她把我又带回了北京。妈妈热爱新中国，要用自己的学识为人民服务，要我在红旗下成长。

1952 年，妈妈加入了中国民主同盟。她不断地向国外的老朋友写信介绍新中国的情况，不少人在她的影响下回到了祖国。如傅鹰、张锦夫妇（两位著名的化学家），郑林庄、关瑞梧夫妇等。

浩瀚书海中的女领航员

妈妈毕生从事图书馆事业，并且乐此不疲，人们一致公认她是个“图书馆迷”。她精通英语，也会法、德、俄语，擅长西文图书分类编目，对各种西文工具书及其他书刊资料十分熟悉。人们说：“梁先生的脑子简直成了外文工具书大全了！”她又热心为读者服务，不论是德高望重的老教授，还是比她小两辈的青年学生，她都一视同仁，只要有疑难问题，她总是尽力帮助解决，恨不得把自己的全部知识和力量都奉献出来。

20世纪60年代初，中央歌剧舞剧院演出外国歌剧《费加罗的婚礼》时遇到一个难题：他们弄不清剧中女主角用的扇子是什么材质的，式样如何。剧院的同志找到北京大学图书馆，请求帮助。这对于图书馆的专家们也是个难题，大家翻箱倒柜，广搜博求，最终弄清楚了那柄扇子应该是羽毛折扇。当时承担这项任务的，就是我的妈妈梁思庄。

1980年，北大哲学系熊伟教授在研究一个课题时碰到由RAF三个英文字母代表的某一组织。他查阅了许多外文工具书，都说那是Royal Air Force（英国皇家空军）的缩写，但这与自己研究的问题根本不沾边。他认为这应该是另一个当代组织，却总查不出来，于是请妈妈帮忙。妈妈记得RAF是法国当代哲学家沙特尔到联邦德国监狱去探视一个德国恐怖分子组织的首领时提起的。这样有名的人物的活动，必然会登上报刊。按此线索，这位年逾古稀的老太太上下往返于外文报刊阅览室和十楼书库之间，终于在装订成册的《新闻索引简介》里查明那个RAF的全名是Red Army Faction（红军派）。这使熊先生十分高兴。

北大哲学系的教师要研究学习恩格斯所著《关于耐格里的没有能力认识无限》一文，急需参阅耐格里著作的原始资料《自然科学的认识的界限》，但在北大图书馆和北京图书馆都没有查到，看来只好请国外图书馆复制了。但妈妈却不死心，她先从《大英百科全书》中了解了耐格里的生平及其主要著作，又据此去查北大图书馆德文书目，终于在《进化论的机械生理理论》一书中查到了这篇文章。这样，既为国家节省了外汇，又为教师节省了时间。

北京大学图书馆是中外闻名的大图书馆，馆藏三百多万册图书

1980年，梁思庄（中）在菲律宾召开的国际图书馆会议宴会席上。

和古今中外大量珍贵文献资料，要发挥这些图书资料的作用，没有“识途老马”带领是不行的。在几十年的图书馆工作中，妈妈不但为读者解决了许多疑难问题，还完成了不少国家委托的重要任务。著名的卫生学专家叶恭绍说：“她的确是一位浩瀚书海中的领航员，而且是一位非常出色的女领航员。”

侯仁之教授在妈妈的追悼会上说：“我始终把梁思庄先生当作我的老师。我的老师洪煨莲教授告诉我：‘你在工作上遇到困难时，特别是在查阅西方文献时，你去找梁思庄先生。’”

妈妈之所以对图书馆事业热爱到近乎痴迷，是由于她对这一事业的重要性有深刻的认识。她深知：一个学校图书馆的水平，代表着整个学校的学术水平。她曾遗憾地告诉我：“国外一直非常重视图书馆工作，而我们有些领导现在还没有认识到这一点。”她还说：

“四化哪一化都离不开图书馆。”她有一种强烈的责任感，要把北大图书馆办得像个样子。她虽然担任副馆长，但从不安于指挥别人干这干那，她把自己的办公桌安置在采编部的同志们中间，和大家一起干活，及时解决各种具体问题。她常半开玩笑半认真地说：“图书馆的事，除了财务和人事方面我没管之外，只要是书的事，从贴书号标签，到典藏阅览，买书、订书、分类、编目、制片、入库、借阅、咨询……我什么都愿意管。”

“一切为了读者！”是融化在妈妈心爱的事业和生命中的一种乐趣，是她几十年勤勤恳恳、任劳任怨、身体力行的一种精神和信念。她总是以饱满的热情、谦逊的态度接待每一位来访的读者。与其说是人们向她求教，倒不如说她是在恳请人们多多学习。

为了高质量地为读者服务，妈妈勉励馆里的青年同志抓紧学习科学文化知识。在一次全馆会上她说：“在图书馆工作，永远会感觉自己知识不足，这里需要的学问非常广博，简直像个无底洞，永远填不满……”她经常给各系青年教师和学生讲西文工具书使用方法，不管是几百人还是只有两三人，她都同样兴致勃勃地为大家讲授。

1963 年，北大定期开设各种讲座，妈妈应邀讲授“西文工具书专题”，二百多人的阶梯教室座无虚席。她结合自己的亲身经历，讲得深入浅出、生动有趣，很受欢迎。从此，文科各系每年都邀请她讲此课，每次她都欣然应邀，认真备课。

“文化大革命”前，她倡议各大学图书馆合作，举办图书馆专业讲座及暑期训练班，培训在职人员。她鼓励馆内工作人员在不影响工作的情况下，到校内各系听课。每逢新生入学，她总要向他们讲述怎样使用图书馆的方法，使新生很快对图书馆熟悉起来。

1979 年，妈妈应邀给地理系年轻教师们讲授“西文工具书”，由于听讲的都是我的同事，都和妈妈很熟，所以她讲起来更自如。大家聊天式地你问我答，第一次具体地了解了什么是全球信息爆炸，师生们都很兴奋，都很敬佩妈妈这么大年纪还能跟上时代的步伐，对全球科技信息是那样的熟悉。当时，两位年轻教师董黎明和周一星很活跃，提了不少问题。妈妈后来告诉我，她很喜欢他们俩，搞科学就要对资料孜孜以求，千方百计地捕捉信息。十几年后，他们果然成为系里有作为的教授，也是妈妈的忘年交。他们非常关心病中的妈妈，是妈妈临终前半小时最后一批探视者。

“我是一个压不扁的皮球”

个人生活的不幸压不垮妈妈，强大的政治压力也压不垮她！

为了使图书资料能很好地为读者服务，妈妈不怕压力，坚持她认为正确的东西。她一贯坚持保留使用“东方学目录”（Oriental Books，简称 O 字书）和“标题目录”（Subject Catalog），就是非常鲜明的例子。

“东方学目录”是把关于中国、印度、日本和东南亚国家的西文书集中在一起分类编目，这是妈妈在新中国成立前用多年心血编出的。根据实践检验，它十分方便读者查找有关材料。但有些书的内容在政治上存在问题，于是有人就主张取消这个目录。妈妈认为：可以对这个目录加以改造。她带领着一些同志认真努力修改，并将其改称为“亚洲目录”。同时，随着形势发展的需要，又编了“非洲目录”和“拉丁美洲目录”。后来北大成立了亚非研究所，这套目录对他们的科研帮助很大。

“标题目录”是把有关资料集中在一个主题下列出，这为研究人员提供了方便。但这原是美国的方法，某些标题有问题，如把对落后国家的文化侵略称为“支援”等等。这个“标题目录”该不该使用，在北大也曾有过长时间的激烈争论。妈妈认为：这一目录也是可以改造的。1958 年，她自己动手修改，使之继续得以使用。

由于妈妈坚持保留使用“东方学目录”和“标题目录”，很长一段时间被视为“北大图书馆里顽固的守旧派”“前进路上的绊脚石”，甚至有人骂她是“帝国主义的看家狗”等等。她不管这些，她相信科学，后来的事实证明她是对的！

她主张少讲空话，多干些实事。20 世纪 60 年代初她曾经说过：北大图书馆某领导“只会务虚，不会务实”。她这句话绝非恶意，只因她太急于把北大图书馆办好，而又苦于领导不懂业务。为此她罪加一等，这句话让她不知挨了多少次批判。因为这句话是“外行不能领导内行”的翻版，有主张“教授治馆”的嫌疑。妈妈被迫做了不知多少次书面和口头检查，但不管怎样，她依然在家里对我们说：“××× 只会务虚，不会务实。”

“文革”开始不久，她就被揪出来示众。她胸前的牌子有两个花样替换着：“反动保皇派梁启超之女”和“反动资产阶级权威梁思庄”。一次，她被拉到北大旧图书馆东门前示众，“牛鬼蛇神”一个也不许走；馆内的一位老师傅出于同情，把妈妈的自行车偷偷推到图书馆西门，暗示她从西门溜出来骑车回家。烈日下，她每天被迫穿着旗袍在围着铁丝网的网球场里和一群“牛鬼蛇神”一起拔草，供全国各地的串联者像看动物园的动物一样围观、开展现场批判会。一次，她骑车到万泉庄劳动，过田埂时不小心摔在水稻田里，把衣裤都弄湿了，她咬牙坚持劳动到底。又一次，她这位年近古稀的老太太被要求去搬几十斤重的钢丝，因劳累过度，她回家大咳不止。

在那是非颠倒的日子里，每当不见妈妈按时回家，我便骑着自行车到处去找，而她总是笑着宽慰我，让我放心。1966 年一天深夜，妈妈被押走了。我赶紧骑车追到大膳厅门口，只见一堆熊熊烈火在“打倒梁思庄”等喊叫声中燃烧。他们烧的是图书馆的所谓反动书籍，其中有很多都是我国珍贵的古籍。妈妈眼看着这些书籍化为灰烬，回到家中，她将难言的痛苦汇成一句话：“这样下去，图书馆要完了！”1968 年的一天，妈妈被北大图书馆的两个造反派打得满身青紫，回到家里，我心疼得抱着她大哭，她却没有流一滴泪，只说了一句：“哭什么，没出息！”

1969 年，妈妈被关进北大二级“牛棚”二十八楼，失去了自由；每天排队出来吃饭时，她都偷偷看看墙上的大字报。后来，她回家笑着对我说：“他们把我和杜勒斯挂上钩了，多有意思，这辈子第一次有人把我的身价抬得这么高！”她知道这些谎言不过是些肥皂泡，她很坦然；所以在“牛棚”时，即使大字报贴在她的床头，她也能睡得很香。

在那“造反有理，搞业务有罪”的日子里，妈妈终于在 1976 年 9 月被勒令退休了。这对她又是一次沉重的打击。她可以不顾自己年迈多病的身体、忍受精神上的折磨和肉体上的摧残，但不能接受剥夺她工作的权利，不能离开她苦心经营一辈子的图书馆。她说：“不管他们算我是编内还是编外人员，我还要照样工作。”就这样，她不但继续在图书馆参加咨询工作，还给青年教师讲工具书课，并为北大联合国翻译组搞一些翻译。这在当时是要冒“复辟”风险的。好心的朋友们都劝她乐得休养一下，别再“惹是生非”了。但这“退休”的老太太什么也不怕，实际上一天也没有离开过她心爱的事业。读者们也没有忘记她，有问题还经常找到家里来；而她仍然保持一贯的热情，不厌其烦地为别人提供线索。她甚至还设想了一套北大图书馆的远景规划。

几十年来，妈妈对事业，对生活，对祖国，总是保持着坚定的信念，正如她自己说的：“我是一个压不扁的皮球！”

“文化大革命”是中国的一场灾难深重的浩劫，它殃及每个家庭、每个人。有文化的知识分子们是这场革命的主要对象，极少有人能够逃掉。梁家兄弟姐妹当然更是“罪责”难逃，纷纷落网。

北京昏天黑地，令人胆战心惊，人人自危，真不知哪一刹那就会被揪到大庭广众面前，被踏上一只脚永世不得翻身。

婆和大姨这两位年过古稀、家中最年长、最受大家敬爱的亲人，在造反派无数次的批斗、辱骂、毒打下，极悲惨地死去了。

二舅在清华校园里受尽凌辱，也几乎丧命，后来幸而被养起来当作“反面教员”。

五姨丈被关在友谊医院一间屋子里生死不明。

八舅忽隐忽现，也不知被转移到何处，据说是保护性隔离，是周恩来总理要保护导弹专家；八舅妈也被隔离审查。

……

那时，我只有一个念头：还活着的亲人必须坚强地活下去，我相信他们会不屈不挠地活着！我和妈妈唯一能见面的机会就是在大膳厅排队买饭的时候，每天中午十一点半，关在二十八楼“牛棚”

里的“牛鬼蛇神”们都排着队，每人夹着一个饭盒到大膳厅的卖饭窗口买饭，这也是我和妈妈唯一能见面的机会。我会躲在一个角落里偷偷看着妈妈买完饭，排着队离去，我再自己去买饭。这一切她一点儿都不知道。有一天，轮到我们教研室教师卖饭，正巧“牛鬼蛇神”们就在我所站的窗口买饭，只见妈妈在队伍的后面远远地对着我微笑。面对这熟悉、慈祥的微笑的那一瞬间，我心酸得难以自持。我把目光移开，一勺一勺地去分菜。妈妈走来时，我特意给她一大勺菜，低着头不看她；但妈妈还努力提高嗓门，对着我笑眯眯地说：“这菜真好吃！”我知道她在暗示我：妈妈很好，你放心！我的泪水夺眶而出。教研室另一位老师见状立即把我推到一边，轻轻提醒说：“快擦掉眼泪。”我真恨自己太脆弱了，我只会哭，叫妈妈不放心。妈妈多坚强啊，自己身陷“牛棚”，还这样乐观，真是一个名副其实的“压不扁的皮球”！

梁从诫表哥从干校回京休假来探望妈妈，她已被关进牛棚，姑侄无法见面。那时几乎所有的亲人都失去了自由。我们表兄妹聊啊聊啊，心中不免感到凄凉。这段时间他经常来我家，我们彼此诉说自己的困惑和对亲人命运的担忧。一天，我们相对沉默片刻之后，他说：“梁氏家族全军覆没。”这是对梁家当时命运的一个非常俏皮的比喻，多么诙谐又多么苦涩啊！我记住了这句话。但我实在太天真了，我根本没想到这句话可以上纲为“对文化大革命充满仇恨，为梁家翻案”。当这句话从我嘴里漏出去之后，我便成为系里第一号的不点名批判对象。一次系里组织大规模不点名批判大会，第一个就是批判“梁氏家族全军覆没”的言论。好在当时已是 20 世纪 70 年代初，“革命”势头已有所减退，有朋友私下通知我不要去参加大会。我没有去，也没有打听会议内容，不用说我也可以猜出几分，我不想再自寻烦恼。谁也不知这句话的创造者是谁，而我从未告诉从诫表哥这句话导致的个人遭遇。当时每个人的精神压力都极大，我不愿给亲人增加任何负担；我只怪自己过于天真，得到了一个大教训。我失去了“革命群众”的一切权利。尼克松总统访华，组织欢迎我是靠边站；看守“女黑帮”，人手再缺也不能叫我干。那时我表面轻松，实际真是胆战心惊地等待着自己的末日到来。

忧国忧民心欲碎

1972 年 1 月，二舅梁思成的追悼会给知识分子们带来很大的安慰。他们好像垂死的小草，在岩石夹缝的一点点土壤中，忽然遇到了甘露，渐渐有了一点儿生气。梁家姐弟们被迫分别多年后又见面了，虽然在八宝山送别二舅思成是伤心的，但大家能九死一生地活着重见又是幸运的。于是，家里有了一个说法：“梁氏家族在周总理的旗帜下又团结起来了。”

1976 年 1 月，敬爱的周恩来总理去世了，全国人民陷于极度的悲痛之中，而“四人帮”却百般压制人民悼念总理，同时诬陷迫害邓小平同志。积压在人民心头的怒火再也按捺不住，终于在清明节前后像火山一样爆发了。英雄的首都人民冲破禁令、威胁，自发地云集在天安门广场人民英雄纪念碑前，沉痛悼念敬爱的周总理，对“四人帮”展开了声势浩大的公开讨伐。

那几天我和教研室的老师们天天都骑着自行车往天安门广场跑，

一路上遇见许多北大人，大家不用言语，心照不宣地结队向一个目标前进。回到教研室，谁也不说自己去了天安门，彼此心里都有数。我回家就向妈妈讲述自己在天安门的所见所闻，告诉她我看见了早已传闻的一首诗——《向总理请示、汇报》：

黄浦江上有座桥，
江桥腐朽已动摇。
江桥摇，眼看要垮掉。
请指示，是拆还是烧？

还有一条巨大的横幅，据说长达二十米，上面写着：

若有妖魔兴风浪，
人民奋起灭豺狼。

妈妈听我讲了这些，十分兴奋，表示也要去天安门广场看看。我坚决反对她去，因为太危险了。

1976 年 4 月 4 日，天安门的悼念活动和讨伐集会声势越来越浩大。下午，我又从天安门回来，一进家门，看见妈妈坐在沙发上神秘地对着我笑，每逢她有这种神态，我就知道她肯定有事瞒着我，但最终又会全都告诉我。我立即问道："又干什么了？" 这是"文革"中我们的常用语。她兴奋地大笑着说："我去天安门啦！" 妈妈这胆大包天的正义之举真把我吓坏了，她已年近古稀，此举无论对政治安全还是人身安全而言都是一个冒险；但我在心底又敬佩她的勇敢精神。

她性格倔强，自己看准了的事就一定勇往直前，绝不回头。当初北大闹派性，她表示了对“井冈山”派的同情，为此不知吃了多少苦头。但她无所畏惧，对我说：“我根本没上山[①]，所以也无下山之说，我爱怎么想就怎么想！”她这次去天安门是我的一个表妹陪同的，她们一直走到人民英雄纪念碑的台基上。妈妈当场还抄了一些诗词带回来。我紧张地对她说：“千万不要告诉别人你去了天安门，也千万别把你抄的诗透露出去！”谁知她说：“我已经告诉张芝联了，他刚刚来咱们家了。”张芝联是北大历史系教授，据说当时他看了那些诗词也很兴奋。人们已经恨透了“四人帮”，连这些被整怕了的知识分子也忍耐不下去，勇敢地起来参加讨伐了！

“梁氏姐弟还乡团”

揪出“四人帮”大快人心，随之而来的就是改革开放，中国长期封闭的大门慢慢开启了。和西方开始沟通，派遣留学生出去！“啊！外面的世界多精彩！”人们思想解放了，经济复苏了。不仅许多年轻人出国深造，老留学生们也有机会再次出国访问，和当年他们在海外的老同学又建立了联系。知识分子的思想开始活跃起来。

回新会老家看看是妈妈多年来的愿望，现在时机已到。她很想同舅舅和姨们几个姐弟一起去，我觉得这是一个好主意，竭力鼓动她快点儿行动；因为她已年过古稀，身体又不好，年龄不饶人，要

① 加入“井冈山”派叫作“上山”。

1981 年春节，“梁氏姐弟还乡团”全体成员合影。梁思懿（左一）、李福曼（左二）、梁思庄（中前）、麦秀琼（右二）、梁思礼（右一）、梁思乾（中后）摄于广州。

早些争取时间。我想，亲人们一定会热烈支持。果然，她一号召，大家都积极响应，很快“梁氏姐弟还乡团”就组成了。成员是三舅妈、妈妈、五姨、八舅、八舅妈，还有乾舅（梁思乾，七公梁启雄长子），妈妈自然是团长。梁家有一个不成文的习惯或规矩：年纪最大的就当头，大家都自愿服从。二舅去世后，妈妈就是家中年龄最大的姐姐，她当仁不让地领导起弟弟妹妹们。

他们在一起认真商量，除了一切行程自费以外，还要给家乡父老带些有意义的礼物。他们决定赠送给广东省博物馆的礼物是梁启超亲笔题签的《白沙先生行书诗卷》的横幅，另一件是陈镛的山水画；赠送给新会博物馆的是一个战国时期的编钟。这些都是梁启超生前所收藏的文物。此外，他们还赠送了一张梁启超亲笔题字的“任公五十六岁”的照片复制品。

我送他们到飞机场时，“还乡团”成员个个精神抖擞，每人负责带一样礼品，要负责到底，把它安全送到家乡。其间还有一件趣事：我们正在机场逛商店，五姨买了一盒糖给我。我说：“我又不是小孩子，多不好意思。”她说：“我不是送你糖，是送你这个糖盒子。”我一看，原来黄色的糖盒上面有三只可爱的小花猫。由此可见，梁家真是名副其实的“爱猫家庭”。至今这“三只小花猫”还在我的玻璃柜里，和我那些各式各样的猫类收藏品陈列在一起。

1981 年，“梁氏姐弟还乡团”团长梁思庄（左二）与弟弟梁思礼（右二）等参观新会景堂图书馆。

据说“还乡团”到广州后，还请了专家鉴定这些文物，确认是真品之后才赠送给博物馆。他们此行受到家乡人民的热情欢迎，他们不仅看到了父亲梁启超的故居，还参观了附近的学校、图书馆、博物馆。当地及港澳地区的报纸和美国《华侨日报》都报道了这次活动的消息，同时，还登载了他们在新会景堂图书馆参观的一幅照片。

从家乡返回北京后，他们都非常高兴，多年的心愿终于得以实现。当年4月，妈妈患脑血栓一病不起。在患病前，她很急迫地想要回家乡看看，这次回乡是她第一次，也是最后一次。我想，这是她的一种心灵感应，一种特殊的乡情。

一百多人次为她值班

打倒“四人帮”后，北京市政协一次会上，北大几位教授提到梁思庄被迫退休之事。北大新上任的党委副书记汪小川同志为此找妈妈谈话，请她回馆工作。1978年12月，妈妈正式复职，又回到了自己心爱的图书馆。

图书馆的新领导关心她，尊重她，为了照顾她的身体，让她主要在家工作。但是，每天人们都能看见一位满头白发的老太太骑着一辆蓝色的小轮子自行车，和上班的人流一起前进，而下班有时比别人还晚。那就是我的妈妈。

在此期间，妈妈当选为中国图书馆学会副理事长。1980年，她和北京图书馆的丁志刚馆长一起赴菲律宾参加世界图书馆会议。

当时中国尚未正式加入这一组织。妈妈既是观察员，又当翻译，为此她作了大量准备工作。在会下，她广交朋友，宣传中国图书馆事业的成就；在会上，这位白发苍苍的老太太十分繁忙活跃，充分显示了她的全面才能。她受到各国朋友的欢迎，也为今后中国得以参加世界图书馆会议立下了汗马功劳。

1981年3月，她又参加了在南京召开的国际图书馆会议。她仍是那样勤奋好学，手不释卷，每天快活地忙碌着。她也很有生活情趣，爱猫，养花，能歌善舞，会弹钢琴，七十高龄还时常变身为又唱又跳的“老青年”。

正当妈妈心情最舒畅、工作很顺手的时候，1981年4月14日深夜，她突然病倒了。据中国社科院近代史所张炜瑛研究员说，那天她们一起在北京参加洪煨莲先生的追悼会，妈妈刚从南京回京，在回来的车上她睡着了，说明已经很累；但回到北大后她还要去图书馆，大家劝她天色已晚不要去了，她坚持要去，要拿些工作回家干。她真是工作到清醒的最后一刻。

妈妈发病时我正在洛阳搞野外调查，我丈夫正在美国学习，家中只有我正在准备考大学的儿子，幸好他那天复习功课睡得晚，发现外婆倒在厕所中。他一人无力抱起外婆，情急之中想到了他的好朋友崔燕岩。当时崔已睡觉，他的妈妈燕福生懂中医，立即就来到我家。他们把妈妈抱上床后，她呕吐不止。燕福生知道这是脑血管病发作，来势凶猛，立即打电话到校医院叫救护车。谁知火速开来的救护车到了蔚秀园门口从小门进不来，必须开大门，而看门的常老太太在屋里睡觉不予理睬。好心的司机当机立断，立即从车上把担架卸下，跑步来到我家，他们三人非常吃力地把妈妈抬到了蔚秀园门口，上了救护车飞驰到北医三院，争取了抢救的时间。图书馆

梁思庄为来访者讲授图书馆图书检索方法。

两位女同志成素梅和魏惠文闻讯赶到医院，在急诊室护理她。当时妈妈已浅度昏迷，大小便失禁，右半身瘫痪，医院里急救点滴甘露醇观察了一整夜，成素梅、魏惠文在她身边守护了一整夜。第二天病情稍稳定后，妈妈即被转入正式病房。

清早不到五点，我正在洛阳实习基地熟睡，被实习队长徐云林和邵庆山两位老师轻轻地叫醒。他们告诉我，凌晨三点系主任王恩涌老师打来长途电话说我妈妈病重住院，要我立即返京，火车票已买好。原来他们为了争取让我能多睡一会儿，先去火车站打听开车时间，买好了车票，才返回来叫醒我。我立即起床快速收拾好行装，队上的吉普车和全队人马都已在等着我，他们不仅全体送我到火车站，还派了年轻教师郭怀成陪我一起返京。看到大家一个个严肃的表情，面对大家关怀备至的安排，我既紧张又感激。多么温暖的集

20 世纪 70 年代，梁思庄在北大图书馆工作。

体啊，它给了我勇气，使我能坚强地迎接一切不幸。我预感到妈妈情况很糟，不断地问小郭："为什么要派你陪着我回北京？我经常出野外，从没有这样过！"小郭总回避不答，我更觉事态严重，竟不顾面子地坐在车上哭了起来。小郭向同车的乘客解释之后，大家纷纷对我表示同情。一杯杯热茶，一包包点心送到我面前，我哪里吃得下？我唯一的希望就是要我的妈妈活着！十二个小时的行程，我简直觉得好像过了十二年。我想，如果到了北京站，站台上有很多人接我，那就是妈妈已不在了；如果站台上没有人接，就是大家都在医院照顾妈妈。火车终于慢慢地进了站，我没有见到站台上有接我的人，心放下了一半，断定妈妈一定活着！我和小郭决定马上赶赴北医三院。出了站，我看见表哥梁从诫和儿子杨念群在等着我。我大声问：“我妈妈怎么啦？她还在吗？她在哪儿？”表哥沉重地说：“她还在，她大概得了脑血栓，病情较严重，住在北医三院，现在我们立刻一起去医院！”于是，我们全体上了学校的汽车，直奔北医三院。

妈妈在京的弟弟妹妹们都在医院焦急地等待着我。

妈妈躺在医院的病床上，手臂上插着点滴管子，鼻中插着鼻饲管，睁着大眼睛看着我，但脸上没有任何表情。我只是“妈——妈！”一遍遍地呼唤着她，眼泪不停地滴在她的被子上。从此，妈妈失去了健康，失去了记忆，失去了智力，失去了语言能力，她再也无法和我交流感情，我再也听不到她那对我充满爱心的责骂，她把对我那博大深沉的爱牢牢凝固在她的躯体里，顽强地活了下来！我们又相依为命地度过了五年艰难而难忘的日子。

回想起妈妈住院的日日夜夜，同事和亲朋好友们对她真是关怀备至，这一切使她能战胜死神，也使我这脆弱的女儿能坚强地应对这突如其来的不幸。我赶到医院的第一天夜里，医生交给我一张病危通知书，告诉我妈妈可能患的是脑疝，就是大面积的脑出血，是无法救治的。我极冷静地接下这张可怕的纸，恳求医生努力救她。不知为什么，我当时有一种特殊的直觉：妈妈不会死。她热爱生活，热爱周围的一切人和事，她放不下她的图书馆，她舍不得她的女儿和外孙！我一个人不敢闭一下眼，胆战心惊地守护着她。一夜之中不停地点滴甘露醇，护士不断地进来观察，并给她翻身……天亮了，最危险的时刻已过去，妈妈病情稳定，医生高兴地告诉我可以排除脑疝了，但还不能确诊是脑溢血还是脑血栓，还要继续观察。护理工作十分艰巨，医院要求有人日夜守护，这对我来说是无论如何办不到的，除非我有分身之术。正在我十分着急的时候，北大图书馆年纪轻身体好的女同志们，自愿组织起来为妈妈轮流值班。其实，自从妈妈病倒以来她们就已开始值班了，从未离开过，每两人一班，每班八小时日夜三班倒。她们每天从自己家里按时赶到医院，实际上消耗的时间远远不止八小时。要知道，护理一个神志不清、半身瘫痪、生活完全不能自理的人是十分辛苦的。要按时给病人翻身改变姿势，预防褥疮；要随时换尿垫，因为病人大小便失禁；还要看着点滴瓶是否已空。每隔四小时要给病人通过鼻饲管喂食，同时还要应付各种紧急情况及配合医生、护士的治疗。尤其是夜班不能睡觉，打个盹儿都不行，因为如果稍有一点疏忽，病人就会发生意外，面对这种十分劳累、责任极大的护理工作，她们每个人都不嫌脏、不怕累，始终认认真真地做着，没有人迟到早退，没有人有过一点点疏忽，每个人每天都是拖着疲倦的身体离去。她们没有怨言，纯粹是出于对妈妈的爱护和尊重。她们完全是自愿，不是组织的指派，也没有任何报酬！面对着这样一群心地善良的姐妹们，我真无法用语言表达我的感激之情，我真恨不得给她们下跪！每次交班换来新人，我都连声说：“谢谢，谢谢，辛苦大家啦！”这是我发自内心的真情。我深知，是她们的辛苦和爱心使我又继续享受了五年无言的母爱！

这么多人为妈妈付出，都是发自内心的一种真挚的感情。我想，这也是妈妈为人坦诚热情的一种最有价值的回报。妈妈虽然青年守寡，生活孤寂坎坷，但她总是笑对人生。她记忆力极强，可以把梁家从大至小每一个人的生日都说得清清楚楚。她这一“绝”，正是她关心每一个亲人的表现，她也赢得了大家的爱戴。

1986年5月20日，妈妈安静地走了，她没有留下任何遗言，也没有任何遗产。她留给我的是她对我那深沉的母爱。妈妈爱我至深，但很少用语言表达。我是她的命根子，是她生命支柱之一（还有一根支柱是她的图书馆）。她用高尚的品格潜移默化地影响教育着我，她既是我的慈母严父，又是我的楷模。我们谁也离不开谁。我不相信她真的会离开我。她重病的五年里，不能说话，但她那无言的爱从未离开过我，总是温暖着我，给我力量和勇气。我心中呼唤着："只要您人在，即使您不会说话，不能动，我也愿意伺候您一直到永远。"五年来三十四本值班日记，记满了妈妈的病痛，也记满了我们对她的爱。没有了妈妈我怎么办？"妈——！"我呼喊着她，哭了出来……

六百多人的纪念大会

向遗体告别是一个悲痛的过程，尤其在八宝山，礼堂周围充满了哭声；我不愿妈妈的朋友们经受这种悲痛，我希望她那美丽慈祥的形象永远留在人们的心中。我决定不搞大型的遗体告别仪式，只让家中的亲人们来向她告别。我的想法得到了八舅思礼和长辈们的支持。但北大校领导有顾虑，觉得她对北大的贡献很大，以她这样的身份，应当有一个大型的告别仪式。校领导张学书和王学珍两位同志亲自到我家看望我，并商量后事。我非常理解他们的好意和对妈妈的关怀，告诉了他们我的全部想法，我想自己在家开个追思会，请妈妈的好朋友们来一起回忆妈妈的一生，这是对她最有意义的悼念。最终，他们懂得了我的心意，同意不搞大型告别会，并且热情地表示由学校出面开一个纪念会。我深深感谢北大校领导满足了我的心愿。

在此期间，我收到国内各地和国外图书馆及妈妈的各界亲朋好友打来的唁电、电话，发来的信件，其间字字句句浸透着对妈妈的哀思。最感动我的是谢冰心姑姑的电话。1986 年 5 月 28 日下午，她收到讣告后十分惊讶，立即叫外孙拨通我家电话。在电话里她泣不成声，重复着说：“你妈妈不会死。”我深知她对妈妈的去世有多么悲痛，因为她一直很同情、爱护妈妈，并把她当作小妹妹，她们已有半个世纪的友情。我生怕她八十多岁高龄哭坏了身体，劝她节哀，最后她表示要送妈妈一个大鲜花花篮。

纪念会是在妈妈工作了几十年的北大图书馆召开的，会场前面一块大红布上面写着“梁思庄同志纪念会”八个字，妈妈的大幅照片摆在前面，照片上的她和蔼可亲地对大家微笑着。相片下面放着三个大鲜花花篮，中间的是我和丈夫、儿子三人送的，左边是北大图书馆送的，右边是谢冰心姑姑送的。谢冰心在黄色缎带上亲笔写着：“献给亲爱的思庄　冰心泣上”周围是大家送的一些小花篮和鲜花束。纪念会预计来三百人左右，但那天到会的竟达六百多人，人流延伸到门外面的大厅，椅子不够就从楼上阅览室搬下来。这些各行各业，老、中、青与会者都是妈妈的朋友。他们都是自愿前来，有的人只是听到消息并没有收到请柬就来了。

那些日子白天人来人往，我总觉得妈妈还和我们在一起。每当夜幕降临，妈妈的房间空空荡荡，就勾起我对她无限的思念。我总是哭啊哭啊，眼泪止不住地流。我想到她对我的爱，想到她对事业

20世纪30年代，梁思庄（左一）与雷洁琼摄于广州。她们两人谁也不会想到，1936年梁思庄的丈夫吴鲁强去世时，雷洁琼是他的治丧委员会委员；五十年后，1986年梁思庄去世时，雷洁琼又是梁思庄治丧委员会委员。

的痴情；我是这样习惯地想念她，只要想到她，就有一种最真挚的、最亲密的、最愉悦的情感温暖着我。如今她在哪儿？就这样，我自己很快写出了悼念妈妈的发言。当一个人想倾吐内心郁积的一切时，三言两语是办不到的，这只是道出了我的一部分心声。而此后的年月里，我几乎每天都要对着她那慈祥的照片和她交谈，她总是微笑地倾听我的心声。

从诫表哥不断提醒我："一定要控制自己，尤其在纪念会这种大场面，真正有修养的人是最会控制自己悲痛的人，这样才能使会议开得庄严肃穆，这才是对三姑最好的纪念。"

我牢牢记住了表哥的话，努力克制着自己，向全体到会的人诉说着我对她的思念：

纪念会上使用的梁思庄遗像

1986年5月31日，梁思庄纪念会后，吴荔明（中）、杨友麒（右）、杨念群（左）一家在现场合影。

妈妈一生历尽坎坷，但她从不向命运低头，永远乐观奋进！

妈妈满头白发，她心中从没有愁云，在生活中是一个强者！

妈妈热爱祖国的图书馆事业，图书馆已融化在她的生命之中。“一切为了读者”是她的乐趣，是她几十年勤勤恳恳任劳任怨的一种精神和信念！

妈妈孝顺长辈，爱护自己的兄弟姐妹，全家老小都非常喜欢她。

妈妈身兼父母，含辛茹苦，用最深沉的母爱，自己一个人把我从一岁半培养成人！我从小就在这个燕园里，妈妈走到哪，我就跟到哪里，我们母女二人相依为命，风风雨雨几十年从不分离！世界上最美好的语言也无法表达妈妈对我的爱！世界上找不到一种音符能谱写我们母女之情！

妈妈从不慕名利，甘当绿叶，总是给予别人，很少想到自己。

妈妈待人诚挚正直，从不想以伪善获得人们的赞扬！

妈妈真像一块磁铁，吸引着许多许多的朋友，一切乌云都能在她的慈爱中融化！

妈妈啊——妈！您的心像水晶一样的明亮透彻！您是所有朋友们的知心人。

您热爱大家，大家也同样尊重热爱您。1981年您病了，图书馆的同志们自愿为您值班一百多人次。同志们、亲友们经常来看望您，许多慰问卡从世界各地各国朋友那里飞来……

卧床五年来，您多次病重，校医院的医生、护士们日夜精心为您治疗，帮助您一次次战胜病魔。校领导也亲赴医院关照。朋友们焦急地来家里探问病情。大家是多么盼望您好起来啊！

妈妈！您的一生没有高官厚禄，没有万贯财宝，但您最富有，因为您赢得了这么多人的心！在座的老的、中的、青的、小的，不论职位高低都是您的好朋友，您是多么的幸福啊！

妈妈！您热爱生活，您喜欢鲜花，您喜欢热闹，您从来没有想到自己会离开这个世界！今天，大家都来了，来看望您，就在您工作一辈子的图书馆里，在鲜花丛中，您向大家告别吧！

我将把您的骨灰安葬在公公和婆的怀抱里，请您在一片郁郁葱葱的青山翠柏之中安息吧！我们大家会常来看您！

再见妈妈！

您永远活在人们的心中！

妈妈永远和我们在一起！

您最爱的 Boo Boo

1986 年 5 月 31 日

她长眠在父母的怀抱里

在北京卧佛寺旁的梁启超墓园里，竖起了一块小小的新石碑，上面刻着“梁思庄之墓”五个黑色大字，这是由北京大学张仲华老师书写的。白色大理石的横碑，下面是刻着八本书形状的花岗岩底座。八本书象征着妈妈年近八十岁享年和她从事的图书馆事业，简

杨友麒、吴荔明夫妇在母亲梁思庄墓前。

朴的造型隐喻着妈妈朴实无华的一生。这是妈妈疼爱的侄儿从诫表哥精心设计的。

1986 年 8 月 4 日，我们一家三口在北大贾师傅带领下做好了墓穴；8 月 7 日，我们全家和我儿子的好朋友崔燕岩以及北大图书馆馆长庄守经同志、王世儒同志一起将妈妈的骨灰盒放入穴内，将墓碑竖起。按我国的习俗，墓碑坐南朝北，面对着梁启超坐北朝南的大墓碑，妈妈就安睡在父母的怀抱里。入土为安，我为妈妈能和公公、婆长眠在一起而安心。从此，这里成为我最为牵挂的一个地方。每年春天和秋天，我们全家都要来看望妈妈。

1986 年 6 月 1 日，《人民日报》海外版报道了妈妈逝世的消息，称她为“著名的图书馆界耆宿”，1986 年 6 月 6 日《华声报》、海外的《世界日报》等报刊都发布了同样的消息。看到这些，又勾起我对妈妈坎坷奔波的一生的回忆，真是刻骨铭心啊！世界上最爱我的人去了，她把本不幸的我，变得很幸福。她对我全部的爱，和那一点一滴的爱的细节留在我的记忆中，永远不会凋零。我难以接受这永久的分离，我努力排遣我心中无限的悲戚。

我觉得妈妈的一生是有福的，正如泰戈尔的诗句那样：“他是有福的，因为他的名望并没有比他的真实更光亮。”

2008 年 5 月 20 日是妈妈去世二十二周年的纪念日，在她百岁诞辰时发表了一篇文章（见附文），说明人们还怀念着她。她的一生得到的鲜花和荣誉极少，她淡泊名利，像是一块深埋的金子在地下闪闪发光。她去世这些年来，我无时不在想念她，常在梦中见到她，有时回家进门就想叫声“妈——”。

我含着泪一遍又一遍地读着这篇文章。文章作者之一林明是梁思庄亲手培养的弟子，他满怀深情地把妈妈这颗深埋在地下的金子挖掘出来，展示在人们面前。如果公公梁启超在天堂能读到这篇文章，他一定会感到十分欣慰，会更加疼爱他的小宝贝庄庄！

（附文）

我国现代图书馆事业的先行者
——纪念梁思庄先生诞辰一百周年

林明　王静

2008 年 9 月 4 日，是我国现代图书馆事业的先行者梁思庄先生的百年诞辰。在此时刻，我们分外缅怀梁思庄先生为我国图书馆事业所做的突出贡献。梁先生的一生，伴随着中国现代图书馆事业的发展。她始终站在我国图书馆事业的第一线，是我国现代图书馆事业的先行者之一。

生平简介

梁思庄，祖籍广东新会茶坑村，1908 年 9 月 4 日出生于日本神户，是梁启超的次女，1925 年之前在天津中西女中读书。1925 年随大姐一家前往加拿大，在渥太华中学毕业后考入麦基尔大学攻读文学，1930 年获文学学士学位。次年到美国专攻图书馆学，获哥伦比亚大学图书馆学学士学位。1931 年回国，同年 8 月至 1933 年 2 月任北平图书馆编纂委员，1933 年 2 月至 9 月到燕京大学图书馆做西文编目工作，后随丈夫吴鲁强教授去广州，在市立中山图书馆任职。1936 年因丈夫不幸病逝，梁先生于同年回京，被聘任为燕京大学图书馆西文编目部副主任、主任。抗日战争期间，1942 年随校南迁，

1943 年至 1946 年任成都燕京大学图书馆主任。1946 年随燕京大学复员回京，任图书馆西文编目组组长，后兼任图书馆副主任。1952 年国内院校调整，原燕京大学等院系与北京大学合并后，出任北京大学图书馆副馆长，在“文革”时期受到极左路线迫害，于 1976 年被迫离职退休；“文革”结束后，1978 年 12 月复职。1979 年当选为中国图书馆学会第一届副理事长，从第二届起担任名誉理事。因积劳成疾，1981 年 4 月 14 日晚，不幸大脑中动脉栓塞，久治不愈，于 1986 年 5 月 20 日逝世，终年七十八岁。

追忆梁先生的勤奋一生，她对我国现代图书馆事业的主要贡献表现在以下几个方面。

对西文编目工作的贡献

20 世纪 20 至 30 年代是我国现代图书馆事业的初期发展阶段，梁先生从 1931 年回国以后，在图书馆首先从事的是西文编目工作，从此她的主要精力放在编目工作上，贡献诸多。

在编目方面：梁先生于 20 世纪 30 年代中期在燕京大学图书馆就职，从此再也没有离开她所热爱的岗位。燕京大学作为美国基督教会在中国创办的教会大学，深受西方传统影响，图书馆也是如此。自建馆以来，编目规则一直采用美国图书馆协会的编目规则（ALA cataloguing rule），在梁先生的领导下，编目工作始终认真贯彻西方先进的编目理念和工作方法，编目部全体人员的敬业精神和业务素质都很高，对工作认真负责，一丝不苟，容不得任何马虎和敷衍了事。在使用打字机的时代，燕大图书馆的所有编目卡片都记录得十分详尽、规范、整洁，而且还有完备的参照卡片和导片，为读者提供了很大方便。值得一提的是，燕大图书馆的中文编目当时也接受西方编目的主要款目概念，所有主要款目都以著者标目。新中国成立以后，由于国内中文编目主要款目以题名著录的观点占据了主导地位，因此燕大图书馆的中文著者卡片第一行的著者标目就不得不被划掉了，但现在仍可以清楚地看出原记录状态。这种“洋为中用”的编目理念在国内编目史上留下了很深的痕迹。[1] 多年以来，燕大图书馆还坚持购买美国国会图书馆发行的目录卡片，以保证西文编目质量。美国国会图书馆于 1901 年开始印刷标准目录卡片，并对全世界发行，当时国内仅有少数图书馆购进国会图书馆的目录卡片，这实际上就是国内套录编目（Copy Cataloguing）的开端。尽管范围很小，而且还是手工加工，梁先生当时作为编目业务主管，对引进国外编目资源，实施早期套录编目起到了积极作用。在燕大图书馆西文卡片中，凡是套录编目因版本不同需要修改的书目数据，均用打字机打出，而不是手写的，绝不马虎，操作规范之严格可窥一斑。1952 年院校调整，燕京大学并入北京大学，两校图书馆亦合并为一体；梁先生担任北大图书馆副馆长以后，仍然主管编目工作。由于燕大图书馆西文编目质量上乘，两馆目录合并仍以该馆西文目录为基础，沿用该馆西文编目政策。1949 年以后，国内停止购进国会图书馆的西文编目卡片，但北大图书馆仍设法引进 National Union Catalog（美国国家联合目录），作为西文编目的重要参考来源，以保证编目质量。经过几十年努力，到 1980 年代初，北大图书馆的西文图书达到了三十八万册，建立了有著者、书名、分类、主题目录的完整的庞大目录体系，它饱含了梁先生的毕生精力和心血。从 20 世纪 90 年代开始，北大图书馆开始实现计算机编目，这套质量上乘的目录，就成为回溯建立书目数据库的坚实基础。

在分类方面：燕京大学图书馆的西文图书分类一直采用杜威十进分类法（Dewey Decimal Classification，简称 DDC），曾采用当时出版的杜威分类法的大多数版本，即使在 1949 年以后至 1966 年“文化大革命”之前，仍然设法购进最新的版本，[2] 这充分说明燕大图书馆和后来的北大图书馆的分类编目是与时俱进的。在实际工作中，梁先生根据本校文科的研究型读者比较多的特点，对杜威分类法的某些类目做了创新改造，主要是对文学家和哲学家的著作以及有关对他们的研究评论作品（包括传记），在其分类号和著者号码下面加上第三层号码，即作品号；它部分借用了杜威分类法中的英国著名剧作家莎士比亚（William Shakespeare）专门类目下的作品号码表，比如传记作品用字母 B 表示，研究评论作品用字母 D 表示，本人著作则根据书名的首字母选择相配的字母。这套作品号码表把名家著作和有关研究作品在书架上集中在一起，对学术研究十分方便，深受读者欢迎，在国内独树一帜。[3] 这种集中分类排架的方法对我馆西文编目产生了长远影响，即使在 1975 年停用杜威分类法、改用《中国图书馆分类法》以后，第三层作品号的做法仍然沿用至今。

在主题方面：燕京大学图书馆是国内最早使用国会图书馆主题词表（Library of Congress Subject Headings，简称 LCSH）的图书馆之一，自 1920 年代以来，燕大图书馆西文编目采用了当时出版的国会图书馆主题词表多数版本，[4] 除了“文革”时期被迫中断以外，北大图书馆西文主题目录在国内各大图书馆中是持续时间最长、内容最完整的主题目录，成为北大图书馆西文目录的主要特色。主题目录标志着一个图书馆具有较高的编目水平，在梁先生的影响下，燕大图书馆和以后的北大图书馆的西文编目质量一直处于国内领先水平，受到了广大读者和国内外编目界的好评。20 世纪 70 年代后期我国实行改革开放政策以后，北大图书馆及时引进了国会图书馆主题词表的最新版本（第八版，1975），于 1979 年恢复了中断十几年的主题编目，并注重培养编目人员的主题标引能力。在日常工作中，梁先生还注意对国会图书馆主题词表中某些对我国和发展中国家含有贬义的政治性主题做适当改造，使主题目录能更好地为国内读者服务。

对东方目录的贡献：燕京大学图书馆在建校初期就建立了西文文献的东方学文库，收藏关于东方学研究的西文图书。1928 年春，哈佛燕京学社成立，馆藏东方学文献的数量和质量均有较大增加，到 1938 年，与《美国各图书馆馆藏西文东方学选编联合目录》（英文原名：A Uion List of Selected Western Books on China in American Libraries）所列图书相比，仅缺四种。[5] 但是这些图书所面临的编目问题是，杜威分类法和国会图书馆主题词表主要适合于西方的文化传统，东方学文献无论通过分类还是主题标引都很难集中起来。为了使国内读者能方便利用东方学文献，梁先生通过实践摸索出了一个解决方案，即在索书号上方添加一个大写字母 O（即英文 Oriental 之首字母），单独设一个东方学专藏目录（馆内俗称 O 字头目录），使所有的东方学文献按政治、经济、文化艺术、历史、地理方面分类，都能在目录中集中在一起，大大提高了查找效率。1952 年院校合并后，东方学文献目录仍然保留了下来，收集范围也从两河流域以东地区（如东亚地区和印度）的语言、历史、文化、哲学、宗教扩展到当代亚非国家的社会、政治、经济等问题的全面研究领域。

梁先生创建的东方学专藏目录延续了半个世纪，完整反映了我馆所藏 19 世纪至 20 世纪上半叶出版的重要东方学文献。现在这批文献的历史价值日益突出，在海内外东方学界具有较高知名度。2002 年，北大图书馆决定把西文东方学文献列为本馆特藏之一。在此，我们分外怀念和感谢梁先生所做出的特殊贡献。

还要提到的是，梁先生创建的东方学专藏目录是有其渊源的。1931 年至 1933 年梁先生在北平图书馆工作期间，曾主编穆麟德藏书目录。[6] 穆麟德（P.G.Von Mollenderff，1848—1901）是德国著名东方学家、汉学家。穆氏在华三十余年中，最大嗜好就是购置中国的古籍以及有关东方学和中国学的西文图书，自己有一个专藏，死后藏书捐赠给北平图书馆。这批有关东方学的三千多册西文图书，内容有哲学宗教、文学艺术、地理历史、工具书等专著，很有学术价值。梁先生对穆麟德藏书进行分类编目，并在索书号上端加一大写字母 M 标识，北平图书馆将穆氏藏书辟为专藏，并编印了一册书本目录。[7]

对西文编目参考资源建设的贡献

梁先生从 20 世纪 30 年代以来就主管西文编目工作，她深知一个编目员的知识面对图书著录、分类或主题标引质量起着关键作用，而个人的知识面总是有限的。因此，完备的参考资源是编目工作不可缺少的物质基础。燕大图书馆初期的藏书规模并不是很大，到 1933 年，图书馆仅有中日文藏书二十二万册，西文藏书三万六千册。[8] 梁先生从长远发展的眼光出发，尽可能按美国中小图书馆的规模配置西文参考工具书（美国中小图书馆一般是三十至五十万册的藏书量）。经过多年努力，逐渐充实了西文编目所需参考工具书。

1975年从旧馆搬迁到当时的新馆时，西文工具书的书架几乎占满了一面墙，几乎快顶到了天花板。编目员除了人手必备的分类法、编目规则、著者号码表等专业工具书外，编目工作不能缺少的各种知识性工具书，如各种百科全书、传记词典、地名词典、语言词典、专科词典等达几十种，其数量之多、内容之丰富是其他大图书馆难以相比的，例如梁先生搜罗了一些牛津版的近代和当代西方作家的传记评论资料，全面反映了西方文学的概况，对不熟悉西方文学的编目员来说非常有用；又如所征集的一套三卷 *The new century cyclopedia of names*（《新世纪专有名称大全》），其中包括的人名、地名、历史事件，以及文学作品和神话中的人名、地名等冷僻事物名称往往是在大型百科全书中查不到的。参考资源如此丰富，可以说无论遇到什么问题，基本不用出编目部就可以解决。虽然今天很多知识很容易在网上查到，但即使在信息时代，如果一个人只会熟练敲击键盘而头脑知识贫乏，是很难成为优秀编目员的。对各种知识的博闻强记、善于发现各种知识线索、对新知识的敏锐感仍然是一个优秀编目员所必需的基本素质。可以看出，梁先生并不是把编目工作看作一种简单的技术性工作，而是当成一门知识性很强的综合性学问，必须把查阅资料作为编目工作的一项基本功。

对培养后人、提高业务素质方面的贡献

梁先生深知图书馆的业务工作虽然很多，但编目工作是图书馆一切业务工作的基础，没有好的图书馆目录，就不能很好地为读者服务。她生前十分重视提高编目人员的业务素质，经常举办业务讲座，或者亲自讲授，或者请图书馆系的高水平老师讲授编目业务知识和工具书使用法。20 世纪 70 年代末的改革开放初期，梁先生组织专业人员集体翻译美国著名图书馆专家 Bohdan S.Wynar 所著 *Introduction to Cataloguing and Classification*（5th ed.1976）一书（《编目与分类导论》，第五版）。该书是美国的权威性编目著作，包括编目工作的各个方面，如著录、检索点选择、名称形式、统一题名、主题分析、规范控制、目录组织等，完整反映了西方的现代编目观念。梁先生亲自负责校对工作，不幸因病中断，后由耿济安先生①继续完成校对，终因各种客观原因未能出版，成为梁先生生前的一大憾事。尽管如此，参加翻译的工作人员仍受到了一次西文编目的全面基础训练。[9] 现在看到这部三十年前出版的英文原著，感受该书所论述的一些编目原则和概念仍然没有过时，由此可见梁先生对西方编目理念的深刻理解和培养后人的远见卓识。改革开放初期，已是七十三岁高龄的梁先生又满腔热忱地带起了两名专攻西文工具书的在职研究生。梁先生一贯主张新参加编目的人员要从最基本的目录卡片的加工开始，熟悉各个业务环节，然后才能进入编目工作，这样培养出的人才，基本功扎实，事业心强。梁先生具有发现人才、才尽其用的眼光，例如韩荣宇先生 1976 年到北大图书馆工作，梁先生看到他的业务、外语和领导能力都很突出，很快委以重任，请他主持西文图书的整理和编目工作。梁先生病倒以后，在韩先生的领导下，北大图书馆于 1983 年 10 月在国内率先试用了英美编目条例（第二版）（AACR2），还建立了国内最早的西文编目规范文档（卡

① 耿济安，生于 1909 年，卒于 1994 年。武昌文华大学图书馆学系毕业，曾赴美国加利福尼亚大学图书馆工作，1947 年起在北平图书馆任职，历任西编股股长、采编部主任，1957 年至 1981 年任北大图书馆副馆长。

片）。20 世纪 80 至 90 年代，韩先生在国内推行使用国际标准书目著录（ISBD）和英美编目条例（第二版）、编写《西文文献著录条例》以及培养西文编目人才等方面都做出了重要贡献，起到了“承上启下，继往开来”的作用。

对馆藏建设、读者服务方面的贡献

梁先生作为主管业务的副馆长，主要分管图书采编工作，但对我馆的藏书建设和参考咨询工作也有诸多贡献。

在馆藏建设方面：1943 年至 1946 年梁先生担任成都燕京大学图书馆主任。在抗日战争艰苦卓绝的年代，图书馆仅有房舍一间，图书五百二十五册，书费极其紧缺，梁先生组织学生到街上逛书摊，采购基本参考书，委托驻外机构代为订购外文报刊，待战后运回国内以免缺期。1946 年燕京大学迁回北平，在四川当地搜集的重要图书资料大都平安运回，其中包括成都燕大学生的毕业论文、报纸合订本、川剧剧本以及拓片等，[10] 为抗战时期大后方的图书馆事业作出了重要贡献。现在这批资料已成为北大图书馆特藏的组成部分。

“文化大革命”刚结束时，百废待兴。面对西文图书购书经费不足的困难，梁先生不失时机地组织专门力量，推行了一项规模较大的项目，即“整旧合头”工作。“整旧”，就是把书库中积压几十年没有编目的西文旧书整理出来，经过编目，和读者见面；“合头”，就是把原燕大图书馆和北大图书馆的西文图书的索书号进行一次全面清理和合并，消灭由两馆各自编目造成的异书同号和同书异号现象，以方便读者利用。[11] 经过三四年努力，在梁先生病倒以前已完成绝大部分工作量，埋没几十年的几万册西文图书重见天日，其中有不少是20世纪初甚至更早出版的学术著作和文学名著，在一定程度上缓和了读者对西文经典著作的渴求。这个项目也是梁先生生前最后抓的重要工作之一。

在读者服务方面：梁先生是国内著名的西文工具书专家，精通英语，懂得法、德、俄语，对各种西文工具书和其他书刊资料十分熟悉，许多读者有了问题都首先想到找梁先生解决。她总是十分热心，不论对德高望重的老教授，还是默默无闻的青年学生，都一视同仁。人们都说："梁先生的头脑就是外文工具书大全。"对读者提出的问题，即使是像英文缩写字母的含义之类的细节问题，梁先生也常常在书库和阅览室之间奔波，由此至彼，辗转周折，直至给读者满意的答复。此等事例，不胜枚举。在梁先生的追悼会上，中国科学院院士侯仁之先生曾深情地说："我始终把梁思庄先生当作我的老师。我的老师洪煨莲教授①告诉我：'你在工作上遇到困难时，特别是在查阅西方文献时，你去找梁思庄先生。'"侯老的话代表了国内知识精英界对梁先生的高度评价。[12]历年来，梁先生还多次主持学校、图书馆举办的工具书讲座，讲授西文工具书；多次给历史系、图书馆系、西语系、地质地理系师生讲图书馆目录与工具书使用法；给社会科学院情报所写稿，给世界经济资料中心当参谋，引导广大读者能够更好地利用图书馆资源。

---

① 洪煨莲，名业，生于1893年，卒于1980年。著名历史学家。20世纪30至40年代曾任燕京大学教授，兼任燕大教务长、燕大图书馆委员会主席、哈佛燕京学社北平办事处执行干事、引得编纂处主任等职。

对图书馆事业国际交流的贡献

中国是国际图联的十五个创始国之一，新中国成立后，与国际图联的联系一度中断。1979 年中国图书馆学会成立，梁先生当选为副理事长。1980 年，她与北京图书馆馆长丁志刚一起应菲律宾国家图书馆馆长奎耶松的邀请，列席了在马尼拉召开的国际图联第四十六届大会，并与国际图联主席格兰海姆女士和常任秘书长温斯特姆女士就恢复中国在该组织的合法席位的前提条件和若干技术性问题进行协商，并达成协议。1981 年，国际图联执行局会议正式通过了这个协议，中国图书馆学会代表中国成为国际图联的协会会员。

1981 年 3 月 30 日，梁先生参加了在南京召开的国际标准化组织文献工作标准技术委员会第十九次会议。这是中国标准化协会自 1978 年参加国际标准化组织以后，第一次在我国召开的国际标准化技术会议。会议期间，还举行了书面语言转换、文献工作自动化、单语种和多语种词表及有关标引实践和出版物格式等五个分技术委员会的会议。遗憾的是会后仅十几天，梁先生就被病魔击倒，再也没有回到她热爱的岗位。但可以告慰的是，后人很好地继承了她的未竟事业。

为后人留下的宝贵精神财富

梁先生是北大图书馆历史上任期最长的领导，如果算上抗战时期担任成都燕大图书馆主任，以及院校合并前曾任燕大图书馆代理主任，她在馆长岗位上奋斗了三十年，为图书馆事业奉献了一生，给我们留下了宝贵的精神财富。

首先，梁先生热爱祖国，热爱图书馆事业。自 20 世纪 30 年代回国以后，她在图书馆领域耕耘了整整半个世纪，把毕生献给了我国图书馆事业。她始终把读者的利益放在第一位，无论是分类编目还是参考咨询，都尽力为读者提供最方便、最满意的服务，即使这样有时会给自己和同事带来一些麻烦，但她仍是乐此不疲。这种“读者至上”的精神，永远是图书馆事业的灵魂。

其次，梁先生的业务基本功十分扎实全面，懂得多种外语，精通图书馆的各个业务方面，包括分类编目、主题标引、参考咨询，像她这样的业务素质十分全面的实践型专家，在国内图书馆一线工作中是无人可比的。梁先生十分重视培养工作人员业务的基本功，鼓励青年同志努力学习业务知识，提高工作能力，使我馆编目工作长期位于国内领先水平。这种重视业务、奋发向上的精神，永远是图书馆事业的基石。

最后要提到的是，由于所处的时代环境的限制，梁先生并没有成为图书馆学的理论家，而是一个图书馆事业的实干家。她生前最注重的是为读者服务，身体力行，鞠躬尽瘁。她一生没有著书立说，在刊物上发表的文章也屈指可数，但她述而不作，以火热的敬业精神对待图书馆工作。她对读者的满腔热情，对后人的严格要求和谆谆教诲，给我们留下了无与伦比的影响。虽然梁先生生前没有留下什么著作，但她为我国图书馆事业竖立了一座丰碑。这对目前国内学术界普遍存在的片面追求职称和论文数量，忽视学术水平和工作业绩的倾向，或许能起到一定的启示作用。

现在，梁先生长眠在北京西山脚下她的父亲梁启超的墓旁。她的墓碑被设计为厚厚的图书，象征着她的灵魂已经铸进了她毕生献身的图书馆事业，激励着一切有志于图书馆事业的后人。

参考文献：

[1] 燕京大学图书馆 . 中文卡片目录 . 题名目录 .

[2] 北京大学图书馆 . 西文目录数据库 .

[3]《燕京大学史稿》. 北京：人民中国出版社，1999: 420.

[4] 同 [2].

[5] 北京大学档案 . 专业干部业务技术职称呈报表 .

[6] 刘东元 .《北京图书馆西文“中国学”图书专藏缘起》.《北京图书馆馆刊》，1997，3: 132–133.

[7]《燕京大学史稿》. 北京：人民中国出版社，1999: 421.

[8]《燕京大学图书馆概况》. 北京：燕京大学图书馆编印，1933: 4.

[9] 韩荣宇 .《北京大学图书馆西文图书编目工作的历史沿革》.《北京大学图书馆同人论文集——纪念建馆九十周年》，北京大学图书馆，1992: 66.

[10] 同 [3], 423–424.

[11] 同 [9],65.

[12] 吴荔明 .《梁启超和他的儿女们》. 上海人民出版社 .1999: 246–248.

（原载《大学图书馆学报》2008 年第五期，《燕大校友通讯》2008 年 9 月第五十三期转载。）

六

默默奉献的“达达”

——五舅梁思达

五舅梁思达于1912年12月15日生于日本神户，他是公公梁启超在日本出生的最后一个孩子，不久他们就举家回国了。

1912年，梁启超已独自一人提前回到国内，五舅的降生是大姨写信告诉他的，他得知消息后十分高兴，于12月20日给大姨的信中说：“得书知添一幼弟，甚喜慰，想母子平安耶？祖父命以何名，想有书在途矣。”[①]

当时他们的祖父梁宝瑛在日本，又得一孙子很高兴。大家请他为孩子取名，他想了很多，最后选定了“思达”。五舅的小名叫“达达”或“达子”。

---

① 丁文江、赵丰田编：《梁启超年谱长编》，上海人民出版社，1983年第1版，661页。

特殊的家庭教育

1924年以后，五舅思达、五姨思懿、六姨思宁渐渐长大了。比他们大的哥哥姐姐们都先后出国留学，只有他们年纪小的一组孩子留在公公身边，全家住在天津。但公公从日本回来后一直很忙，初期忙于政治活动，后又远行欧洲考察。在欧洲，他大开眼界，归来后，由于他自身观念上的改变，对事业的重点转向对国民的基础教育方面，着重于办学办报，到各地演讲；所以在天津的时间不多，对子女直接教诲的时间不多。为了提高充实他们几个人的国学、史学基本知识，公公决定让他们几个从1927年下半年起休学一年补课，特别聘请了他在清华国学研究院的学生谢国桢先生来做家庭教师，在家里办起了补课学习组。当时（1927年暑假前）五舅在天津南开中学上初一，准备升入初二。

课室就设在老房子——原来梁启超所用的楼下的饮冰室书斋里。

据五舅回忆，补课的课程为：

国学方面：从《论语》开始，至《古文观止》，一些古代诗文由老师选定重点诵读，有的还要背诵。每周或半月，写一篇短文。有时老师出题，有时可以自选题目。作文要用小楷毛笔抄正交卷。

史学方面：从先秦至清末，由老师重点讲解学习。

书法方面：每天要临摹碑帖，如《张猛龙碑》等；写大楷二三张。

每周有半天休假，无所谓考试。作业由老师批阅、审定。

在短短一年多的补课的紧张学习中，五舅国学、史学方面的知识有很大的充实和提高，他从中受益匪浅。

20 世纪 20 年代，梁启超与梁思永（右）、梁思达（左）。

补课学习结束，五舅回南开中学复学，跟上原班升入初中三年级。

谢国桢先生在给他们补课期间，也随时参加梁启超餐桌旁的讲学和地下室的暑期演讲，或单独向梁启超请教，探讨一些学术问题。谢先生后来成为著名史学家，1949 年后在中国科学院近代史研究所任研究员。1979 年 8 月 12 日，他在《梁启超先生少年逸事》一文的后记中写道：

> 1927 年夏，桢在清华大学研究院结业之后，即馆于天津梁任公师家中，教思达、思懿诸弟读书。先生著述之暇，尚有余兴，即引桢等而进之，授以古今名著，先生立而讲，有时吸烟徐徐而行，桢与思达等坐而听。先生朗诵董仲舒《天人三策》，逐句讲解，一字不遗。余叹先生记忆力之强，起而问之，先生笑曰："余不能背诵《天人三策》，又安能上万言书乎！"先生健于谈喜于教诲，有时朗诵苏长公、陆放翁之诗词，有时伏案习魏晋六朝人书，以寄托其郁悒不平之气。每饭余茶后，茗碗之间，为桢讲研究历史之方法，及明末清初甲乙之际史迹，桢辄引笔记之。桢之所以略知史部簿录之学，纂辑《晚明史籍考》研治明季"奴变"、清初东南沿海迁界、江南园林建筑，以及南明史迹，粗有辑著，皆由先生启迪之也。翌年夏，先生荐余于天津南开学校高中部，思达等亦同肄业于其校。

梁启超与《双松图》

在此期间，公公曾赠给五舅一幅巨画《双松图》。五舅对我讲了《双松图》的诞生过程。

1927 年夏季，公公在天津养病，他在司法部储才馆一起工作的老同事、浙江知名的国画家余绍宋（字樾园）也在天津居住。余老常常在午休后来老房子同梁启超聊天、作画。他平时说话嗓门就高，一进楼下过厅大门即高声问："你们老爷在家吗？他午睡起来没有？"话音刚落，公公就知道他"大驾"光临了，赶忙到楼梯口迎接。

两人闲谈不久，余绍宋便开始作画，一般是画小幅的，如小条幅、扇面等。这时，公公把五舅等人喊来，看他作画，并请他给孩子们讲些绘国画的基本笔法、要则等，他还常常把余老的小幅作品奖给大家收藏。在此期间，余老还专门为在国外的思顺、思成、思永、思忠、思庄等各画了一幅扇面（公公称之为"精品"），作为赠给他们的纪念。妈妈一直保存着这个小扇面，"文革"时我亲眼见到它被撕毁成碎片。

公公为了余老作画时舒适、顺手，特在自己卧室临窗处置备了站着作画的高架画案。应公公之邀，余老特为他画了一幅巨大的《双松图》。一米来宽，两米多长的宣纸从案面上垂落下来。余老从预先为他研好墨汁的小盘里用大画笔尖试试浓淡，认为合适，便饱蘸墨汁，以娴熟的笔触，大刀阔斧地从上到下画起基本轮廓来；不多时，交互相伴在一起的两株巨松硬壮的树干就倚立在画纸的一侧。这时，余老另换一支较小的画笔，在两树各自的左边线旁，似是随意，但又是有序地把半圆形的松斑勾画出来，树身渐有了立体的感觉，还留出了一部分空白让公公题诗。

五舅他们过去从未见过书画绘制的完整过程，大家又新奇又兴奋。

余老坐下稍事休息，吸过几口香烟后，又在树干上部画出伸展向各方的枝杈，两树的轮廓更为鲜明。余老于是掷笔，吸烟，喝茶，聊天。

隔两日余老再来时，接着在枝杈上或轻或重地作了松树枝叶的布点，在树干上所勾画的半圆形松斑上用极淡的墨色加以渲染，并在树根附近加些小石小草的点缀，更显出双松的巍峨。

又过两三天，余老再次来时，画面上所渲染的部分已干透，整个树干部分显得更加突出，立体感更为明显。然后，他对画又从总体上仔细观察了一番，对部分角落又做了一些补充，宣告全画已大功告成！

此时，公公取出配画的诗作初稿和余老一道赏读，研究，修改并确定下来。

为此画，余老一共来了三次。

余老离去后，公公在画面空白处细心地题写了这样一首诗：

故人造我庐，遗我双松树。
微尚托荣木，贞心写豪素。
其下为直干，离立若盘互。
其上枝柯交，天半起苍雾。
由来大材笃，端在直根固。
亦恃骨鲠伴，相倚相夹辅。
不然匪风会，独立能无惧。
秋气日棱棱，群卉迭新故。

空山白云多，大壑沧波注。
豪籁破真寂，神理忽森著。
养此岁寒姿，敢谢匠石顾。

题余樾园为我所作双松图
丁卯八月初七日稿　　初八日经数次改定付思达存之

巨幅的“诗配画”《双松图》就这样终告诞生。公公把这份诗稿的改正稿奖给了五舅。画作裱好后，取回一看，两米多长的画面，加上裱装所配的上下“天地”，画身实在太长，足有一间半墙面的高度，房间里挂不下，只好悬挂在楼梯西边墙上。

1950年，王桂荃婆从天津迁往北京西单手帕胡同，曾把这幅画找出来挂在北屋墙上，以便过过风再收藏起来。公公的世交、挚友陈叔通先生看到此画，异常欣赏。婆便将它送给了陈叔通。陈叔通当时是人大常委会副委员长，此画是否在“文革”中幸免于难，不得而知。

“居处恭，执事敬，与人忠”

公公对每个子女都十分疼爱，他非常重视对子女的教育。他的教育原则是褒多于贬，以鼓励为主。而他给的奖品都是他亲手写的字（对联、诗词等）。公公根据谢国桢老师给三个孩子的评分，奖励了五舅、五姨、六姨每人一副他亲笔书写的小对联。五舅还获得另外两幅带有“座右铭”的奖品：一幅是篆书“慎独”二字的横幅，另一幅是隶书“居处恭，执事敬，与人忠”的九字条幅。它们都毁于“文革”中，但这些座右铭的精神内涵对五舅之后处世做人都有一定的影响。

王桂荃婆常给妈妈讲五舅、五姨、六姨他们三人小时候的故事：年龄较大的哥哥姐姐们都出国后，家中的小孩儿中五舅成了老大哥，他身体很弱，又有严重的痔疮，动不动就感冒，有时还得住医院；但他非常聪明，所以无论耽误多少课时，他都赶得上，成绩仍然很好。因此，五舅在五姨和六姨两个妹妹眼里很有威信。他从小就温文尔雅，给两个妹妹讲功课时，不管她们怎么闹，怎么学不会，他都耐心地帮助她们，从不发脾气。公公也拿他当大人，有些事情也拿他当个小帮手。

五舅从天津南开中学毕业后，考入南开大学商学院经济系学习，1935 年毕业后在南开大学经济研究所读硕士研究生。

1936 年 7 月至 10 月，他参加了由南开、燕京、清华、协和、金陵五所大学联办的华北农村建设协进会济宁实验区实习。

1937 年研究生毕业后，他到济宁实验区工作，此时发生了“七七”事变。他没回到天津，而是去了南京农本局工作，后又随农本局内迁重庆。

1941 年至 1947 年五舅进入了银行界，初在重庆中国银行总管理处业务室，抗战胜利后迁往上海；后在长沙中国银行任襄理。

1949 年后，五舅全家由长沙迁回北京，在中央工商行政管理局从事调研统计工作，直到 1971 年 12 月 7 日被迫提前退休。

五舅的脑子充满了智慧。他的记忆力极好，过去的事情很多细节都能回忆出来；他的字写得很好，很像公公的字体。他会画画，也会绘建筑平面图，他甚至可以凭自己的回忆画出公公在天津时住房的布局。这点他遗传了公公的智慧，也与小时候受到公公的直接教诲有关；另外，他高中时的测量课实习经常要学生测量校园内建筑物，练习画等高线，比赛谁的误差小，他由此对绘图产生了兴趣。1932 年春，五舅还帮助二舅去蓟县测绘独乐寺，成为二舅的得力助手。我真觉得他应当学建筑，曾问过他为何当年没考建筑系。他说，那时王桂荃婆一人带着孩子们很困难，他就留在天津上了大学，南开大学没有建筑系，所以他就上了经济系。

美丽贤惠的五舅妈俞雪臻

1939 年，五舅妈俞雪臻与五舅在重庆结婚。当时俞雪臻才二十岁，年轻漂亮又能干。五舅在重庆的农本局工作，俞雪臻在新华贸易公司工作。抗战期间重庆是大后方，经常有日本飞机去轰炸，大姨思顺和妈妈不放心，从北京写了封信去慰问这对新婚夫妇。五舅妈见信给她们复信一封，从信中可见他们当时的生活状况：

大姐

三姐：

结婚后，接到三姐来信慰问我们轰炸后的消息，我早就预备写信去报安，但总觉得自己的语句写得不通顺，始终没有鼓起勇气来，然而我非常愿意并且渴望着和大姐、三姐通信，所以今天是大胆地实现了。

这儿仍旧经常有空袭，以前我们总算幸运未曾受到损失；以后，物质损失的可能性很大，生命当随时小心，请勿念。

我仍在新华公司工作，中午都在外包饭，下午回家自己煮菜吃，雇了一个四川老妈子，我和思达二人组织了一个很简单的家。

我很希望能接到大姐、三姐及诸外甥的相片，因为咱们不知到何时才能见面。

敬祝

健乐

雪臻 七月五日

1939年，梁思达、俞雪臻在重庆结婚。

此信估计写于1939年。那时他们新婚，刚有一个简单的小家，兄弟姐妹都还没和新娘见过面，但收到了美丽的新娘披着白纱的结婚照片。

太平洋战争爆发后，妈妈带着我随燕京大学南迁，也到了四川，又要和舅舅们见面了。我和他们分别时年纪太小，对他们没有什么印象，妈妈就给我讲舅舅们的故事，她甚至可以说出每个舅舅和舅妈的生日。经过几个月的长途跋涉，历尽艰辛，我们母女终于到了重庆。到重庆后，我们先去石桥铺看望五舅一家。五舅思达当时在中国银行工作，石桥铺是个离重庆较远的小镇，这里生活很艰苦，住的都是草房，五舅一家也住在小草房里。五舅稳重、安静，说起话来慢悠悠，有点儿书生气；五舅妈俞雪臻非常年轻，很贤惠、活泼，喜说笑，她的热情使我们好像回到自己家中，忘掉了旅途的疲劳。

1940年，梁思达夫妇与长女梁忆冰（小鱼）摄于重庆。

1946年，梁思达、俞雪臻与长女梁忆冰、次女梁任又、儿子梁任堪摄于上海。

虽然生活清贫，但五舅妈把小家庭料理得温暖舒适，房间十分整齐干净，每件东西都有适当的地方安置。我印象最深的是，他们把铺盖卷捆得整整齐齐挂在墙上，妈妈特别赞赏这个办法。当时是1943年，正好他们第二个女儿出生，还没取名字。我很喜欢这个小表妹。一天，五舅妈在院子里给小表妹洗澡，由于天冷，小表妹蜷缩着像只小虾，皮肤都红了。我说："她姐姐小名叫'小鱼'，就叫她'小虾'吧！"大家听了都很赞同。

后来，二舅思成也曾去石桥铺看望五舅思达一家。当时中国银行总经理要他住高级住宅，他不同意，说："我要和弟弟一家住在草房里。"二舅在五舅的草房里，给我两个小表妹画了一张描绘"耗子娶亲"的漫画：我想，大概是因为五舅属耗子吧？在一条很长的纸上，画着各种姿态的耗子，它们都穿着衣服，有的吹喇叭，有的抬轿子，有趣极了。二舅还一边画一边讲，逗得两个小表妹拍手大笑。

抗战胜利后，1945年12月，中国银行总管理处迁回上海，五舅一人先行。1946 年 4 月 6 日，五舅妈带着三个孩子也到了上海。五舅给思庄的信中谈到他们当时的生活：

三姐：

……

雪臻在四月六日即已飞来上海，来此将及两个月了！他们一到，几个孩子接二连三的生病，最近才算平静下来，我也因工作特忙，时常加夜班，一直没有写信。

我们现在只有一间屋子，就算是我们在上海的家了！地点在热闹的街旁，每天早晨四时至夜十一时许，都是电车和其他车声，闹得人心神不安。可是我们一时之间仍分不到正式的眷属宿舍，因此颇想送雪臻和三个孩子去天津住过夏天再来，我自己也可以回去看看娘。但尚未至决定阶段，因为目前尚不能请较长的

1947 年，梁思达全家与母亲王桂荃合影。

20 世纪 50 年代，梁思达全家合影。

假，而旅费也颇可观，仍在考虑之中，我可真想回去一趟。

假若你回北方[①]而须经过上海时，可以住到我们这里来，不过晚上睡得不安适我可负不了责……

三哥出院已多日，谅已完全康复，二嫂去昆明已否返渝？你和荔明都还好？我们都还好！再谈

祝

健乐

雪臻附笔问候

达弟

五月廿九日下午

① 指从成都回北平。

20世纪60年代初，梁思达全家游览颐和园。图中人物为：俞雪臻（前中）、梁忆冰（前右）、梁任又（前左）、梁思达（后左）、梁任堪（后右）。

此信估计写于1946年，大家纷纷要从内地迁回北平的时间。信是非常漂亮的毛笔小字，宣纸信笺。猛然一看，我真以为是二舅的笔迹，他们两人的字很相像，都是从公公那里学来的。

无论身处什么困难的居住条件，是重庆的草房，上海的小屋，还是北平的破旧平房，五舅妈都把家打理得窗明几净，一尘不染。她自己总是穿得整整齐齐，头发理得自然又美丽。她总是让人看着那样的年轻漂亮，年近八十岁时，看上去仍像五六十岁的人。

新中国成立后，五舅和五舅妈就回到了北京，因此我们见面的机会较多。他们有二女一男，长大也都各有所成。小鱼妹梁忆冰、小虾妹梁任又、小良弟梁任堪和五姨的孩子张郁文妹、张安文弟年龄相近，都是我所爱的，小时候我常带着他们在燕园里漫山遍野地疯跑，采摘野花戴在头上。他们都很爱他们的三姑、三姨妈思庄，每逢来我们家就抢着抱我家的“大白猫”。大家都成家立业后，各自忙自己的事业，很少见面，但相聚在一起时，还是有说不完的话。

五舅妈一直在外文局英文翻译部任秘书，打起字来，既快又准，有些人只相信她，因此她每天都非常忙碌。由于长期敲打键盘，她的手指尖变得又粗又圆，和钢琴家的手指一样。妈妈每逢打字出障碍时就说：“五舅妈在这里就好了。”

1981年，妈妈患脑血栓病卧床不起，五舅和五舅妈每逢妈妈生日（9月4日）那天，必买一个大奶油蛋糕到家里为她过生日。由于他们家住得远，每次他们很早就出发，到北大有时才早上七点多。为了不影响妈妈睡觉，他们老两口就坐在北大校园湖边等两个小时才来我家。

五舅思达晚年对饮冰室的复原工作非常关心。2001年6月，当他得知天津市已将饮冰室新老楼里的近百家住户全部搬迁走，并将着手恢复建筑原貌及内部陈设原貌时，兴奋地立即要儿女们替他找出当年他画的饮冰室的室内布局和建筑外形图。当得知在抽屉里找不到时，他急得流下了眼泪。表弟梁任堪打电话告知我这件事，并说思达舅近来身体不太好，有时脑子不清楚。我们商量，赶快从我这里的原稿复印一份放在他的抽屉里，告诉他找到了。谁知我复印好还没来得及送去，五舅思达就在7月25日凌晨二时在家中平静去世了。近年来五舅身体一直不好，曾经骨折过，并有过轻度脑血栓，但几经住院都恢复了，而且思维依然很灵敏。真想不到他这样快地走了。他没能看到恢复后的饮冰室。任堪表弟将复印好的他亲笔画的饮冰室图纸轻轻放在他的衣袋里，伴随着他而去。我想，五舅一定保佑着故居。安息吧，亲爱的五舅！

七

“燕京三杰”中的“司马懿”
——五姨梁思懿

五姨梁思懿小时候性格豪爽，有点儿像男孩子。据说，当年她在美国时，和五姨丈张炜逊开着汽车从美国东部到西部，她能一手抱着孩子，一手开车。

五姨于1914年12月13日出生在北京，是王桂荃婆从日本回来后生的孩子。在年龄档次上，她和五舅、六姨同属于梁家兄妹中的小弟小妹，家里人都叫她“司马懿”。

从进步学生到地下党员

五姨毕业于天津南开女中，1933年考入燕京大学医学预备班，

1937年，正在恋爱中的梁思懿（右）与同学张炜逊（左）携梁思礼（中）到北京碧云寺游玩。

准备学习三年后进入协和医学院学医。

五姨在燕大很活跃，思想积极进步。她从1935年下半年就开始投身学生运动，她的燕大同学黄华以及龚澎、龚普生两姐妹等，后来都成为共产党的重要干部。她还当过燕大中华民族解放先锋队大队长，积极参加“一二·九”学生运动，与王若兰等被称为“燕京三杰”，是燕大学生游行示威的领袖，因此面临着被捕的危险。家里曾经设法把她藏在二舅家，想把她送到南方去。那时，思庄家成为民族解放先锋队经常活动的地方，他们在一起讨论国家大事，还唱进步歌曲，如《义勇军进行曲》等。

1936年春，医学预备班还没有念完，五姨不想学医了，她对社会活动和历史更感兴趣，因此转入了历史系学习。1936 年，五姨加入了中国共产党。

1937 年，她参加了平津流亡学生集训班，南下南京进行抗日请愿。1937 年 12 月南京沦陷前，她又转移到江西吉安从事农村妇女教育工作。

1939 年 2 月，五姨从江西被派往上海，在上海基督教女青年会劳工部工作，组织女工夜校，培养了一大批纺织女工成为工人运动的骨干。

“你要去的地方是充满希望的”

五姨思懿对六姨思宁一生的影响很大，甚至可以说是决定性的。

1940 年 4 月底，经过五姨的介绍，六姨跟随新四军女战士康英（原名王若兰）乘船来到上海，准备去找新四军。五姨亲自到外滩码头接船，把她们安排在一位朋友家住下。五姨和康英仔细研究了去找新四军的路线：第一条是经蒙城、涡阳去皖北。这条路要通过敌伪犬牙交错的占领区，路途太长，情况复杂，很不安全。第二条是从上海经宁波、鄞县、嵊县、金华再到皖南，沿途都是蒋占区，路线短，情况单一，可能比较安全但也会有风险。她们决定走第二条路线。

1940 年 4 月 12 日，六姨和康英乘客货轮离开上海前往宁波。

临行前，五姨语重心长地嘱咐六姨：“六六，今日一别，不知何年、何月、何日再重逢！我们姐妹俩从幼稚园到初中都形影相随，多年来你总是依靠我。从今日起你就自己去闯了。”五姨还鼓励六姨：

“你要去的地方是充满希望的，也是所有爱国者都向往的地方。他们不顾反动派的阻挠和迫害，千方百计地投奔新四军。你很幸运，参加革命有康英这样的好引路人，要珍惜这次良机，要坚持到底，莫后退。切记！进则生，退则死。退！你有这条路吗！上海也不是久住之地，将来我也要离开上海。你还愿意回天津吗？”言罢，三人挥泪而别。

六姨思宁和康英两人一路艰险，在金华还被国民党软禁了七天。她们机智地脱险后，终于被送到两军防地的边界线，又经过四个兵站转送，才到了安徽泾县云岭蜒新四军军部。在这里，思宁与康英分手，康英返回皖北根据地，六姨就留在苏南。

伴夫携子，报效祖国

1941 年 7 月，五姨思懿和张炜逊在上海结婚，他们结婚一个月后就一起去了美国。五姨就读于南加州大学历史系四年级（之前在燕大读书），1942 年 6 月毕业。毕业后，她在芝加哥大学图书馆进行中国书籍的整理和编目工作。

1944 年至回国前，五姨全家居住在纽约，五姨仍然积极参加各种爱国活动，如哥伦比亚大学中国留学生的左派爱国运动、宋庆龄的中国福利会为国内解放区举行的募捐活动等等。

1949 年五姨全家决定回国，她在国外生了一儿一女，当时已是四口之家了。她一直向往着祖国能够解放，如今真的如她所愿！她以极欢乐的心情给王桂荃婆写了一封信，告诉婆：他们就要回来看她老人家啦！

娘：

离别了将近十年，我们就要回来看您老人家了。我们全家四口决定在八月三日动身去西岸，在罗省炜逊家里住五个星期，九月中从旧金山搭货船，直航大沽口，如果船期不成问题，我们大概可以在十月中到家了，现在想起来都高兴得不得了。

礼弟已在六月三日拿了博士学位，已定于八月三十日赴香港，再转天津，因为自旧金山至大沽口的船，我们还订不着舱位，他更没希望，并且船费也太贵，他才做如此决定的。他到了港后会再给您写信的。

您需要从美国买什么？请告诉我，我看我们经济力量可以买些的……

余容面谈

请安

思懿敬上

四九、七、四

不知为何，五姨给婆的这封信保存在我妈妈手里，和其他的信一起在“文革”中被抄走，又幸运地被退还了回来。妈妈一直将其精心保存着，如今它已成为珍贵的纪念了。

“这是一个光荣的任务”

五姨思懿全家回国后，因五姨丈张炜逊的工作分配在山东，五

1941 年，梁思懿与张炜逊在上海的结婚照。思懿身穿漂亮的旗袍，头上戴着一大朵花，幸福地笑着。梁思庄看到这张照片说："真是女大十八变啊！"

姨也一起去了山东。她最初在医院工作，后来被调到齐鲁大学做妇女部主任。她以极大的热情投入到工作之中。她自己一人搬到齐鲁大学，和几个单身教员住在一间房子里；而五姨丈和孩子们则住在医院的宿舍。五姨一个星期可以回去三四次，工作需要时就得留在齐鲁大学住，很不方便。她非常希望全家能搬到齐大，但一时又找不到房子。这样，他们就在同一个城市里过着两地分居的生活。这就是 20 世纪 50 年代归国留学生的情怀——无怨无悔地奉献！

妈妈还保存着一封五姨当年在齐鲁大学时的来信，信中可见她回国后的革命热情：

这是梁思懿从美国寄给梁思庄的照片。照片背后写道："在炜逊'掌柜'家，布克医生代摄，寄三姨妈，郁文二十个月小影。"图中人物为：梁思懿（左）、张炜逊（右）、张郁文（中）。

三姐：

许久不通信了，近况如何？颇以为念。

我在四月初被调出医院，应聘到齐大来做女部主任，想想老妹居然作起女部主任来，真有点想象不出吧！我这个女部主任，不但是仍然列宁其服，并且也与学生们在一个饭桌上吃窝窝头，啃咸菜，并负有艰巨的使命。来改造齐大这个八十七岁的"帝国主义影响下的封建堡垒"却是不容易搞的，真是能搞得出点成绩，大概也得在头上添点白发了吧？虽然如此，我仍然干得很起劲，因为我认为这是个光荣的任务。

燕京已经改为国立，这里的师生都很羡慕，也都向着这个目标努力。我们学习政治虽然是强迫与志愿结合，开始时，是强迫的意味多于自愿，现在从出席人的踊跃来看，二者已经近乎相等了。

……

自从春节假回来后，我还没给大家写过信，因为工作太紧张了。二嫂和三哥的身体好吗？很惦念他们。

我们的大黄猫死后，孩子们整天吵着要猫，最近才找到一只又瘦又长的黑白花猫，就回家吃饭，其余的时候都在外面做野猫，你的“猫太太”好吗？

娘近来如何？我也有许久不曾写信给她老人家了，再谈吧，请问雷洁琼好。

五妹 思一［懿］上

五月十八日

这封信估计写于1951年，因为燕大改为国立是在1951年2月。信纸是齐鲁大学宣纸用笺，毛笔字也写得很漂亮，这是五姨小时候在公公教导下练出的功夫。

通过这封信，可看出她的积极劲头，以及她的生活、思想和工作情况。信中对猫的描述可知猫在她家中的重要地位，这是梁家的爱猫传统。我还记得她的儿子——我的小表弟张安文当年给他三姨妈思庄画了一只睡猫，从山东寄到北京，画上的猫懒洋洋地趴在地上，十分可爱。可惜这只“猫”也在“文革”时被抄走，再没能回来。

五姨还曾任山东省妇女联合会的主席，这可能与她曾在江西吉安从事过农村妇女工作以及在上海参加过女工运动有关。

20 世纪 60 年代，梁思懿（前左一）、张炜逊（后左一）与女儿张郁文（前左二）、儿子张安文（后左二）全家合影。

1955 年 2 月，五姨夫妇一起调到北京工作。五姨丈是小儿科专家，后来任中苏友谊医院副院长。五姨在中国红十字总会任国际联络部副部长、顾问，她曾多次出国访问，并参加红十字国际委员会的各种会议，一贯反对“两个中国”和“一中一台”。妈妈曾有一张五姨在国外代表中国红十字会发言的照片，照片上五姨穿着花旗袍，烫发，面对着麦克风在讲话，颇有风度，我可以想象出她那激昂慷慨的声调。那时在封闭的国内，人人一身蓝，她这种装束只能用在出国时，所以我只能从照片上欣赏她打扮起来的风采。

五姨每逢从国外归来都要带些小礼物及糖果分送给家里人，糖果中巧克力最受欢迎，她还送给我妈妈一把瑞士的白色柄带锯齿的小餐刀，至今我们还在使用。

20世纪70年代，梁思懿（后排中）与儿孙们摄于北大。

1980年，梁思懿被选为第六届全国政协委员。

五姨和我妈妈感情很深，1981年妈妈因脑血栓住院，五姨十分着急，多次到医院探望并同大夫研究病情。那时她已六十七岁，自己又有严重的心脏病。她不顾体弱，从北京城里远道赶往城外的北医三院，楼上楼下地来回奔波。后来她自己也中风偏瘫卧床不起，于1988年10月8日逝世。

八

投笔从戎的“老革命”

——六姨梁思宁

六姨梁思宁是公公梁启超最小的女儿，她是公公去南方策动蔡锷发动护国战争期间，于1916年10月30日在上海出生的。

家里人都叫她的小名“六六”，因为她在女孩中排行第六。六姨长得酷似王桂荃婆，她和婆一样勤劳。我印象最深的是：每逢来我家来住，她总是很早起床到小院子里拔草、整理，不停地劳动。

她的经历和梁家兄弟姐妹们都不同。她是全家唯一没有读完大学就投笔从戎，在中国抗日战争中投身革命的新四军战士。我妈妈总爱对别人说：“我的小妹妹是老革命。”

六姨不到十岁时，几个较大的哥哥姐姐（思顺、思成、思永、思忠、思庄）都出国了，他们几个小的孩子留在公公梁启超身边，得到了父亲加倍的爱。一次六姨和五姨在花园里推小车玩儿，两人

约 1927 年，梁思宁（后左）、梁思懿（后右）、梁思礼（前）在照相馆合影。公公梁启超将其寄给我远在美国求学的三舅，并亲笔题字“寄思永”。

约 1934 年，梁思宁（左一）、梁思礼（左二）、梁思懿（左三）、杨秉德（左四）摄于饮冰室外。

一起摔倒。公公闻讯急忙赶来，一手抱起五姨，一手抱起六姨，替她们擦干眼泪，又轻轻吹着五姨思懿摔伤的额头。

公公去世时，六姨才十三岁，她还记得从天津赶到北京奔丧的情况："爹爹躺在灵床上，像睡着了一样。"她抱着五岁的八舅思礼去瞻仰遗容，八舅还以为自己的爹爹在睡觉，大叫："爹爹，快起来，娘叫你去吃饭……"

沦陷区是人间地狱

六姨正在南开大学读书时，1937 年抗日战争爆发，日军占领平津，她就失学了。当时社会大动乱，找不到职业，也不敢出门上街访友，终日困在意租界的小圈子里；她十分苦闷，时时想脱离这令人窒息的环境。然而，出路在哪里呢？她经常写信对上海的五姐思懿诉说苦衷，寻找出路。

六姨思宁这样回忆：[①]

> 日军下令住在中国地（指非租界区）的居民，夜晚不许关门，最初大家不知是为什么，后来看到日军和浪人（还有高丽棒子）闯进人家，把男人赶出去，他们随心所欲地奸污妇女，连老年妇女也不放过。男人们在外边听到自己的妻子、女儿的求救声，老太太的咒骂声，两眼含泪，恨得咬牙切齿。
>
> 开头，有些年轻妇女，不知道日军凶狠，还结伙出门看电影或投亲访友，看望同学。日军看见花姑娘，向洋车夫一努嘴，这些姑娘就被强拉到日本军人俱乐部里去。有人见女儿几天没有回来，到处打听，才知道孩子已落入虎口，只好带上礼物到俱乐部去领人。抬出来的已是被糟蹋得半死的人了。从此，人们再不许年轻妇女出门了。
>
> 日租界居民的境遇更惨。日本人最怕所谓“瘟疫”（即传

① 六姨自己打印了一份她个人的“回忆录”送给我们，本书所引六姨的回忆都出自这本回忆录。

◀ 1938年2月15日，时年二十二岁的梁思宁。谁也不会想到，两年后，照片上的这位小姐，经过生死考验，投奔到新四军这个大学校，成为梁家的“老革命”。

> 染病），在租界里要经常定期喷药、打针、防疫。见到谁家有卧床不起的病人，不管是什么病，就拖出去烧了，病人亲属跪下苦求也不行，有的病人还没咽气就被拖去火化。火化后还命令受难家属去交火化费，领回骨灰，如果有哭泣的，还要挨打。

当时王桂荃婆家（即天津老家）属于意租界，离意租界两里多地的非租界区有一座孤零零的建筑物（洋铁皮仓库），谁也不知道它是派什么用的。顺风时六姨和家人坐在家里就能听见阵阵的惨叫声，有时还能听见野兽般的吼叫声。一天，六姨和婆遇到了一件触目惊心的事。六姨回忆道：

> 一个夏天的夜晚，我和母亲出去散步，走进通往非租界区的小巷，觉得有人拉住我的大褂，嗓音沙哑地说：“太太、小姐行个好吧！”我低头一看，是个又黄又瘦的男人，是个残疾人。我吓得躲在母亲身后，母亲问他：“你是什么人，为什么落到这般地步？”他说：“我本是大学生，学校被炸，出来想找一职业，无意中走近那个洋铁皮仓库，突然出来几个五大三粗的歹徒（日本人或高丽人），把我拉了进去，我一看，那间屋里摆着各种刑具，各种刑具上都有人在受刑，发出高高

低低的惨叫和呻吟。不久轮到我了，两个歹徒命令我跪在一个烧红的油桶上，马上刺刺啦啦地冒出火燎皮毛的呛人浓烟，疼痛揪心！眼看我的膝盖要被烤焦了，痛得我晕过去，狠心的刽子手把我扔出门来。我醒过来想伸伸腿，天呀，我的腿已成了直角三角形，永远也不能直起来了，我永远也站不起来了！我只好爬着回家。我的父母一见，心疼得抚住我的残腿大哭！那个仓库是个试验新刑具的杀人场呀！”我和母亲听了义愤填膺，泪流满面，十分同情他，给了他一些钱，母亲说：“真是畜生！该死的小日本，你们家里没有妻子老小吗？！”我们赶快就回家去了。

笑别慈母投奔革命

1940年3月底，六姨收到了五姨从上海的来信，信中写道：“好机会来了。王若兰在天津，你一定要亲自去面谈，可能达到你渴望已久的心愿。”当时六姨高兴极了，她想王若兰是五姐的好朋友，会想办法带自己离开天津的。六姨在回忆录中写道：

第二天，我和母亲说要去海河北的美租界找王若兰，并故意强调姐姐信中的“必须面谈”。母亲仍不放心地说：“我陪你去吧！”我不高兴地说：“我现在不是小孩子了，你还不肯让我出去闯闯吗？”她笑笑说：“你去吧，过卡子口，别忘了给日本兵鞠躬，早去早回。”离开家后，我高兴地径直走过卡子口，快要上渡船了，猛地听见岸上一阵咿哩哇啦的吵叫声，我想起来是忘了给日本兵敬礼了，我赶忙赶回卡子口，装作恭恭敬敬地鞠了个大躬。可是，日本兵还不解气，骂骂咧咧说了几句话后，就抬手打了我一记耳光，我的脸上立时红肿起来，两只耳朵嗡嗡作响，气得我上了渡船以后，回头狠狠地瞪了日本兵一眼，心里说："小日本鬼子太狠了，谁给你的权利打中国人？"

王若兰参加革命多年，已改名康英，她给六姨讲了很多革命道理，介绍了共产党的情况，并告诉她新四军就是共产党领导的军队，是真正抗日的军队。六姨回忆：

康英大姐的一次谈话激起了我的爱国思想，日本鬼子兵的一记耳光，促使我决心离开天津沦陷区这个人间地狱。我问康大姐："我能参加新四军吗！"她惊奇地看着我说："革命可不是做游戏，最起码的条件是不怕死、不怕苦、不怕累，要长途行军，在战争中有牺牲的可能，你受得了吗？"我说："能！再苦能比当亡国奴苦吗？"

由于康英归心似箭，想立即回队，她们两人于是决定 4 月 6 日去上海，船票由她去买，各人从家中出发，到塘沽港集合。康英一再嘱咐，回去就说去上海上大学，免得老人担心。

回到家中，六姨告诉婆 4 月 6 日要去上海，婆就赶紧为六姨准备行装。婆找她的好朋友丁懋英大夫（美国基督教会办的妇婴医院的院长），借她插着美国旗的轿车送六姨。

6日晨，丁大夫亲自驾车和婆送六姨、康英到塘沽码头，快到卡子口了，婆下了车，对日军岗哨先行了个礼，又用日语和日本兵交谈。日本兵听了高兴地说：“老太太，你的东京话讲得真好，你是东京人吧？”他挥手示意放行。婆当年在日本学的日语，如今可派上了大用场。

到了上海，她们与五姨商量后，决定从宁波去金华，通过红十字会黄书文先生找到新四军。五姨准备了所需证件，共计九件：两张红十字会护照（通行证）、封新四军第一至第四兵站介绍信、封给李一氓（他是当时公开在蒋占区活动的我方代表）的介绍信、封给黄书文先生的英文信，还有一份新四军军用护照。

为了应付沿途可能发生的意外，她们事先编好了一套口供：“我们以前在医院工作，日本占领天津后，因失业生活困难；目前国难当头，抗日救国，人人有责，想去上海谋求一职。经上海红十字会介绍，我们去金华红十字会，找黄书文先生，请他帮忙。”

惊心动魄的金华一周

1994年，六姨回忆了这段危险的路程。

1940年4月13日上午九时抵宁波。我们按计划改乘长途汽车，经鄞县、嵊县，17日到金华，一路上还算顺利，没想到最后一站出了问题。

16日晨，我们在嵊县准备上车，有一位官太太自我介绍姓周，她丈夫是位团长，要回金华，人多拥挤，挤不上车，她请求我们帮她上车。我们答应了她。当时车站上很乱，康英先从靠车门的窗子爬进去，把随身带的一个小钱包（内装两张红十字会护照和少量零用钱）套在手腕上，叫我在车外递行李，她在车上接，用行李占了三个座位。她只顾接行李忘记了手腕上的小钱包。当大家都上车，坐定了，她才想起那只小钱包，遍寻不着。她说："糟了，我的小钱包呢？"我也急了说："丢了护照，那就麻烦了。"康英悄悄地说："金华离岩寺兵站还有四十里，今晚在金华休息一晚，明天早点起床，结账，早点去找黄书文。"周太太也知道我们的护照丢了，她说："今晚你们如发生麻烦，我可以出面证明。"

17日晚六时到了金华。周太太请我们吃晚饭，并把我们送到金华大旅社，安排住二楼。我们登记店簿时填的是"从天津来"，后来成为引起怀疑的原因之一。

我们铺好床，洗好脸后，我写了给五姐的信。康英写完家信后说："护照丢了是不祥之兆。"我们就把剩下的七个证件，两人分开，分别塞到月经带里，这些文件一旦落到坏蛋手里就是证据。可是最后那封英文信和两封家信塞不进去，无处可藏了。环视客房，两个棕绷床，一是东西向，一是南北向，成丁字形，位于西南角，北墙有一方窗，窗旁一桌两椅，东北角放着一只马桶，无处可藏。本想等会儿再想办法，我们太麻痹大意了，随手把这三封信放在桌子上就出门去游览市容了。康英看到对面的中正书店，询问有没有《解放》杂志？这本杂志曾在蒋占区公开发行出售过，但早已查禁了。康英不知道，此事曾引起店员注意。我们回客房后立即找地方藏信，但来不及了，查店的警察已经进来了。

几个穿黑制服的警察，先要查护照，我们说明丢失的经过。他们问："谁能证明？"我们告诉他们有一位和我们同路来的周团长太太能证明。他们真的打电话问周家，周太太说情况属实。查店的警察就走了。

接着来了几个穿黑色便服的人，命令我们解开辫子，就像拣韭菜似地一根根地捋，并撕开被角伸手去摸，把整个被子搜了一遍，大小包包抖个空，仔细检查每件东西，临走时带走了没藏好的三封信。

送走一帮又来了一群，来者穿灰色军装。他们又重新翻了一遍。这回他们边检查，边看我们脸色表情，连上次没查的床板缝、木板墙缝都查了。我当时猜不透他们要查什么，吓得我双手微颤。康英若无其事，她靠近我，紧握着我的手，用眼神示意我：别害怕。这伙人走后康英告诉我："这帮人是用察言观色方法，如果稍有畏惧，他们就会怀疑有问题。"从八点闹到半夜，来了两个警察，他们拖过两把椅子把住房门。康英用英语对我说："我们被捕了。"

其中的一个警察开始训人了："年轻人不好好在家读书，跑出来乱闯，闹得我们连夜不能睡觉。哎呀，头好痛呀！"康英一听，立即拿出来几片止痛药，端了杯水送了过去："老总，你们辛苦了，这是止痛药，吃上药，头就不痛了。"

他们吞下药片，慢慢地睡着了。我明白康英大姐的意思，把他们哄睡了我们今晚还有一件重要事要做。

果然，康英大姐想在今夜销毁剩下的六封介绍信和一张护照。怎么办呢？用手撕碎放在马桶里，又厚又重的道林纸，在万籁俱寂的深夜，撕纸的声音很响，如何用别的声音压过撕纸声呢？康英无意中摸到枕头，发出哗啦啦啦的响声，她高兴地说："你把枕头搬到东头来，用力揉枕头，声音越大越好。"康英开始撕，我用力揉枕头，果然压过了撕纸声，撕撕停停，怕惊醒两个警察。第一封信，竟撕了近两个小时才撕碎，这种方法太慢了，只有等天明再想办法。天明我们起来，发现两个警察已经走了。

18日，早饭后康英悄悄地说："注意，有人上楼来，不知今天又耍什么花样？"客房外边走廊来了一个人，穿件旧的灰色长衫，头戴一顶黑色呢帽，来回走动，口喊："张小姐""李小姐""……"，喊一声，向房内看看。我问康英，这是怎么回事，她塞给我一小纸条，上面写着："现在全楼只有三人，我们说话，交头接耳，被特务看见一定起疑心，等他走后我再告诉你，记住看我怎么做，你也跟着做。"看完条子我把它撕掉，放在口袋里。我听到喊康小姐，她向特务微微点头，喊到王小姐我抬头看看那个特务。他几次喊康小姐和王小姐我们都有表示。这人没喊到中午就走了，大概是回去向他的上司报告去了。

这个特务走后我问康英："这是怎么回事？"她笑说："我看这人像个叛徒，投敌之后当了特务。他知道新四军多改名换姓，用这种方法试探，是不是真姓名，人们听到自己真姓名，会不自觉地有所反应。我们现在处于危险境地，要时刻牢记自己的假名。"我心里想："国民党反动派真狠毒，想方设法迫害投奔革命的青年。”

18日下午没见有人来，康英说：“赶快销毁所有的介绍信，我想用火烧最快，哪里去找火柴呢？”晚饭后房间的电灯亮了，十度的灯泡却像烛光一样。康英高兴起来：“我有法弄到火柴。”说着就大声喊：“房间太黑了，我们要火柴和蜡烛。”服务员跑过来问：“小姐，你们要什么？”康英说：“我们要把被撕开的棉被缝好，这儿灯光如豆，看不见穿针引线。”那服务员下楼去很久才拿来一支蜡烛和火柴。我坐在房门放哨，听听是否还有别的客人上二楼，康英蹲在马桶边上，用身体挡住火光，不到一个小时所有的证件都烧完了，我们把纸灰包在几张带血的月经纸里，再烧几张卫生纸撒在上边，被撕开的棉被也缝好了。大功告成！我们那个高兴劲儿无法形容。两天两夜没有睡觉，吃得很少，又困又饿，我们和衣而卧。

19日，送来的早餐，我们吃的不少，但心情仍然很紧张。将近九点，一阵嘈杂的脚步声传来，有十几个人进入我们东隔壁房间，七高八低地唱起来。我问：“这些人为什么跑到这里来唱？为什么唱一阵停一停？”康英想想说：“这又是特务的诡计，他们知道新四军最喜欢唱革命歌曲，这支歌是《流亡三部曲》，在新四军里只要有人唱，众人立即会和。好好的一支歌，让这些人唱得多难听，应当这样唱。”她情不自禁地唱了起来，声音越来越高。我急忙堵住她的嘴说：“这是什么地方！你还敢和，让这班人听见怎么办？”她笑笑说：“谢谢你的提醒，习惯成自然了。”

那帮小特务们唱了一上午，没听见有人和，就陆续走了。

今天又过一关，不知明天将会怎样。

19日下午没人干扰，我们为分头过堂口供作准备。康英说：“我最担心的是那封英文信，不知道他们有懂得英文的人没有，如果他们有人懂外语的话，我们就要去坐牢了。”“我想那封信若没拆开，我们可以说，信没拆开我们不知道信的内容，私拆别人的信是不道德的行为。另一种情况，信已拆开，就要从当时的情况现编。我们两封家信，各人信中的疑点，他们准问，你不远千里从天津到金华来干什么？就按上海编好的那套回答，如果节外生枝，提出其他问题，也需要现编、应付。我信中疑点多，审问时间要长些，我会平安回来的。万一我被捕，你回上海找思懿吧！”说着她哭了，从钱包里拿出五枚金扣子给我。她继续说：“五个金扣子和你那金戒指，够你回去的路费。”我一时想不起如何安慰她，我说：“大姐，你别往绝路上想，你记得五姐的临别赠言吧？退！已经没路可退了。如果你叫他们抓起来，我面前只有两条路，一是陪你去坐牢，二是弃尸异乡。我珍惜能顺利参加革命的良机，绝不走回头路。”康英破涕为笑：“好小妹，谢谢你！不知什么时候过堂，那时你一定记住编好的口供，一字也不能改。”

20日，上午八点来了两个警察，分别把我们带走。我没出二楼，在走廊最东头的房间，面对房门坐的好像是个官，另一个坐在斜放的桌子旁边，大约是记录员。

审问开始了。

“姓名？”答：“王英。”

“年龄？”答：“二十四岁。”

“籍贯？”答：“广东省新会县。”

“你一个年轻女子，不远千里从天津来金华做什么？”

“我以前在医院工作，天津沦陷后失业，生活困难。目前国难当头，抗日救国，人人有责，想到上海谋一职。经上海红十字会介绍来金华红十字会找黄书文先生，请求他谋一职业，维持生活。”

“你在信中写‘已平安到家’是什么意思？”

“本来我就是来金华投奔黄先生的，今天已到金华，很快就能见到黄先生了，所以信中说平安到家，这个家是指黄先生的家。”

“你听说过共产党吗？”

“日本占领天津后，即封锁消息，外边的事是听不到的，电台广播、报纸新闻都是宣传中日亲善、建设东亚新秩序等等，并描绘一幅东亚新秩序的美好远景，如天下太平，人民安居乐业等等。共产党，我是今天第一次听说，我不知道共产党是什么。”

“你认为国民党好，还是共产党好？”

“国民党、共产党对我都是新名词，谁知好不好。”

审讯到此，记录员示意警察放我回客房。我回忆当时的情景，真有些后怕。这些没人性的特务，今日放过我，不知明天又要什么花样！

我回来了，耐心地等待康英胜利归来，我搬把椅子坐在房门外。从九点盼到十一点还未见人回来，心想：她是不是真出了问题。如果她审讯后就被捕，我怎么办呢？我急哭了。接近十二点时见有人上楼，我跑到楼梯去看，大姐面带微笑，略有倦容，像一位刚经过一场恶战的战士胜利归来。我问："怎么样？"她说："险胜，不是准备好口供，想得周到，我们就见不到面了。"我们几乎同时长叹了一声。她说："我们还没离开这里，还得集中精力准备随时对付特务们的阴谋诡计。"

21日，白天很安静，我们心里并不平静，昨日过堂，不知今天又会发生什么事。晚上又快到来了，无事可做，走出房门到外边走廊上观看金华夜景，景色确实很美。

康英说："快回屋里去，我听见有人上楼。"随后进来一位穿件白杭纺长衫的人，他头戴一顶草帽，白线袜，黑圆口布鞋，摇着把白折扇，慢步走来。陪他来的是一个浓妆太太，身穿高领、短袖的花旗袍，阵阵香风随即飘溢满屋。我们赶快站起来，请他们坐下，康英问："先生贵姓？""敝人姓张。"他傲慢地看了我们一眼。康英说："张先生，今晚来此有何贵干？"他说："听说两位小姐曾经在医院工作，想必英文程度不低，我有一事，请小姐帮忙，这里有一封英文信，请你们翻译成中文，行吗？"康英一听知道他不认英文，接过已经拆开的信，看了看说："张先生，我们在医院当护士，学的英文不是药名，就是病名，都是和医学有关的专业用语，别以为在医院工作的人英文程度很高，你过奖了。"

我注意那个女特务用眼看着我们，我就故意表示赞同康英的话，点了点头。康英一会儿又打开信说："张先生您看这字写得多乱，我们看不懂。"两个特务没有说什么。当时确实双方相互观察了一阵。我们看他们是否还有什么绝招，准备随机应变，现编词。那个女特务打破僵局，嗲声嗲气地说：“这房间又暗又热，赶快走吧。两位小姐来金华几天了，还没看看我们金华的夜景，我陪你们去玩玩。”

于是，我们四人出了旅社。我猜想两个特务又要搞什么名堂，康英故意和他们拉开距离，悄悄对我说：“我看，他们认为我们是来接关系的，走路要目不斜视，光看他两个，因为无意中看了某个人一眼，那人可能就倒霉了，会被特务抓走。”一路上，我们两眼左右不离开他们，有时还和他们攀谈几句。我们一起逛了几条街，那位张先生说：“两位小姐累了吧？我们送你们回去休息。”我们还是径直向前看。

晚上我们开始总结一日工作，康英说：“你明白了吧？今天这两个人办了两件事：一件是英文信问题，这个问题可能已经打上个句号了。另一件是我们出去一次，他们认为我们在监视下不敢公开活动，放松一下，放我们回来，在黑暗中观察，就可能有所收获，去时我们目不斜视，回来时你也没有东张西望，他们以为放我们回来，就可能有所活动，容易抓住把柄。这一招特务们又失败了，今晚我们平安地渡过两关，但仍不能麻痹大意。”

22 日，这天平静无事。几天以来，虽然闯过几关，但心情总是紧张，不知还会发生什么意外。晚饭后悄悄地来了一个人，是个普通的中年人，坐下后自我介绍：“我姓刘，两位小姐爱国之心十分可敬，你们留在金华也有许多事可做。”康英说：“我们志愿是上前线，救护伤兵，青年应该到最艰苦的地方去。我们来金华是听黄书文先生的安排。”他说：“小姐既然不愿意留在金华，现在宣布你们可以取保释放，找一个铺保或两个人保。”康英说：“这里人地生疏，我们哪里去找铺保和保人，想起来在到金华途中认识一位周团长的太太，我们帮她上汽车，请你们问她可敢保。”他真的下楼去联系，回来告诉我们：“周太太愿保，周团长不肯保，你们还有熟人吗？”康英大姐说：“我们来金华是找红十字会黄书文先生，发生这件事，介绍信也丢了，口说无凭，谁知他肯保不肯保。”谈到这里，他留下一句话：“明天会有人找你们。”

这一夜两人都没睡好。我们喜的是可能恢复自由，愁的是摸不清是否真释放？还是又要什么花招。

23 日，这天过得很难，一天没见有人来。康英说：“我们要做最坏的打算，重新被捕。”

晚上八点多钟进来一位满口酒气的红脸大汉，自己搬了把椅子坐下说：“他们把难题推给我……”康英赶忙问：“先生贵姓？”他说：“我姓王，是本市宪兵队队长。”我们大吃一惊，落到宪兵队手里，不死也剥层皮。康英试探着问：“有什么难题，使你如此烦恼？”他说：“你们不知道，金华有三派特工人员，为了争功，互相倾轧，对红案更是争夺不休，大家都知道抓住共产党有重赏，谁不卖力气。这回白忙几天，结果一无所获。他们通过严密检查毫无结果，没有抓到证据，审讯也没套出有用的口供，连本市最高明的张先生也只好摇摇头。”康英想了解更多的情况，说：“案子到您手里怎么办呢？”他说：“无罪释放。明天你到小溪红十字会找黄书文先生来保。”康英不放心，故意说：“我去也不行，介绍信丢了，黄先生能轻易相信我吗？”王队长说：“你就说我有事请他走一趟。”康英说：“明天我自己去，把她（指我）留下，你放心了吧！”王队长表示同意：“小溪离城廿里，天气太热，没人愿去，你自己去吧！”

王队长走后我们开心地笑了，今晚这场闹剧真是应了“酒后吐真情”，他把金华特务派系的争斗，无保留地抖了出来。

24日，康英临走时说：“你暂时留下作人质，我尽量早回来。我估计黄大夫不会轻易相信我，要多费些口舌，别着急。”康英十一点才见到黄大夫，说明了几天来的情况，黄大夫确实不敢保。康英把与上海红十字会的联系的人名字说出，还把她如何办的证件全盘托出，黄大夫才相信，同意保我们。

黄大夫进城到宪兵队司令部找王队长，故意表示不肯保。王队长请黄大夫吃了午饭，黄才肯保。下午黄大夫带着我们到小溪去。我们在金华被困一周，这才算有了真正自由。

我们在小溪稍事停留，喝了些茶，也未敢多停留，黄大夫就送我们上路了，抄小路，躲过顽军岗哨，把我们送出五六里路，他说：“这里就是两军防地的界线，对不起，我就不再远送了。岩寺离这二十里有新四军的兵站，沿途要多多保重，小心谨慎。”康英和我表示衷心感谢。黄大夫说：“不必客气，我是受人之托，忠人之事，应该做的事情，后会有期吧！”

“新四军也是一个大学校”

1940年4月30日，六姨终于抵达了江苏溧阳县水西村新四军一二三支队司令部。六姨回忆道：

5月2日，一二三支队政治部主任钟期光找我谈话。他问我："你为什么要参加新四军？"我说："在天津当了几年亡国奴，恨死日本人，想找个真正抗日的队伍打日本鬼子。听说新四军好，抗日坚决，所以不远千里来这里。"他说："听说你很想上大学，是吗？"我说："新四军也是个大学校，我叫它抗日大学，这所大学培养出许多有胆有识、大智大勇的英雄，像康英那样的同志。我很想进这个学校，您是否收我？"他点了点头，把我分配到新四军战地服务团工作。我高兴极了，从今天起我就是新四军的一名战士了。

参加革命是六姨一生重大的事，她也从未料到自己会当兵。她告诫自己："一切要从头学起，自己是革命军人，不是老百姓了。"1940年5月到1941年2月，十个月的部队生活，她出生入死，在战场上经受了考验。1940年5月的一天夜里，他们通过一条敌占区公路封锁线时和日军一支巡逻队相遇，受到敌人袭击。当战地服务团战士向前冲时，六姨身边许多同志中弹倒下了。战争是残酷的，当时年轻的六姨刚刚参军二十多天，她勇往直前地冲过了封锁线！她给我讲这个故事时告诉我，她真正体会到了什么是生死搏斗，只有勇敢者，向前冲才有生的机会，胆怯向后退必死无疑！六姨的亲身经历也使我懂得今天的生活的确是先烈们用他们的鲜血和生命换来的！

1941年3月，六姨加入了中国共产党，但由于"左"的思潮影响，因为是"保皇党的代表人物梁启超的女儿"，她于1948年被开除党籍，蒙冤三十五年。直至十一届三中全会后的1983年，才撤销了一切错误决定，恢复她的党籍。

有人情味的六姨丈章柯

经过几十年革命生涯、与六姨风雨同舟的六姨丈本姓赵，后改名章柯，早年是西北武功农学院的学生，后长期担任山东省科委的领导工作。解放初期，由于他是老革命，我们家里人有点儿不知如何与他相处。妈妈给六姨的信中就说不敢给章柯写信。六姨丈知道后，主动先给妈妈写了一封信，这封信还是很有人情味的，妈妈收到后非常高兴，并仔细地将信保存起来。现摘录部分：

思庄姐：

在思宁同志那里见到你给她的信，其中曾谈及我，但据说是不敢给我写信，这可能是彼此太陌生的关系而存在着一定程

20 世纪 50 年代，梁思宁、章柯一家合影。

度的顾虑，其实是不必要的。很早就听说三姐是个很和蔼、长期从事燕京图书馆工作的人，在学识及为人上都很好，像你这样的人才在新中国的建设中是很需要的，尚望努力在工作中加强政治学习，提高自己改造自己，前途是非常光明的。至于生活习惯，是次要的，不必求急，只要适应环境要求即行。

来信中曾谈及七叔（梁启雄）情况，因为太过于求成，致旧病复发，吐血，年纪又大，这样力求适应新环境的精神是令人钦佩的，但也不必太过，以至于影响健康，只要是为工作尽心尽力就很好了。我想共产党是器重人才的，尽可完全放心。

思成哥嫂等均系中国科学文化界知名人士，均已着手新北平的建设，我引以为荣，这里请你代我向七叔、思成兄嫂等问好，祝贺他们的工作成就……

敬礼！

弟章柯 29/6

信上没写年份，信的签名下盖上了红色私人印章，很正规；但纸不是正式信纸，而是某种表格的反面，这也看出当时的艰苦条件。

记得大约也是在这个时期，六姨丈来北京开会。一天，他手提两盒点心来到我家看望我妈妈，两人很谈得来。六姨丈随和地谈论家长里短，没有“官”架子，也不讲太多革命大道理。妈妈立刻放松下来，而且喜欢上了这位妹夫，再也不怕这家里的共产党的“官”了。尤其使她感动的是：共产党的干部也带着点心送给姐姐，还是有人情味的。从此，六姨丈章柯和全家人都熟起来，真正成为家中的一个成员。

20 世纪 70 年代，梁思宁、章柯夫妇和孩子们。

20 世纪 80 年代，梁思宁与章柯在照相馆合影。

新中国成立后，陈毅元帅曾对二舅思成讲：“当年我手下有两个特殊的兵，一个是梁启超的女儿，一个是章太炎的儿子。”

六姨、六姨丈年过八旬后，两人在山东济南的干休所安度晚年，他们儿孙满堂，经常团聚。六姨希望自己不被打扰，她说，她要“静悄悄地来，静悄悄地去”。她常用过去的革命经历教育子孙。

她永远为此感到骄傲：自己当年是一名新四军女战士。

2006 年 2 月 26 日，六姨静悄悄地在济南去世。

九

中国第一代“驯火人”

——八舅梁思礼

八舅梁思礼是我最小的舅舅，小名“老 Baby”，公公在信中叫他“老白鼻”。我在六岁之前，经常和他在一起玩儿，很喜欢他，他常爱逗我，并带着我玩儿，是个懂得疼人的小舅舅。后来他去美国八年，我们断绝了一切消息，回国时他已二十多岁，拿了美国的博士学位；但在我眼里，他依然是当年的小八舅，我和他在一起，一点儿也不拘束，我们可以无话不谈，我也敢和他开玩笑，他不像我的长辈，倒像是我的朋友。用现代新名词来说，我们之间的“代沟”很浅；当然，毕竟是两代人，不可能没有一点儿“代沟”。他是我国的火箭导弹控制系统专家、中国科学院院士，我还能记得起来他小时候的模样以及和我相处的一些有趣的往事。

“老 Baby（老白鼻）”——公公的心肝宝贝

八舅梁思礼于 1924 年 8 月 24 日生于北京，他的生母是王桂荃。八舅刚出生不到二十天，9 月 13 日，李蕙仙婆就因乳腺癌去世。在全家悲痛的气氛中，八舅给了大人极大的安慰。公公格外疼爱他，当然也因为他是“老来子”。（九舅梁思同生下不久就死了。）爱开玩笑的公公说，八舅思礼和大姨思顺是“亲家”，将来他们的孩子要结亲；难怪公公给孩子们的信中总说“亲家”，我搞不明白问了八舅后才知道。其实大姨比八舅大三十一岁，他们的孩子年龄就更悬殊了，当然不可能成为真正的“亲家”，可见公公有多么幽默。1927 年，公公在给海外的孩子们的信中说：“每天老白鼻总来搅局几次，是我最好的休息机会。（他又来了，又要写信给亲家了。）……”[①] 公公总是手把着八舅的手，用毛笔给大姨写几个字，我家还保存着几张当年他们用毛笔写给“亲家”的歪歪扭扭的字条。

八舅年幼时，家里的大哥哥、大姐姐们都在国外，只有小的哥姐在国内，那时公公很想念远离家乡的孩子们，身边的“老白鼻”成了最大的安慰。1927 年 1 月 2 日，公公在给海外的孩子们的信中写道：

> 老白鼻一天一天越得人爱，非常聪明，又非常听话，每天总逗我笑几场。他读了十几首唐诗，天天教他的老郭[②]念，刚才他来告诉我说：“老郭真笨，我教他念：‘少小离家’，他不会

---

① 丁文江、赵丰田编：《梁启超年谱长编》，上海人民出版社，1983 年第 1 版，1115 页。

② 家中的保姆。

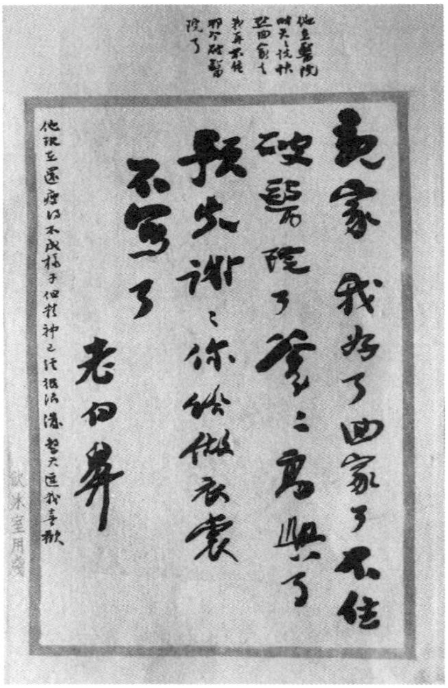

这是梁启超当年把着年幼的梁思礼的手，写给梁思顺的顺口溜。梁启超写得十分生动有趣，这件手迹一直被家人珍藏着。

念，念成‘乡音无改把猫摔’。”（他一面说一面抱着小猫就把那猫摔下地，惹得哄堂大笑。）他念：“两人对酌山花开，一杯一杯又［复］一杯。我醉欲眠君且去，明朝有意抱琴来。”总要我一个人和他对酌，念到第三句便躺下，念到第四句便去抱一部书当琴弹。诸如此类每天趣话多着哩。[1]

王桂荃婆说八舅小时很灵巧，两岁时，公公一要烟，八舅就主动把抽烟的一套用具送到公公面前，每次都使公公非常高兴。

---

① 丁文江、赵丰田编：《梁启超年谱长编》，上海人民出版社，1983 年第 1 版，1107—1108 页。

公公给海外孩子们的信中经常用很多笔墨非常细致地形容老Baby，透过字句可以看出他是多么地喜爱自己的小儿子。1925年，他在信中写道：

> 老Baby好顽［玩］极了，从没有听见哭过一声，但整天的喊和笑，也很彀［够］他的肺开张了。自从给亲家收拾之后，每天总睡十三四个钟头，一到八点钟，什么人抱他，他都不要，一抱他，他便横过来表示他要睡，放在床上爬几爬，滚几滚，就睡着了。这几天有点可怕，——好咬人，借来磨他的新牙，老郭每天总要着他几口。他虽然还不会叫亲家，却是会填词送给亲家，我问他："是不是要亲家和你一首？"他说："得、得、得，对、对、对。"①

最有趣的是公公有一滑稽作品寄给大姨思顺，用滑稽的语句把八舅小时的神态描写得活灵活现。

> 其一
> 昨日好稀奇，
> 进出门牙四个，
> 刚把来函撕吃，（事实）
> 却正襟危坐。

① 丁文江、赵丰田编：《梁启超年谱长编》，上海人民出版社，1983年第1版，1048页。

一双小眼碧澄澄，
望著阿图和，
肚里打何主意，
问亲家知么。

其二
谢你好衣裳，
穿著合身真巧。
那［哪］肯赤条条地，
教瞻儿取笑。

爹爹替我掉斯文，
我莫名其妙。
我的话儿多著，
两亲家心照。[①]

诗中“刚把来函撕吃”说的是八舅长新牙见什么都咬，借来磨他的新牙。“谢你好衣裳”，是谢谢大姨从国外寄给八舅的新衣服。“那肯赤条条地，教瞻儿取笑”，瞻儿是大姨的长子周同轼的小名，他比八舅年龄大很多，后来总和八舅一起开玩笑。

1927 年，老 Baby 生了一场大病，连日发烧，最高烧到三十九摄氏度多。公公着急万分，五天内给海外的孩子们写了三封信。

---

① 梁启超：《饮冰室文集之四十五（下）》，台湾中华书局，1979 年版，99—100 页。

3 月 29 日第一封信说："老白鼻得病已逾一月，时好时发，今日热度很高，怕成肺炎，我看着很难过。"①

3 月 30 日，又寄一封信说："老白鼻病利［厉］害极了，昨天早上还是好好的，说笑跳玩，下午忽然发起烧来，夜里到三十九度四，现在证明是由百日咳转到肺炎，很危险，拟立刻送到城里去入协和医院。（还不知协和收不收，清华医正在打电话去问。）只望他能脱度危关，我们诚心求你妈妈默佑他。我现在心很乱，今日讲课拟暂停了，正在靠临帖来镇定自己。"②

过了三天赶紧又写一封信报平安："前三天因老白鼻着急万分，你们看信谅亦惊皇［惶］，现在险象已过，大约断不至有意外。现又由协和移入德院，因协和不准亲人在旁，以如此小孩委之看护妇，彼终日啼哭，病终难愈也。"又写道："老白鼻平安，真谢天谢地，我很高兴，怕你们因前信担忧，所以赶紧写这封。"③可见老 Baby 的病情多么牵动着这位慈父的心。

聪明淘气的"八老爷"

老 Baby 五岁时，公公就去世了。他跟着婆和当时在国内的几个年龄较小的哥哥姐姐住在天津。20 世纪 30 年代初，在国外的大姨、二舅、三舅、四舅和妈妈先后都回国了，他们都在北平工作，一直

---

① 丁文江、赵丰田编：《梁启超年谱长编》，上海人民出版社，1983 年第 1 版，1122 页。

② 丁文江、赵丰田编：《梁启超年谱长编》，上海人民出版社，1983 年第 1 版，1122—1123 页。

③ 丁文江、赵丰田编：《梁启超年谱长编》，上海人民出版社，1983 年第 1 版，1123 页。

到“七七”事变前。梁氏姐弟和婆经常往返于京津两地，虽然各自都有了小家庭，但来往仍很密切。1936年，我的爸爸去世后，大姨把妈妈和我接回北平，从此全家有了几年的团聚。“七七”事变前后至太平洋战争爆发前（1941年），我和八舅接触较多，虽然那时我的年龄还小，记忆力还不算强，但后来经过妈妈提醒和看当年的照片，我再努力回忆，很多事情还能够清晰地再现，甚至比八舅还记得清楚。我后来讲给他听，他自己都觉得很有意思。

八舅酷似公公，一双大眼，宽大的前额，一张“梁家嘴”，皮肤较黑，个子不高，脑子很聪明，行动很敏捷，年轻时是个漂亮敦实的小伙子。他心地善良，性格温柔，对人和和气气，他是哥哥姐姐们的宝贝。虽然他年纪小，但辈分高，大姨家的三个孩子周念慈、周同轼、周有斐都比他大，大姨第四个孩子周嘉平也只比他小四岁，

约1937年，梁思礼（后左）与母亲王桂荃、姐姐梁思懿（后中）、梁思宁（后右）摄于天津老家。

1936年，王桂荃婆和梁思礼、吴荔明在饮冰室院中。淘气的八舅（梁思礼）把娇气的Boo Boo（吴荔明）逗哭了，还躲在椅后偷笑。

他们都得叫他八舅，但心里实在不甘心，于是，有时就叫他“老Baby”“八老爷”“老八”等等，他也无可奈何。他左思右想，有了一个对策，要小辈们叫他“干爹”。岂不知年纪比他大的外甥们对此毫不理睬，只有那时才两岁的我，大声叫他“干爹”，这样他的心理才得到一些平衡。他疼爱我，因为我一岁半就失去了父亲，他总是小心翼翼带着我玩儿，有时不小心逗我哭了，婆总要骂他几句，他又做鬼脸把我逗笑。我现在仍保留着一张照片，照片上婆抱着大哭着的我，八舅躲在她背后淘气地笑着，我想一定是八舅把我逗哭了，不知是哪位抢下了这个镜头。

八舅酷爱音乐，尤其是贝多芬的交响乐。他有一个绝活，就是能够把贝多芬的《命运交响曲》，从头到尾哼出来，而且基本无误。这一绝活一直保持到他的晚年。他始终迷恋贝多芬的曲子。大姨家有很多外国音乐唱片，八舅一去就和表哥们一起放唱片，他们就随着音乐唱。我那时太小，虽然一点儿也不懂音乐，更不知贝多芬，但只要放了贝多芬的交响乐，我也会跟着哼起来，当然只是几句。直到现在，我对西洋音乐的爱好还是当年八舅和几个表哥无意中培养起来的，想想现在音乐对我精神的调剂，我真应当感谢当年的小八舅呢。当然，我更佩服他的音乐天赋和模仿的本领。妈妈很欣赏八舅这一点，我长大后不止一次听妈妈非常得意地夸奖八舅。

八舅自小就爱游泳，也许是每年暑假去北戴河避暑学会的吧。大姨全家每回去北戴河，总带着八舅。我和妈妈也常去，有时五姨也一起去。我总跟着八舅和表哥们下海，他们都向深海里游，我是让妈妈抱着在近沙滩的浅水中泡着。最令人难忘的事是“七七”事变。妈妈对我讲，我还有些记忆：1937 年大姨全家、妈和我、再冰表姐、八舅正在北戴河避暑，7 月 7 日，卢沟桥事变爆发，北平局势紧张，妈妈当即决定带八舅、再冰姐和我赶回天津婆家。火车走了将近二十四小时，车上拥挤不堪，没有水喝，没有饭吃，大家忍饥挨渴，耐着酷暑，盼望能快点儿到家。八舅虽然只是十几岁的半大小伙子，但一路上很像个长辈，努力帮助妈妈照顾再冰姐和我。再冰姐也像个小大人，有一点儿水也让我先喝。好不容易我们才到了天津站，八舅回忆，当时有很多日本兵把守在车站，他很害怕，壮着胆子才走出车站。婆正在家焦急地等着大家的消息，见到我们平安归来这才放心，她赶紧带我们到地下室饭厅，一个大长桌上摆满了各式各样的食品。我还记得有一个大长咸面包，婆用锯齿面包刀为我切下一大片，夹上肉肠，我马上狼吞虎咽起来。

游子离家海外苦读

“七七”事变后，全家又被拆散了。二舅、三舅全家和五舅思达都去了大后方，大姨全家、妈妈和我住在北平，五姨在燕京大学读书。这段时间婆带着六姨和八舅住在天津，经济并不宽裕，只靠过去的一点儿积蓄和房租度日、交纳学费。八舅自小很懂事用功，在天津培植小学读书时就名列前茅。1935 年，他考入天津南开中学，抗战爆发后，南开中学迁往重庆，他就转入天津耀华中学。在这两所名牌中学里，他受到了各方面良好的教育。天津沦陷后，他亲身体会到当“亡国奴”和“顺民”的耻辱，也目睹了老百姓在日本侵略者铁蹄下的痛苦生活。从那时起，他就下定了救国的决心。1941 年，八舅高中毕业，考上了燕京大学。此时婆的好朋友丁大夫为八舅在美国卡尔顿（Canleton）学院找到了一个全额奖学金名额。同年 8 月，他跟随五姨同赴美国，到达美国不久，就爆发了太平洋战争，美日宣战。从此，十七岁的八舅和祖国亲人断绝了一切联系，靠奖学金和婆给他凑的不足四百美元维持生活和学习。

1941 年，梁思礼（左一）、张炜逊（左二）、梁思懿（左四）等在赴美国的柯立芝总统号轮上。

八舅在美国综合性的卡尔顿学院学习了两年，成绩一直很好，但他始终心怀工业救国的思想，因此想改学工科。1943 年，他申请获得了美国租借法案中对留美中国学生的生活津贴，随后进入了有工程师摇篮之称的普渡（Purdue）大学电机工程系，主修无线电，后来又学自动控制。从此，他进入了自然科学的研究领域。公公梁启超生前一直遗憾，他的孩子们没有一个是学自然科学的，他曾于 1927 年在给海外的孩子们写信表达："我想你们兄弟姐妹，到今还没有一个学自然科学，很是我们家里的憾事……"

没想到他去世后，他最宠爱的小儿子实现了他的心愿。

梁启超没有遗憾了

梁思礼在普渡大学两年内学完了三年的课程。由于学习成绩优异、社会活动能力强，他曾获得 Sigmaksi，Tau Beta Pi，Eta Kappa Nu 等多个荣誉学会的金钥匙。他在业余还参加了普渡大学古典式摔跤队，该队曾获得 1944 年美国十大学（Big Ten）冠军。由于失去了家庭经济来源，八舅在美国的大学生活相当清苦。他到餐馆当洗碗工和侍者，暑假去纽约北面的旅游胜地银湖湾当救生员。在狭长的湖面上，游客们划着舢板，尽情享乐；而梁思礼这位年仅十七岁的中国少年，戴着太阳帽，穿着游泳裤坐在特设的高台上，聚精会神地向四周观望，不能有一丝松懈。一旦有人溺水，他就得立即跃入水中抢救。寒假，他又去罐头厂做工，不能享受假日的休息和娱乐。他什么苦都吃过，什么累活都能干，这一切都是为弥补微薄津贴的不

1945 年，梁思礼摄于普渡大学。

足。当时，在美国的华人是卑贱的，被视为“黄祸”，租一间房子住都很难。梁思礼发愤图强，一心效法父亲科学救国、振兴中华。就这样，他自己在异国他乡艰辛地苦读了八年，这段生活经历，对培养他艰苦奋斗和敢于在困境中打开局面的勇气与毅力很有帮助。1945 年，他大学毕业了，获得了普渡大学的学士学位。后来，又入辛辛那提（Cincinnati）大学，1947 年获硕士学位，1949 年获博士学位。

报效祖国，百折不挠

八舅在国外读书期间积极靠拢中国学生进步组织，曾于 1948 年参加了进步的北美基督教中国学生会（CSCA），并成为执行委员会成员。1949 年，他又参加了留美知识分子的爱国组织——中国科学工作者协会，动员中国留学生回国。1949 年是他人生转折的重要关头，新中国即将成立，所有要回国的同学都面临着两种选择：去台湾还是去大陆？八舅和美国全体进步的留学生们都向往一个崭新的中国，毅然和他的五姐思懿全家登上了克利夫兰总统号轮船，驶向了新中国。离乡八年的海外游子，就要回到他时刻思念的祖国，就要和家乡的母亲、哥哥、姐姐们团聚了，他无比地兴奋！1949 年 10 月 1 日，在这艘横跨太平洋的轮船上，大家听到了新中国成立的广播，全体进步同学欢欣雀跃！他们获悉国旗是五星红旗，但不知五颗星如何放置，于是找出一块红布，中央放一颗大黄五星，四角各放一颗小黄五星，权做国旗，在船上开了一个庆祝会。

1949 年 10 月，梁思礼回到阔别八年的祖国，见到了日夜思念的母亲和哥哥姐姐们。他回国后，感到一切都很新鲜，立即做了一身蓝色呢子中山装，穿起来笔挺挺得很精神。妈妈说：“老 Baby 像个干部了。”当时，大家认为“干部”是很了不起的。八舅、五姨回国后全家又团聚了，大家仍然把八舅视作当年的“老 Baby”。记得在 20 世纪 50 年代初，妈妈要来一只白色小叭狗取名为“洋洋”，它非常聪明，和我家的猫交上了朋友，整天在一起打闹。妈妈不许“洋洋”上床，但家里人一走，它就偷偷上床和猫睡在一起。当妈妈一下班，它听见声音立即就跳下床来，知道自己犯了错误。八舅也很喜欢“洋洋”。一天，他向妈妈借“洋洋”到城里去玩儿几天。婆在手帕胡同的四合院大门有一次没关严，“洋洋”一下就逃跑了，找了几天都没找到，急得八舅要登报寻狗。妈妈说算了。我想，“肇事者”亏得是八舅，如果是别人，妈妈恐怕不会原谅他的。

1949 年 9 月，梁思礼与陈辉（后者）在旧金山登上返回祖国的克利夫兰总统号邮轮。

妈妈太喜爱小动物了，为了曾经养的这只小狗，她在“文革”中没少挨批斗。

那年八舅刚满二十五岁，正是科技人才最容易有突破、出成果的年龄，他以极大的热情投入到新中国的建设事业之中。经中国科协安排，1950年1月，他到邮电部电信研究所搞天线研究工作。虽然专业不对口，但他欣然接受，不懂就学，边学边干。不久，抗美援朝战争开始，他立即报名参军，组织上留他在北京工作，参加中国国际广播电台的建设。

1952年，“三反五反”中八舅蒙受了极大的侮辱冤屈，那年他刚二十八岁，正参加国际广播电台的设计施工。供应天线零件的私营工厂资本家诬陷八舅贪污了钱，八舅根本不承认，有关部门就说他态度不好，“打虎队”对他进行“车轮战”——二十四小时的“逼供信”，整得他晕头转向，只好乱承认，说什么都承认。头天说了第二天又忘了，又翻案，最后越搞越乱，他自己也认为不可能搞清楚了，准备被捕坐牢。他多么希望组织上能明察秋毫，帮助他澄清这不白之冤。“五一”节那天，他被关在屋里，听着外面游行队伍唱着歌，自己心里又委屈又难过。他埋怨自己根本不该管这些事，但自己积极，是工作就干，反而倒了霉。从此，他再也不敢过问经济了。

所幸的是，后来领导看出了问题，一项一项调查落实，发现纯属冤案。当时的邮电部部长王诤亲自在大会上为八舅平了反。这件事，给全家带来了很大的精神压力，使八舅遭受了很大的屈辱，但八舅仍以极宽容的态度对待共产党；他觉得共产党实事求是，有错必纠，是个伟大的党。他不但没有记“仇”，相反，他自己积极地向党靠拢，回国后一直兢兢业业地努力工作，默默无闻地奉献着自己的才智，认认真真地完成党交给他的每一项工作。

记得一次在八舅家，他谈起有些人对工作不负责任和不懂业务瞎指挥的恶果时，瞪着两只大眼，激动得满脸通红，恨不得自己立即“冲锋陷阵”。她的女儿逗了他一句：“老黄牛，只会低头拉车不看路。”我觉得他不是不看路，而是不知道他所看准的路是多么的曲折；对于一个不掌权、只懂业务的知识分子，这条路又是多么的艰难。

1953年，八舅随邮电部电信研究所合并到总参通信部电子科学研究所，任天线电波组副组长。1955年夏，他被国务院派往越南帮助北越建立“越南之声”广播电台。由于出色地完成了任务，胡志明主席亲自接见了他们，并向他们几名援越专家颁发了奖章和奖状。

埋头耕耘，八舅成了火箭导弹专家

1956年春，在八舅的一生中是一个新的起点，他参加了党中央国务院主持的“十二年科学远景规划”的制定工作，参与起草“喷气技术”（即导弹与火箭）部分。同年9月，他作为技术骨干被调入正在筹建的国防部第五研究院；10月8日，五院（导弹研究院）正式成立，梁思礼被任命为自动研究室主任。作为钱学森院长手下的十个室主任之一，他在国外所学的专业又有了用武之地；同年11月，他加入了中国共产党。五院建院开始，梁思礼把全部身心都投入到我国导弹与火箭研制事业之中。

“那时真可谓两手空空，一张白纸。”八舅说，“除了刚刚回国的钱学森院长外，谁也没见过导弹、火箭，只能是边学边干。”

1958 年，梁思礼第一次穿上军装与出生后初次见面的儿子和刚做妈妈的妻子麦秀琼合影。

1958 年，五院与炮兵共同组建 P–2 导弹教导大队，由苏联专家讲授 P–2 导弹的原理和操作、使用、维护技术。梁思礼被任命为技术副大队长。1959 年，五院开始试制 P–2 导弹，梁思礼作为控制系统技术负责人之一，担任驻厂工作组组长。1960 年，依靠我国自己的力量仿制并试验成功 P–2 地—地导弹。随后，梁思礼作为控制系统的主要技术负责人之一，参加了我国第一个自行设计的中近程液体地—地导弹的研制。

20 世纪 60 年代的困难时期，正是我国航天技术的攻坚阶段。钱学森、屠守锷这样的高级专家也是酱油拌饭，身上浮肿；而他们并不在意，一心要送火箭上天，为国争气！八舅说：“顾不上这些啊。那时面对国际封锁，航天部各个科室每晚灯火通明，哪里有加班费和夜餐呢，政工干部的主要工作就是动员大家早点儿回家休息。我在永定路二院攻关，那儿的口号就是‘生在永定路，死在八宝山’！”使八舅永远难忘的是他们所经历的挫折和失败，那是 1962 年的一次导弹发射试验。八舅当时真是初生牛犊不怕虎，站在离发射阵地仅两公里远的吉普车旁；那次聂荣臻元帅坐阵在五公里以外的帐篷前。这颗导弹刚起飞就掉了下来，距发射点只有三百多米。八舅立即跳上吉普车奔向爆炸地点，望着燃烧的火焰，心痛万分，几天吃不下饭。

这次试验前，八舅在和快分娩的八舅妈麦秀琼告别时说：“若生男取名‘凯’，生女取名‘旋’。”他盼望着凯旋而归。这次试验虽然失败了，但他仍给女儿起名为“旋”，她就是梁家最小的第三代，1962 年出生的我们的小表妹。八舅相信“失败是成功之母”这句话，他坚信今后一定会取得胜利。

1964 年，我国第一个自行设计的中近程液体地—地导弹最终发射成功！

1965 年，八舅又被任命为上述中近程导弹改进型号的控制系统主任设计师。他和其他同事一起研制成功全惯性制导系统，并先后参加领导了十三发导弹的飞行鉴定试验。

1966 年是中国航天事业最值得纪念的一年。10 月份，八舅参加了导弹核武器的飞行试验，导弹准确命中目标，实现了核爆炸。中国人在自己国土上进行的带原子弹头的导弹发射成功了！而美苏这种两弹结合试验都是向大洋发射的。梁思礼主持的自控系统天衣无缝，运转正常！全世界都为之震惊。中国真正成为继美、苏、法、英之后第五个拥有导弹核武器的国家，从此进入了核大国的行列。

1966 年，八舅担任着很多重要工作，他还主持了远程液体地—

地导弹控制系统的研究和方案制定工作，随后被任命为核导弹和长征二号运载火箭的副总设计师，负责控制系统的研制工作。在他的主持下，我国首次把集成电路用于弹上计算机，并首次以此进行全弹自动化测试。遗憾的是，刚起步不久，“文革”的风暴就严重冲击了相关研制工作。在这场风暴中，八舅和全国知识分子们一样，和他的哥哥姐姐们一样，受到了“批判”“靠边站”等不公正的待遇，他和全体亲人失去了联系，家被抄，老母亲被折磨致死。这一年，有三位科技专家死于非命，其中一位是著名火箭材料专家姚桐斌，他是在周恩来总理亲自关怀和安排下从国外归来希图报效祖国的。听到他去世的噩耗，正在宴请外宾的周总理震惊得手中酒杯都跌落在地，摔得粉碎。周总理决心将一批重要专家保护起来，这其中也包括梁思礼；如此，八舅才幸免于难。八舅不管遇到了什么，在事

梁思礼、麦秀琼与儿子梁左军（前中）、长女梁红（前右）、次女梁旋（前左）合影。

业中，他都不计较个人职务名位；他强忍着丧母的悲痛，在逆境中排除各种干扰，努力使科研工作不断取得进展。

1976 年至 1978 年，八舅同时还担任长征三号控制系统技术负责人，在确定长征三号控制系统方案中承担技术领导和具体指导工作。1978 年，他集中力量研制远程导弹和长征二号，并参加了上述型号导弹的多次飞行试验。1980 年，他参加了向太平洋发射远程火箭的飞行试验，为此他成为 1985 年国家科学技术进步奖特等奖主要获得者之一。

1980 年，八舅被调任七机部运载火箭研究院副院长，在这一岗位上，他进一步狠抓导弹的研究质量和可靠性工作。由于他在理论和实践上取得的成就，八舅被认为是航天可靠性工程学的学科带头人，曾任航天部科技委员会质量可靠专业组组长、宇航学会可靠性专业委员会主任、航天部质量协会副理事长和《质量和可靠性》杂志编委会主任等职。

1981 年，八舅被任命为航天部总工程师，同年被任命为通用测试设备（CAMA 系统）总设计师，负责航天部通用计算机自动化测试系统的研制工作。这一项目经过四年的努力取得了成功。为此，他于 1987 年获得国家科学技术进步奖二等奖和航天部科技进步奖一等奖，并于 1996 年获得何梁何利基金；1997 年，又获老教授科技兴国奖。

1983 年，梁思礼任航天部科技委员会常委、总工程师。他大力倡导、规划、推广、普及计算机辅助设计和制造，CAD/CAM 技术的应用，被认为是航天 CAD/CAM 技术的带头人和奠基者，并在华中理工大学担任兼职教授。

梁思礼在宇航事业方面的辛勤劳作，使他在宇航界享有很高的声誉。1987 年，他当选为国际宇航科学院院士，英国剑桥国际讨论

聂荣臻元帅与参加导弹核武器试验的科技人员在一起。前排左四为钱学森，左二为梁思礼。

2003年，神舟五号载人飞船发射成功后，梁思礼与杨利伟等五名中国宇航员在返回舱前合影。

中心把他列入了《世界名人录》。他还担任中国宇航学会等很多学会的副理事长、理事，并被聘为哈尔滨工业大学及南京航天管理干部学院等大学的兼职教授，每年定期到校为大学生们讲课。

1988年，他作为国防科工委组织的“核武器和空间裁军研究组”的成员，开始进行核战略导弹和外太空武器裁军的研究工作。1989年，他作为中国代表参加联合国在苏联召开的“防止意外核发射研讨会”以及1991年9月于北京召开的第四十一届“普格瓦什”科学与世界事务会议年会，围绕“争取和平安全与发展”的主题作了发言。他感到无比自豪的是：百余年来，梁启超等无数仁人志士为之奋斗的使中国屹立于世界民族之林的理想终于在自己这一代实现了！

1996 年，梁思礼获何梁何利基金奖后与妻子麦秀琼合影。

八舅从对导弹一无所知到成为一名国内外知名的导弹系统专家，除了靠他本人刻苦努力外，更重要的是，中国航天事业在自力更生、奋发图强的基础上建立和发展起来，他有幸在其中锻炼成长。他总是说：“没有祖国的航天事业，就没有我的这一切！”

几十年来，由于工作特点，八舅和所有的航天专家们一样，始终默默无闻地在这一先进的科学领域里埋头耕耘，把自己的青春全部奉献给了自己热爱的事业。报纸上、各种刊物上极少见到他们的名字，而他们所从事的工作、所取得的成果正是中国强盛的重要标志，他们对祖国贡献之大，是难以估量的。

“洋博士”梁思礼和“游击队小鬼”麦秀琼

多年来，家里的人从不问八舅在干什么，大家只知道他在某研究所，从事一项非常重要的科学研究；而他自己更是守口如瓶，滴水不漏。他是个实干家，总是忙忙碌碌地在外出差，家中的事很少过问，一切家务担子都落在八舅妈的身上。

八舅妈名叫麦秀琼，她沉默寡言，十分文静，对家人有着很深沉的感情。八舅和八舅妈是对恩爱夫妻，他们在各种风雨坎坷中已共同生活了六十年。八舅说：“无论在多困难的日子里，我们没有吵过一次架，我庆幸生命中有了她，她为我牺牲了许许多多。”确实如此，八舅妈很有才华，她在高中毕业时，考试在全高中总分第一，她完全可以做出比今天更大的成绩，但为了支持八舅的事业，她几经调动，失去了发展自己的机会。

“洋博士”八舅和“游击队小鬼”八舅妈说来很有缘。当八舅在美国读博士的时候，八舅妈参加了游击队，成了一名小游击队员。他们彼此的经历完全不同。但新中国成立后他们在工作单位初见时，惊喜地发现彼此之间有着很多相通共鸣的东西，仿佛早已相识多年。他们对事业都心怀饱满的热情，两人除了有共同的思想感情外，还有相近的文化背景。八舅妈的祖父麦培生是一名基督教徒，他响应孙中山先生领导的民主革命，参加黄花岗起义，加入同盟会，最后被陈炯明杀害。八舅妈的父亲从复旦大学毕业后也投身进步事业，曾在十九路军中任职，后赴香港办报。太平洋战争爆发后，香港沦陷，他返回广东，因长年颠沛流离，积劳成疾而去世，年仅四十四岁。1947 年，十几岁的八舅妈高中毕业，在她面前摆着三条道路：

考大学，去游击区或是工作养家。由于她的成绩优异，有位老师很希望资助她读大学。但已经是共产党员的她受到进步思想的影响，毅然放弃了考大学的机会，进入了共产党领导的游击区参加解放全中国的革命斗争。她是从进步、民主的书香世家走出来的游击队员。她那文静、内秀、坚韧的性格吸引着八舅，而八舅的博学多才和乐观开朗的性格也很使八舅妈敬佩。他们真是“天配良缘”。

岁月催人老，年过古稀后的八舅与八舅妈老两口更加恩爱。八舅妈在家中的作用更加重要，她不仅料理全家的生活，而且十分理解和支持八舅的事业。她不断地学习，已懂得不少航天专业知识，由于具有长期从事资料整理工作的经验，加上敏锐的感悟力和细心的工作态度，她离休后就成为八舅离不开的得力“家庭秘书”。每当我到他们家去探望时，他们总是很开心。我和八舅说说笑笑，仿佛还和我们儿时一样。当然，他更是我敬爱的一位老专家！他对航天事业的执着追求、他历尽坎坷终不悔的自尊自豪的生活态度、他默默无闻埋头苦干的劲头，使我看到了中国老一辈知识分子那种赤诚的报国之心。

2016 年 4 月 14 日，八舅以九十二岁高龄在北京平静辞世。

十

梁家三代的燕大情结

燕京塔，塔燕京，

燕京水塔十三层！

当我刚学说话时，妈妈就教给我这首燕京大学的小歌谣。

未名湖、博雅塔共同构成的著名的湖光塔影是当年燕京大学校园（燕园）中标志性的美景。1951 年，燕京大学由私立改为公立大学。自 1952 年全国大学院系调整后，燕京大学消失了，美丽的燕园成了北京大学的校园，成为全国重点文物保护单位。

燕京大学是一所教会学校，是中西文化融合的产物。“在行政管理上它成功地引进了西方的教育制度，又逐步培养了一批中国人来管理；在校风建设上，它传播了西方自由、平等、博爱的观念，又

◀
当年燕园的湖光塔影

促进了学生爱国民主精神的培养；在学术方向上，它推进用西方现代科学的方法来研究中国社会与文化，使燕大成为东西方文化比较综合研究的基地，同时，它又以其中国的特色与外国交流，在交流中不断提高自己的学术水平。”①

1919年，燕京大学正式定名。在五四运动高潮中，美国传教士司徒雷登（John Leighton Stuart）就任燕京大学校长。为了适应新形势，司徒雷登明确提出“使燕京大学彻底中国化”的办校方针。此后，直至全国解放，燕大的三任校长吴雷川、陆志韦、梅贻宝都是中国人。

1926年，司徒雷登在北京以私人名义举行了一个募捐会。为了扩大影响，他特意请来梁启超、顾维钧等社会知名人士在会上讲话，替燕京大学做宣传，使到会的各界人士纷纷为燕大慷慨解囊。从此，梁启超和燕京大学结下了不解之缘。

梁家的燕大人

梁家三代人中，共有十八人曾在燕京大学讲学、工作或读书。他们有人从燕大托儿所到幼稚园到小学、

① 何迪：《燕京大学与中国教育现代化》，《中西历史论辩集》，学林出版社，1992年。

中学、大学，一生都生活在美丽的燕园里。他们的情和爱深深扎根在燕园。他们所崇尚的“燕京精神”和他们的家风已经融为一体。

梁启超本人热心为燕大演讲募捐，梁启雄教授开设的古代文学、“左传”“论语”等课程也深受学生欢迎。梁启雄是梁启超的七弟，我的七公，著名的哲学家、荀子研究专家、中国古代文学研究专家。他曾在燕大教书，直至院系调整才去了中国科学院哲学所。二舅妈林徽因在燕大兼过课，侯仁之先生对我讲，林徽因当年给燕大学生讲授有关建筑美学的课，她穿着裙子，脚踏皮鞋，咔嗒咔嗒轻快地走上讲台。新中国成立前夕，林徽因还被聘为燕大燕剧社《罗亭》剧的艺术顾问。三舅妈李福曼当年是燕京大学教育学系的学生，毕业于1930年，退休自中国社会科学院历史研究所。五姨梁思懿1933年考入燕京大学医学预备班，是思想活跃的进步学生，对社会活动和历史感兴趣，1936年转入历史学系。1939年，共产党派她去上海基督教女青年会劳工部工作。当时，司徒雷登主动提出应资助进步学生南下，并建议学生先去上海，然后再由在上海男女青年会工作的燕大校友林永俣和梁思懿帮助他们转往内地，有十来个男女同学就是这样转走的。大姨梁思顺曾在燕大义务教中文和日文。我的妈妈梁思庄1936年就在燕大图书馆做一个普通馆员，1952年全国大学院系调整后燕大并入北大，她作为图书馆副馆长一直工作到1986年病逝。梁思顺长女、我的大表姐周念慈20世纪30年代毕业于燕大英语系。梁思顺长子、我的大表哥周同轼30年代末在燕大读医学，后入协和读骨科。李章骐（梁启雄女婿，梁思萃之夫）40年代考入成都燕京大学新闻系，1948年毕业于北平燕

蔡元培为燕京大学题写的校匾

京大学。杨正彦（梁启勋女婿，梁思曼之夫）1947 年考入燕大新闻系，第二年转入教育系。杨行方（十四姨之女），1945 年考入成都燕大社会系，1949 年从北平燕大参加南下工作团。

八舅梁思礼 20 世纪 40 年代初考上燕大，后因去美国留学没能在燕大读书。太平洋战争爆发后，燕大迁往成都，梁思顺二儿媳、我的二表嫂许维馨在成都燕大读家政系，毕业后成为幼儿教育家。还有 50 年代初在燕大附中和附小读书的梁思美（梁启雄次女）、梁思莹（梁启雄三女）、梁从诫（梁思成之子）和我等等，都是燕大教工的子弟。

“中国化”和“国际化”的一流大学

燕京大学是一所私立教会大学。它的建校资金来自美国民间财团及中国官员和各界人士的私人捐款。

燕京大学师生员工们有一种“燕京精神”。燕大校训：“因真理得自由以服务”，就是这种精神的集中体现。燕大校歌也是这种精神的写照，是燕大三十三年办学成果的写照：

> 雄哉，壮哉，燕京大学，轮奂美且崇；
> 人文荟萃，中外交孚，声誉满寰中。
> 良师益友，如琢如磨，情志每相同；
> 踊跃奋进，探求真理，自由生活丰。
> （副歌）
> 燕京，燕京，事业浩瀚，规模更恢宏；
> 人才辈出，服务同群，为国效尽忠。

燕京大学之所以能成为与北大、清华齐名的一流大学，离不开司徒雷登通过广纳贤才组织的一支高质量的教师队伍。他广聘著名学者来校任教或工作，如陆志韦（心理学家）、洪业（历史学家）、容庚（考古学家）、钱穆、吴晗、顾颉刚、赵紫宸、李荣芳、吴文藻、谢冰心、冯友兰、雷洁琼、李汝祺、许地山（落花生）、马鉴、齐思和、翁独健、周一良、周学章、王钟翰、严景耀、赵承信、郑林庄、侯仁之等。燕大还拥有一批知名外国学者，如日本学者鸟居龙藏（人类学家），美国学者夏仁德、范天祥，英国学者林迈可、谢迪克、赖朴吾等，美国著名记者埃德加·斯诺也曾在新闻系执教。

这些外籍教授既是有名的专家，同时又对中国的教育事业十分热爱，如夏仁德（Randolph Clothier Sailer）教授，美国人，毕业于普林斯顿大学。1923年，他在获得哥伦比亚大学的博士学位后，应司徒雷登的邀请来到中国，曾任燕大心理学系、教育学系主任和代理教务长。抗战期间，他公开支持学生的抗日救亡运动，是燕大第一个向学生抗日会捐款的外籍教授，并多次拿出自己的薪金资助生活困难的学生。1950年，朝鲜战争爆发后，他离开燕大回到美国，回国后为增进美国人民对中国的了解做了大量工作。1973年，他应邀来华访问，周恩来总理在接见他时称赞道："你为中国培养了不少人才，你是中国人民的朋友。"1981年7月11日，夏仁德在美病逝，

司徒雷登校务长（右）与陆志韦校长合影。他们是燕大主政时间最长的两位领导。

享年八十三岁。赖朴吾教授（R.Lapwood），英国人，国际著名地球物理学家、地震学家、应用数学家，中国人民的好朋友。1936年开始在燕大数学系任教。1939年，为了支持中国人民的抗战，他曾与路易·艾黎一起徒步三个月经解放区去成都。新中国成立时，他与燕大学生一道参加了在天安门广场举行的开国大典。1952年院系调整后他才回到英国，后四次访问中国。1984年4月11日，他在访问北京期间，因突发心肌梗塞，经抢救无效去世，享年七十五岁。弥留之际，他叮嘱家人："不要开追悼会，不要树纪念碑，唯一的希望是把骨灰留在中国。"按照赖朴吾的遗愿，家人把他的骨灰撒在燕园临湖轩后未名湖畔的小山坡上。赖朴吾夫人20世纪80年代住在英国剑桥大学，1987年我去剑桥大学时曾住在她家。当时她已年过八十，还亲自为我做早点，准备的酸奶和各种水果都是非常有营养的食品，每晚她都等我回去才休息。她回忆起当年在中国燕大的生活，满脸的快乐，心中充满了爱。

燕大还为祖国培育出数以千计的学子。

著名外交家和外事工作者黄华、龚普生、龚澎、凌青、韩叙、周南等，著名石油化工专家侯祥麟，著名物理学家黄昆，著名医学家吴瑞萍、曾宪九、方圻、翁心植、吴阶平、吴蔚然、刘力生、戴玉华，著名艺术家黄宗江、孙道临等都是燕大的学生。中华人民共和国成立后，燕大教授和学生中有五十八人先后被评为中国科学院院士、中国工程院院士和中国科学院哲学社会科学部委员。

美丽的燕园

1920年11月，司徒雷登正式与陕西督军陈树藩签署购地契约，买下了北京西郊的“中诠园”（中诠是最后一代和硕睿亲王的名字），附近居民一般称此园为“睿亲王花园”。此后，燕大以该园为中心，又购买了与之相毗连的勺园。在明代勺园旧址上改建的集贤院，以及镜春园、鸣鹤园、朗润园、蔚秀园就这样纳入燕园；后又增建了农园、燕南园、燕东园等，整个校园面积达一百七十多公顷。

司徒雷登要求以中西结合、古今融会的原则建造校舍。许多建筑物的外观都设计了优美的飞檐和华丽的彩色图案，主体采用钢筋水泥结构并配以现代化的照明和水暖设备，校舍本身保存了中国传

湖光塔影今貌

欢迎燕大校友返校的横幅

统文化的精髓。司徒雷登还特聘了毕业于耶鲁大学的美国优秀建筑师亨利·墨菲（Henry Killam Murphy）担任新校园的总设计师。他以睿亲王花园和勺园旧日的山水为依托，拿出了一个融中西建筑为一体，湖光山色交相辉映的园林设计方案。

郝平教授在《无奈的结局——司徒雷登与中国》一书中对燕园的建设过程有详细精彩的描述：

“1922 年春，燕大新校园开始破土动工。在中国工匠的精心施工下，一座座朱栏碧瓦、雕梁画栋，集古朴典雅、庄重宁静和色彩纷呈为一体的宫殿式的教学楼和宿舍楼拔地而起，池塘湖泊也被清理整修一新。工人们不仅在楼房的周围广植花草树木，还从荒芜的圆明园遗址移来了雕工精细的石碑和华表。

“1926 年 6 月，燕大从北京东城的盔甲厂迁入面貌焕然一新的海淀校园。直至 1929 年，整整用了七年时间，耗资约三百六十万元的燕大新校园才正式落成，从此被冠以‘燕园’的美称。

“燕大校园共分为三个部分：以未名湖为中心的主校园占地七百七十九亩，有教学楼、宿舍楼和其他建筑三十三座；燕东园占地七十七亩，有楼十九座；燕南园占地四十八亩，有楼十四座。新校址的落成，不仅使燕京大学成为北京占地面积最大的几所大学之一，同时也使其以美丽的校园风光而在全世界的大学中享有盛誉。

“建成后的燕大校园处处绿荫覆盖，花木婆娑，亭台楼阁星罗棋布，小桥流水曲径清幽。未名湖畔的柳浪、石舫、波光、塔影与枫岛上清丽玲珑的八角亭相映成趣，自然的美景与人工的美景珠联璧合，好似一幅隽雅意远的山水画。时至今日，凡是燕园的来访者，无一不被她那富含诗情画意、美轮美奂的景色而深深陶醉和折服。”

“燕大一家”——燕园的孩子爱燕京

我一岁半就来到燕园。我经历了燕京大学的四任校长（司徒雷登、吴雷川、陆志韦、梅贻宝），结识了许多不同时期、不同时代的燕京人。

我是地道的燕京孩子，20 世纪 30、40 年代，燕园的人都叫我小名 Boo Boo，很多人不知我的学名叫什么。

我一岁半父亲就去世了，年轻的寡母梁思庄带着我从广州来到北京，从此妈妈走到哪里我就跟到哪里，我们母女在这美丽的燕园里相依为命地生活了几十年。妈妈将自己的一生献给了燕大和北大的图书馆事业。我成长在这燕园里。太平洋战争爆发后，北平燕大“关门”，我们母女又到了成都燕大。抗日战争胜利后，我们又迁回北京，从此，我再没有离开过燕园。我的事业在这里开始，我的小家庭在这里建立，我在这里度过了幼年、童年、少年、青年……我是燕大的小字辈，虽然我上大学时院系已经调整，没有燕京大学了，但湖光塔影伴随着我成长，对燕园的一草一木我都是那么的熟悉，每当我骑车或漫步在燕园时，每当我走过湖边的水塔时，一幕幕有趣的往事又浮现在眼前，一个个温馨的小故事都体现了“燕大一家”的真情。

燕大附中初中1948级毕业生与老师合影。照片上孩子们的家长都是燕大教工，如张东荪、乌居龙藏、闫简弼、吴继文、曹敬盘、梁思庄、方贶予、舒化章、张伯驹、赵守愚、马玉冈、苗霖等。

钟亭和铜钟

贝公楼东面后山坡上，有一座美丽的圆形亭子，里面挂着一只购于 1929 年的大铜钟。人们都知道它是燕园的美景之一，却并不知道它曾有一个极重要的功能。这只大铜钟是为燕京大学全校师生员工指示时间的校钟，敲响的报时钟声可以传至校园的每一个角落，人们听到钟声响几下，就可以知道现在几点，该做什么事情了。美妙的钟声提醒着全校师生努力工作学习，快乐地休息玩耍。它每半小时被敲响一次，声音如同一首悦耳的歌曲，也像严肃的进军号，告诉大家要遵守时间。燕大的师生员工在钟声的引导下，养成了一种严格作息的好习惯。

敲钟人是一位中年男子——周大爷，他的职责就是每半小时敲一次钟。当时燕大每天早上要拉汽笛一次，七点钟笛声从水塔后的机器房发出，响彻云霄，传到校园各个角落。它告诉人们，新的一天开始了！校园附近的老百姓听见就说："园子里拉笛啦！"随着笛声，第一响钟声敲起。敲钟的规律是仿照海军军舰上的办法，每半小时敲一次，敲一至八下为一轮回，如十二点敲八下，十二点半敲一下，一点敲两下，一点半敲三下……四点敲八下，四点半敲一下……

周大爷在贝公楼东门内一间房子里休息，他手中总提着一只马蹄闹钟，背着一个大锤子，上山敲钟，下山休息，风雨无阻，日复一日，年复一年，分秒不差。"当——"他一辈子勤勤恳恳，默默无闻地埋头敲钟，这就是一种"燕京精神"。这钟声激励着燕大全校师生员工在各自的岗位上向前奋进！ 1952 年院系调整后，钟声还响过一段日子，不久，随着燕大的消失，钟声也就停止了。许多年过去，

钟亭位于贝公楼后山坡上；铜钟是为燕大师生员工报时的校钟。

这钟声依然回响在燕大人的心中！

托儿所和“磅磅阿姨”

初到北平时我才一岁半，刚刚学走路和说话。我只会说简单的广东话，这时就被妈妈送到了燕大托儿所。由于和讲北京话的娃娃们语言无法沟通，据说我闹了两个星期的情绪才合群。

这个托儿所是家政系的实验点，所有的学生都是燕大教职工的子弟，地点在燕园佟府（现勺园的对面）的一个小院子里，围墙上横着一个小窗口，家长们可以在墙外从窗口看到院子里的孩子们，同时又不被孩子们知道。

小朋友们有周懿娴、周乃扬（周学章、许淑文的儿女），他们现

燕大托儿所的老师和孩子们

燕大托儿所的孩子们和家长。家长前排：戴克范（左一）、梁思庄（左二）、方觊予（左三）、梅贻宝夫人（左四）、周学章（左五）、周学章夫人许淑文（左六）、谢冰心（左七），张东荪夫人（右二）、梅贻宝（右二后），前面是孩子们。

在美国定居。张宗烨（张东荪之女）现为中国科学院高能所专家、中科院院士。方晶（方贶予、韩雅言之女）现为景山学校英语高级教师。吴宗远（现名吴冰，吴文藻、谢冰心之女）现为北京外国语大学教授。梅祖麟（梅贻宝之子）现在美国定居，汉语教授。蔡维歧（蔡一锷之子）现在美国定居……我们的老师是林嘉通先生的夫人戴克范。

每天日托，孩子们在室内玩儿游戏，在院中有滑梯等，还挂着一个大轮胎当秋千，开家长会时爸爸妈妈们都出席。

由于托儿所是科研对象，我们的健康是观察重点。孩子们每顿饭都有食谱，身高体重定期测量。家政系一个女学生名叫杨敏娴，个子非常高，总来给我们磅体重，我就叫她“磅磅阿姨”，她也是我妈妈的好朋友。她专门研究营养学，对我们这些孩子的饮食和体重格外注意。在成都燕京时，她已是教员，由于长得太高，好不容易才找到一位高个子的称心未婚夫，但成都燕京女教工宿舍的一场大火，把她的嫁妆一烧而光，她伤心透了。后来她和丈夫定居美国，生下一个儿子叫姜衡斌，身高两米多。上大学时，姜衡斌参加美国大学生篮球队来中国赛过球，后毕业于哈佛大学法律学院，现已是一名律师，会说中文，但不会读写，常来中国。最有趣的是，我结婚后才知道杨敏娴是我丈夫的五姑。

“夹萝卜干”和“Romona”——燕园里浪漫的爱情

所谓“夹萝卜干”就是小孩夹在一对恋人中间一起出去玩儿。很多大学生谈恋爱时怕人起哄，总爱找一个孩子带着一起出去，既起掩护作用，也起调节作用。那时我经常有此“美差”，既可看电影好吃好喝，自己还可以各处观光。我已记不清被“夹”了多少次“萝卜干”了，只记得吃了好多次冰淇淋，在成都时看过电影《出水芙蓉》和话剧《重庆二十四小时》。王宪钧、王懋慰夫妇二人现在已是国内外著名的老教授，当年在成都谈恋爱时，我也当过他们之间的“萝卜干”。

燕园的大学生们有着浪漫而充满情趣的爱情生活，他们编了许多情歌，很生活化，好听又上口，我们这些孩子们也都会唱。Romona是美国的三拍歌曲，改填了燕京的歌词，我觉得好听极了，现在仍会唱：

Romona 上课铃已打了半天，
Romona 你怎么还不来上课?
我爱你，我要你，我一分钟也离不开你!
你不来听 lecture，我一个字也听不进去!
Romona 我带你去“常三”[①]吃饭。
吃完饭我们溜达溜达在湖边，
Romona 我心真爱你!

那时，晚饭后总有一对对恋人在未名湖边散步，我们这些孩子就跟在后面捣乱。如果我们觉得这一对顺眼相配，就在他们后面大唱Romona。如果我们觉得这一对不理想，我们就大喝一声骑车从他们俩中间冲过去，想把他们拆散。现在想起来真是“狗拿耗子多管闲事”。

①“常三”是东门外一个小饭铺的名字。

Christmas Eve 报佳音

每年 Christmas Eve（12 月 24 日）圣诞夜，在燕园是个热闹的日子。燕大师生无论信教与否，都会被卷入报佳音这个欢乐的队伍。

一头骡子拉着一辆大木板车，上面放着一架风琴，音乐系主任范天祥（Bliss M.Wiant）教授穿着大袍子坐在车上弹风琴，每人拿着一支点燃的蜡烛跟在车后面唱圣诞歌曲；小孩子们都要围在车的周围，跟着大学生们一起唱歌。到南大地时挨门挨户地在各家门口高声唱歌报佳音，主人们都打开大门，热情地请大家进去吃点心糖果。有的人家拿出很多好吃的在门外送给大家。我们兴高采烈地随着这支长长的队伍从校园走到成府直到东大地，临到午夜才回家。

临湖轩的小客人

每逢圣诞节（12 月 25 日）的下午，司徒雷登都要请教职工的

临湖轩一隅

孩子们到临湖轩一聚，[1]这是我们最高兴的日子。大大小小的孩子们穿上新衣服，在家长的带领下同时来到临湖轩；司徒雷登总站在门口笑脸相迎，见到大孩子握握手，见到小孩子就抱起来亲一亲。正厅中间一大条桌子铺着白桌布，上面摆满了奶油蛋糕、各种糖果，大家可以随便吃。一棵大圣诞树立在壁炉前面，上面挂满了各色小电灯和小玩具。圣诞老人的出现是大家最盼望也是最精彩的节目。圣诞老人每年都由一位外籍男教员扮演，他穿着大红袍，戴着大红帽，脚登大皮靴，嘴上贴着大白胡子，背着一个大口袋，口袋里装满了各种礼物。他向孩子们祝贺圣诞快乐，并分给每个孩子一份包装精美的小礼物，大家一起打开，同呼："Surprise！"妈妈说，我两岁那年第一次看见圣诞老人，却吓得跑到门外去了。

主日学和烛光晚会

每个星期天上午，燕园的孩子们都要到宗教楼（现民主楼）去做主日学，大家在一起唱歌、跳舞、讲故事、做游戏，既促进彼此的友谊，也培养了各方面的情趣。1987年，我在英国过圣诞节时，音乐会上大家起立合唱的歌我都会。英国朋友很惊奇："怎么中国人也会唱这么多圣诞歌曲？"我告诉他们：这是我小时候做主日学时学唱的。转眼几十年过去了，我仍保留着当年主日学全体人员的合影，照片中有很多孩子和大学生，还有年轻时的侯仁之先生呢！

圣诞前夕，在宗教楼小礼堂举行的烛光晚会不用电灯，只是烛光一片，别有情趣。有一年，朗诵《圣经》的两个小孩子是林朱（林启

---

① 临湖轩是司徒雷登当年的办公室兼住宅。

约 1938 年，主日学全体孩子们和家长大合影。侯仁之先生在最后一排右四。

武之女）、杜森（杜连耀之子）。如今，他们已经当爷爷奶奶了。

搬家大王郭胖子

活跃在燕园里的郭胖子是个大力士，几乎家喻户晓。他犹如现在的搬家公司，因为人人搬家都要请他帮忙。他不仅力大无比，而且对搬运各种家具都很有经验，据说他一人可以背起一架钢琴，但我没有亲眼见过。他膀大腰圆，黑黑的脸膛，一双大眼睛，光着膀子，腰上缠着一条宽宽的腰带，脚蹬一双黑布鞋；为了擦汗，肩上总搭着一大块布，经常拉着一辆排子车穿行在校园。我小时候由于种种原因，几乎每年都搬一次家，南大地、朗润园都住过，每次都是郭胖子帮助搬家。新中国成立后他年事已高，有时偶尔在校园还能见到。据说他已经去世，至今人们还很怀念他。

电话接线员帮我找妈妈

住在燕园内的教职工几乎家家都有电话，只要拿起电话机说要某人家，接线员会马上给接通，并不需要号码，态度和气，效率很高。由于教职员工人数不多，所以接线员几乎能听出所有人的声音，包括家属和孩子们的声音。一次，我家来了个客人，但不知妈妈到哪里去串门了。我急中生智拿起电话筒，请接线员叔叔帮助我找妈妈。他立即通过电话向各家寻找，很快在周妈妈家（周学章、许淑文夫妇家）找到了我的妈妈，这件事我记忆犹新。那时，燕园的接线员是大家的好朋友，他们经常帮助别人解决困难，急人所急，帮病人请医生，帮远道来的客人找地址，等等。电话总机在东门内大烟筒旁的机房内，我们这些孩子有时会去机房去看望接线员叔叔阿姨们。我想，如果今天我们人与人之间能这样互相帮助该有多好啊！

有趣的"娃娃亲"Wedding

李汝祺教授夫妇结婚十一周年纪念、谢冰心夫妇结婚九周年纪念，这两家朋友决定要他们的孩子扮演一次有趣的娃娃婚礼来庆贺一番。"新娘"是冰心的大女儿吴宗远，"新郎"是李汝祺的二儿子李树新，比"新娘"大几岁；"伴娘"是我，"伴郎"是谢冰心的儿子吴宗生；"主婚人"是李汝祺的大儿子李树江，"捧戒指男孩"是李汝祺的三儿子李树民；"证婚人"是音乐系范天祥教授之子；弹风琴的是范天祥之女。所有孩子的打扮都和成人穿的结婚礼服一样，"新娘"披着白纱。

"婚礼"仪式完全按照西方程序在 Bridal March 的风琴伴奏声下进行，主婚人带领"新娘"入场，"证婚人"证婚，"新郎""新娘"

娃娃“结婚”合影。

交换戒指，最后在 Wedding March 的伴奏声中，“新郎”“新娘”一起退场。当时，还有“新娘”切蛋糕等仪式，非常热闹。

家庭小电影

我们一群孩子最爱去夏仁德教授（Dr.Sailer）家看小电影，他有几个淘气的儿子演电影时把片子倒着放，所以我们看到的是跳水的人从水里钻出来倒着回到跳板上站着以及人们倒着走路等滑稽的镜头。我是年龄较小的孩子，总被优待坐在最前面的小板凳上。记得一次放卓别林的片子，卓别林在楼上吃冰淇淋，一下掉到下面一个摩登胖女人露着的背上，逗得我们大喊大笑。

主婚人带“新娘”入场。

“新娘”切“结婚”蛋糕。

小小音乐会

很多燕园的孩子们都从小学弹钢琴，我们的老师是韩德常姑姑（燕大音乐系毕业生——数学系教授徐献瑜的夫人），她很了解儿童心理，善于教孩子们弹琴。每周我们到她家弹琴一次。她除了严格要求我们反复弹练习曲外，还选一些好听的世界名曲，如贝多芬的《献给爱丽丝》《小步舞曲》等要我们练弹，提高我们的兴趣。每当春天来临，韩姑姑就组织一次小小钢琴演奏会，让她的娃娃学生们每人弹两首曲子，一方面是向家长们汇报成绩，同时也培养了孩子们的信心。记得我当年十二岁，和九岁的方孺康（方贶予教授之子）四手联弹《军队进行曲》。我弹低音部分。我们在韩姑姑指导下认真合练了很长的时间，直到完全背下来才通过，演出时我们配合得很

1986 年，燕大校友返校时，吴荔明、方孺康演出儿时的四手联弹《军队进行曲》。

好，两人一点儿也没弹错。此后不久解放了，我停止了学琴。三十多年后老调重弹，我仍能背下来。1986 年，燕大校友返校，我和方孺康两人在贝公楼礼堂为返校的燕大老学友们又表演了《军队进行曲》四手联弹。当时，我真是兴奋不已！

美丽的“和平女神”

1945 年日本投降，9 月 3 日，成都燕京的师生员工欢欣鼓舞地参加了高校的胜利大游行，妈妈也允许我随着大学生们上街狂欢。成都共有五所有名的大学，它们是华西大学、齐鲁大学、金陵大学、金陵女子大学和燕京大学。从这五所大学的女生中挑选了一位美丽的姑娘扮“和平女神”，她是燕大四十二学号家政系的许维馨（后来的幼儿教育专家）。那天，由金陵女大的王安贞（现定居美国）给“女神”化装。“女神”身上的衣服用了一匹白绸子，她端庄地坐在一辆大平板车上，大家拥着车缓慢地前进，四周化装成各少数民族的学生拉着车上连下来的彩带。

“女神”的头上戴着一圈小电灯泡，由华西大学的男生控制开关；“女神”手举着一支火炬，我们这些孩子们高兴地在游行队伍中穿梭跳跃。当我看到“和平女神”时，简直被她的美丽迷住了。我认得许维馨，那天她格外漂亮，我始终跟着她直到游行结束。几十年过去，她那美丽的形象我依旧清晰地记得。更使我高兴的是，她从成都迁回北京后，嫁给了我的表哥周有斐，成为我的二表嫂，晚年仍风度翩翩。我总爱和她开玩笑说：我很得意有一位漂亮“女神”表嫂。她告诉我：当时她很年轻、老实、胆子小，游行那天一块飞石打到她的左额上，她忍着疼痛一动不动地直到游行结束。

儿童剧《表》

北平解放前夕，我们燕大附中初中的孩子们也跟随大学生开展各种活动。当时大学海燕、燕剧两个进步剧团辅导我们演出了苏联儿童话剧《表》，轰动了西郊。前三场在贝公楼演出后，有人在穆楼（现北大东语系楼）楼顶垂下一个长条幅，上面写着："朋友你看过《表》吗？"后面的话我记不得了。那时赵子辅是导演，张福萱扮演保育院老师，全体儿童演员都由附小附中小同学担当。男主角聂宝珣（聂崇歧之子），当年十二岁，他把偷钟后又忏悔的小男孩儿演得十分真切感人。后来，又用汽车把布景道具拉到清华大学礼堂演了三场。1948 年 8 月 31 日，《燕大双周刊》上曾报道："后生可畏，燕附剧团演《表》成绩媲美大人。"当年燕剧的导演赵子辅（赵寰）也是《表》的导演，他在《燕剧社闪回录》中写道："《表》是

儿童剧《表》全体参演人员大合影

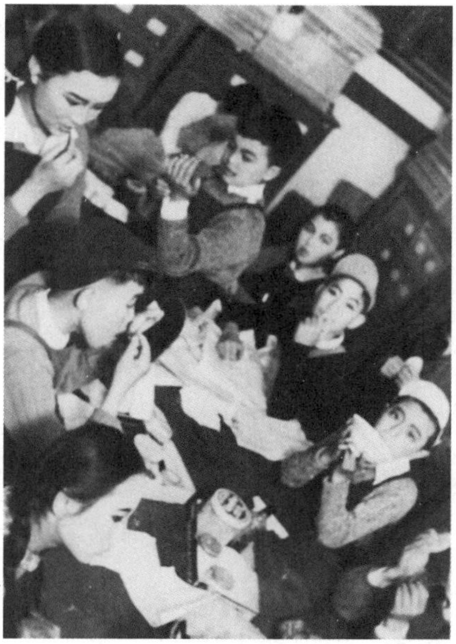

《表》的小演员们在化妆。
左上曹如宾（曹敬盘之女），
左中蔡复之（蔡馏生之子），
左下林朱（林启武之女），
中间是杨节（杨汝吉之子），
右上吴荔明（梁思庄之女），
右中苗瑞华（苗培霖之子）。

燕大附中一群娃娃主演的。其中女教师由张福萱扮演。她不仅在剧中当他们的老师，在日常排练中也是他们的老师。她创造了瑞珏、盖三爷之外的第三种性格。这出戏可惜被大人们忽略了，他们本以为是一群孩子的喧闹。看过戏的大人们惊呼：这是一出感人至深的、人情味十足的教育剧。可惜等大人们想看的时候，孩子们已要大考，戏结束了。这群孩子们，现在有的已经是著名的学者，有的已是某行的专家……"

"解放军来啦！"

1948年底，北平西郊快解放了，大家精神振奋、紧张，西直门已经关闭，人们和城里联系不上。燕大也停课了，我们这群孩子们整天东奔西跑探听新闻。

记得当时西校门已经关闭，大学生们轮流在那里守卫。校园北边，从西校门到朗润园围墙内的小山坡上都是大学生们在站岗，各家烙了大饼、包了饺子给他们送饭，我们都帮着运食品。除了有一次飞机来轰炸，投了几颗小炸弹在清华园的小树林里，听不见任何枪声、炮声。15日凌晨二时许，西校门外出现了人声，校巡逻队隔门相问，解放军战士在门外答话，表示要保护人民财产。消息很快传出，人们喊着："解放军来啦！"我和大家扒在西校门，从门缝里看见一队队解放军战士骑着大马，戴着大皮帽子，缓缓向北走去；他们威武雄壮，神态严肃，目不斜视；他们的军容给我们留下了很好的印象。我们在燕园迎来了解放。

解放军来啦！

燕京精神永存

1951年2月12日，燕京大学由私立改为公立大学，毛泽东主席亲笔为燕大题写了校名，原燕京大学校长陆志韦被正式任命为新的燕京大学校长。

正当燕京大学师生员工意气风发地重建新燕京时，1952年7月，全国高等院校实行了院系大调整，国内所有的教会学校一律与其他学校合并。燕大被一分为八：机械、土木、化工三个系并入清华大学，教育系并入北京师范大学，民族系并入中央民族学院，劳动系并入中央劳动干校，政治系并入中央政法大学，经济学系并入中央财经学院，音乐系并入中央音乐学院，其余各系并入北京大学。随后，北大由市内迁出，搬进燕大校园。燕园变为北大的校园。从此，曾与北大、清华齐名、在国内外高等教育领域享有盛名的燕京大学消失，成了历史。

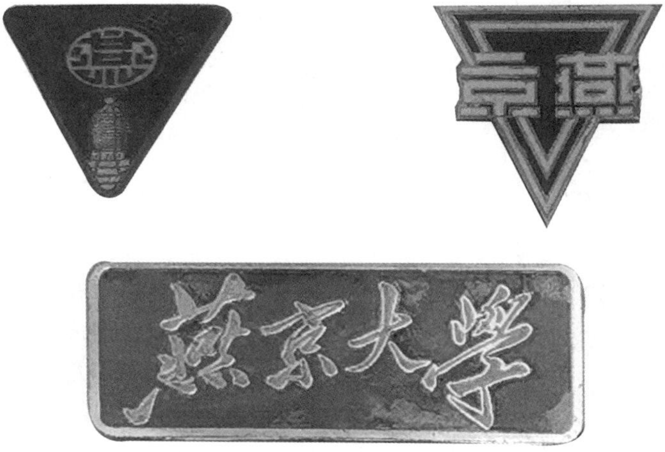

燕京大学三种校徽

毛泽东为燕京大学亲笔题写的校名

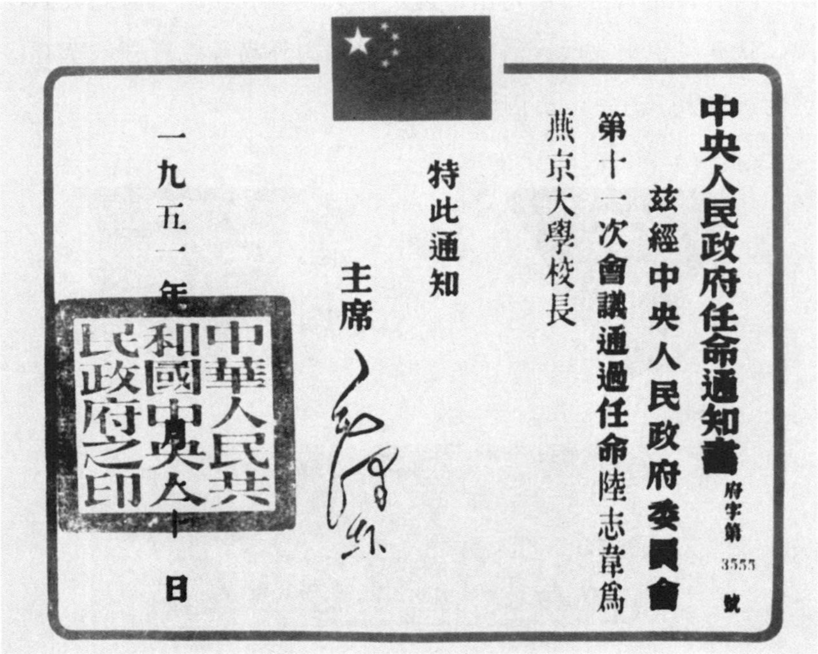
中央人民政府任命通知書

府字第 3555 號

茲經中央人民政府委員會第十一次會議通過任命陸志韋爲燕京大學校長

特此通知

主席 毛澤東

一九五一年[illegible]日

中華人民共和國中央人民政府之印

人民政府颁发给陆志韦的任命书

虽然燕京大学已经没有实体，但遍布在全世界的燕大毕业生仍有巨大的凝聚力。他们在世界各地组织了校友会，燕园中的北京燕大校友会成为坚强的核心。每年4月最后一个星期六是校友返校日，在北京的校友们都会兴高采烈地奔向燕园，他们年龄最大的近百岁，有人扶着拐杖，有人坐着轮椅由儿孙推着。他们人人都精神十足、永不服老。首先，全体校友在贝公楼礼堂召开盛大的庆祝会。第一项是全体起立高唱燕大校歌："雄哉，壮哉，燕京大学……"满堂的白发老人，唱出的歌声仍像当年一样富有激情，充满活力。接着，就是校友们登台演出当年上学时的节目：小合唱、京剧清唱、活报剧、独唱、钢琴独奏等，精彩的演出使大家又恢复了青春。会后大家到食堂吃饭，各班同学都聚集在一起，边吃边聊，有说不完的话。每年返校会后，各班还要组织春游，他们人老心不老，总要组织去香山玩儿两天。看着这些白发苍苍的翩翩"老少年"，内心真是又敬佩又羡慕。他们都是我的老前辈，也是我儿时的大朋友，每逢燕大返校我见到他们时，都有一种特别亲切的感情激励着我，我会不由自主地融入他们之中。

校友们在校友会的旗帜下竭尽全力四处奔走，盼望能够恢复燕大，但到处碰壁毫无结果。燕京大学仅仅存在了三十三年，它的实体消失得更久，漫长的岁月里已没有年轻的校友；是什么力量使这些白发苍苍的老校友们友情不减，忠贞依旧？是什么力量使他们永葆青春，无私奉献？是的，是燕京精神！

燕京精神永存！

十一

艰难的祖国之恋

公公梁启超一家是爱国之家，他们的思想、行为最闪光之处就是对祖国的热爱。公公一生千变万化，但爱国之心始终不改。他的儿女们也个个热爱祖国。

公公以著作报国达四十年之久，他的爱国思想贯穿于他的一生。1894 年（光绪二十年）中日甲午战争爆发后，败绩频传。公公忧愤时局，在一首《水调歌头》词中吟出：“拍碎双玉斗，慷慨一何多。满腔都是血泪，无处着悲歌。”他恨那些在国难当头之时只知娱乐升平的朝野上下，强烈的爱国之心促使他加快维新救国的步伐。他的好友徐佛苏在《记梁任公先生逸事注》中写道：“又先生四十年之中，脑中固绝未忘一‘国’字……”

公公的九个儿女中，先后有七位曾赴国外求学或工作，他们在

1996年，梁家人商议捐赠梁启超书信手稿时的情形。左起：梁从诫（梁思成之子）、梁再冰（梁思成之女）、俞雪臻（梁思达夫人）、梁思礼（左四）、梁思达（左五）、吴荔明（左六，梁思庄之女）（张瑜摄。）

1996年，梁家四代人聚集在梁思礼家商议向国家捐献梁启超书信手稿后合影。（张瑜摄。）

1997年4月，梁启超的儿女们梁思达（左四）、俞雪臻（左三，梁思达夫人）、梁思宁（左二）、章柯（左一，梁思宁丈夫）、梁思礼（右二）、麦秀琼（右一，梁思礼夫人）在梁启超书信手稿捐赠仪式上合影。

国外读书数年，学贯中西，成为各自从事领域中的专家。由于从小受到良好的家庭教育，他们除对本专业深入掌握外，还多才多艺，有较高的文艺修养，对西方的生活都很适应。凭个人的学问、素质，他们完全可以进入西方国家上层社会，生活水平、社会地位可以达到较高层次；然而，他们没有一个人留在国外，都是学成后就回来报效祖国。几十年来，他们在不同的岗位上都有很大的贡献。没有出国的两位子女也为祖国贡献着自己的才智。

但是，两代人爱国却爱得那样艰难！公公一生主张变革，为振兴中华大声疾呼，却以失败而告终。他的儿女们个个热情地为国家工作，却在历次运动中受到残酷的打击和迫害。尽管遭此噩运，他们仍然依恋着祖国！这是为什么？因为他们心中有着深厚的民族情结，他们的命运是和祖国的命运紧紧联系在一起的。这就是中国知识分子爱国主义传统的血脉相延。

历史在前进，社会在发展，每个人在自己的岗位上所作的努力是不会白费的。事实上，公公的思想已经影响了几代人，还会继续影响下去。他的儿女们对祖国所作的贡献人们同样不会忘记。

几度风雨几度春秋，梁启超和他的儿女们已将他们的一切奉献给了他们挚爱的祖国。梁启超与夫人及儿女梁思忠、梁思庄、梁思礼静静地躺在西山脚下，他的其他儿女也都长眠在祖国的土地上。

每当我来到风景秀丽的梁启超墓园凭吊亲人时，总能听到公公那铿锵激昂的声音在山林中回荡：

献身甘作万矢的，著论求为百世师。
誓起民权移旧俗，更揅哲理牖新知。
十年以后当思我，举国犹狂欲语谁。
世界无穷愿无尽，海天寥廓立多时。

——《自励诗》

1998年5月26日于北大蔚秀园

2008年10月定稿于鼓浪屿

为贺梁思礼八十五岁生日和梁再冰八十岁生日，在京的梁启超四代后人相聚一堂。

第二代：梁思礼（梁启超最幼子，第三排右五）、麦秀琼（梁思礼夫人，第三排右四）、林洙（梁思成夫人，第三排右三）

第三代：周有斐（梁思顺次子，第三排右一）、许维馨（梁思顺二儿媳，第三排右二）、齐文颖（梁思顺三儿媳，第三排左二）、梁再冰（梁思成女，第三排左四）、于杭（梁思成婿，第三排左三）、梁柏有（梁思永女，站立第一排右五）、陈国美（梁思永婿，第三排左一）、吴荔明（梁思庄女，站立第一排右六）、杨友麒（梁思庄婿，吴荔明身后）、梁任堪（梁思达子，站立第二排右一）、周玲（梁思达儿媳,站立第一排右一）、梁忆冰（梁思达长女，站立第一排右四）、梁红（梁思礼长女，站立第一排右七）、祁晓明（梁思礼长婿，站立第二排右二）、梁旋（梁思礼二女，最前排左二）、倘国恩（梁思礼二婿，站立第二排右六）

后记一

作为戊戌变法的领导人之一，作为我国近代史上著名的思想家、学问家，梁启超的名字已是家喻户晓。

很少有人知道，他还是一位出色的教育家，他不但有自己的教育思想，而且成功地把自己九个子女教育成才。他的儿女中，有三位院士，他们分别是建筑、考古、火箭专家；有社会活动家，有投奔新四军的女战士，有爱国军官，也有默默奉献甘当绿叶的专门人才。他们每个人都有一部奋斗史，每个人都是成功者。梁启超是一位极有责任感、极出色的父亲。通过他写给子女们的大量感人的书信，我们可以看出，他对每个孩子都充满了父爱。梁启超夫妇和子女们组成了一个温馨的家庭，他们彼此是知音，每个人都宽容大度，能够化解一切矛盾。然而，父亲的“光环”并没有保护他们，他们经历了现代中国知识分子所经历的一切苦难，也经受住了种种考验。身处逆境之际，他们笑对人生，这也是梁启超给儿女们的真传。

当我写他们的时候，仿佛时光在倒流，我又回到了和他们在一起的时光。当我想到王桂荃婆那忍辱负重的一生，二舅思成那苦涩的诙谐，三舅思永病痛中顽强拼搏还把爱送给别人的坚忍，妈妈思庄那外柔内刚、笑对不幸的人生等等情节时，我会一个人坐在房间里泪流不止。我恨自己当时的幼稚无知，后悔当时那么不耐烦听妈妈讲家里的往事。也许人就是这样：直到成年甚至老了之后才会明白，什么是最可贵的。

我出生时公公早已去世，和我的同龄人一样，梁启超对我来说是一个历史人物。我没有见过他，只能从长辈的回忆和历史资料中得到他的印象；但亲人的回忆有其独特的一面，我特别尊敬他，更爱他那乐观风趣的性格。这就是一种血缘亲情吧！

我和舅舅姨们生活在一起的时间不算长，但在这个大家庭中相对别人而言却不短，我和他们每个人都有些小故事，这得益于妈妈在他们兄弟姐妹中得天独厚的位置——她正好居中，从小就是上面的兄姐和下面的弟妹们感情的桥梁。我爸爸去世后，他们都对我们母女倾注了极大的爱心。我在写这本书时，回忆感触更为深切。是他们的爱使我这自幼丧父的不幸孩子得到了幸福。我有幸生在这样一个家庭，有这样慈爱的公公、婆和舅舅、姨们，更有幸有这样一个最亲爱的好妈妈。这是一个特殊的家庭——一位非凡的父亲，和他培养出的一批优秀儿女。

这本书是由《浩瀚书海中的女领航员——我的妈妈梁思庄》(《人物》1985 年第二期）以及《梁启超和他的儿女们》(《民国春秋》1991 年第一、二期）两篇文章扩展而成。1981 年 4 月，我正在洛阳野外考察实习，妈妈在北大家中突然病倒。她得的是脑主动脉栓塞，虽经大力抢救脱离了生命危险，但从此失语，智力丧失，偏瘫卧床不起。我离家出门时，妈妈还高高兴兴地送我到门口；谁能想到，我回来时她已口不能言。每天，我一个人对着妈妈说呀说呀，不知她懂了没有，更不知她在想些什么，我们就这样在无言的爱中相依为命地艰难度日。只有当我从床上抱起她坐上轮椅时，她会用能动的左手搂住我的脖子，轻轻拍拍我的背。这是她仅剩下的一点儿表达能力，我知道她永远疼爱我！母爱是不要求任何报偿的，我就是用生命也报答不了妈妈对我的恩情。我不能没有妈妈，只要她能躺在床上，坐在轮椅上，哪怕她失去神智，也是我的幸福。

我要在她活着的时候，把她坎坷的一生，把她生活中的幸与不幸，把她默默无闻地为我国图书馆事业所作的贡献写出来。虽然她已是一个瘫痪的老太太，但她在与命运搏击的一生中却是一个强者，我应当让人们了解她。当我把妈妈的故事在电话中讲述给《人物》杂志编辑部的同志时，他们很快被感动了。老编审朱中文先生亲自到我家指导我，使我顺利完成了《浩瀚书海中的女领航员——我的妈妈梁思庄》这篇文章。一些读者看到此文后给我来信或打电话，向妈妈致以敬意和问候，并希望我能再展开写细一些。但 1985 年后，由于妈妈的病势日趋沉重，我没有时间和勇气再写什么。

1986 年，妈妈去世了，我极度伤感地生活着。此时，《民国春秋》编审王家鼎先生经人介绍向我约稿，希望我自己出题目。我久久无力答复。王先生不断来信，态度十分执着诚恳。我的丈夫很是感动，他提醒我尽快回信，并替我想出一个题目——“梁启超和他的儿女们”。我觉得这个题目很好，立即报给了王先生。而当进一步思索后，我发现这个题目是极难写的，要把梁启超和他众多的儿女们放在特定的时代背景下，写出他们各自独特的内心气质和人格取向谈何容易？我只好硬着头皮，多方查阅资料，访问我在世的舅舅和姨们。最终，在王家鼎先生的不断鼓励和鞭策下，《梁启超和他的儿女们》一文写就，发表于《民国春秋》，《新华文摘》（1991）很快转载，大陆和台湾一些报刊也相继转载引用。

此后，很多人鼓励我写一本书，并有几个出版社想要出版。1992年，我写了四万余字，由于种种原因搁笔。近几年来，我不断地回忆亲人们的往事，更加深了我对他们的理解和敬爱。1997年，我在五年后又提起了笔。我不可能全面写出他们每个人的情感历程、人生道路，但我尽量如实地写出他们真实的生活环境和他们起伏的命运，写出他们历经苦难而又始终如一的祖国之恋。梁启超和他九个儿女的经历，大概可算是20世纪中国知识分子生命历程的缩影，如果能将其平实地反映出来，也许会有一定的价值。

我既非作家，又非文科出身，对历史文化及各方面的知识掌握都很有限；但我倾注了全部爱心和亲情，把我所爱的亲人们编织在一起，从我这个“小字辈”的视角写出这本书，奉献给大家。愿亲人们觉得我写的像他们，愿读者通过他们的精神风貌及人格魅力，了解一些他们所处的时代和知识分子在那个时代的命运。

我在世的舅舅、舅妈、姨、姨丈们，还有我的表哥、表姐、表弟、表妹们为此书提供了大量宝贵真实的材料及照片。

我最好的两对朋友——北大地质系魏绮英、沈石岩夫妇及金凤英、田昭一夫妇在“文革”恐怖的日子里，千方百计保护我的妈妈。魏绮英夫妇还冒着极大的风险替我保管了妈妈珍藏了几十年的老照片，使它们免遭浩劫，今天在书中得以与读者见面。这种患难友情，我永生难忘。

中国人民大学李光谟（李济之子）教授提供了他从台湾带回的1931年中研院历史语言研究所同仁欢迎蔡元培先生的珍贵集体合影。

台湾历史语言研究所王汎森教授提供了傅斯年写给朱家骅的一封信，又特别寄来了梁思成、梁思永兄弟20世纪30年代在安阳考古现场的合影照片，这些都是极难得的珍贵历史资料。

在此，对以上及所有帮助、鼓励我的人们致以最诚挚的谢意！

吴荔明

1998年8月于北京大学蔚秀园

后记二

自 1998 年本书出版，整整十年过去了。这漫长的十年里，我们的祖国在各方面都取得了飞速的发展，国人对梁启超的认识和评价也日趋深入、公正。梁启超的子孙后代都逐渐变老，有的已经离开了人世。由于这些变化，促使我想要修改、补充这本书，使它能够反映梁家现在的面貌，并且更具有时代感。

十年前，这本书刚出版时就很受欢迎，真是出乎我的意料。当时，有十几家报刊摘录、转载或刊登各界人士的书评文章，使我非常感动。出书前我对自己很没信心，我不是文科出身，除了在中学写过作文外，之后便不曾接触过文学写作。我能做到的就是文从字顺，把自己所知道的故事一个个完整地讲述出来，至于是否受欢迎，心中完全没有底。但这十年来，不断有读者来电话咨询并表达对这本书的感想，鼓励我重新修订再版，尤其在市面上已买不到这本书了。2006 年至 2007 年，中央电视台、凤凰卫视中文台、阳光卫视、江门卫视看到我这本书后，为做梁启超的节目都来采访我，向我了解梁启超子女们的情况，相关节目还在电视台播放。这大大地增强了我的信心。我领悟到：一部作品无须华丽的辞藻，只要真实、用情就可以引人入胜。此书确实有读者读了三遍，也有人兴致勃勃地把书中的故事讲给我听。

人们喜爱这本书不是因为我的文笔好，而是书中的亮点多。最大的亮点是梁启超和他的夫人，九个小亮点是梁启超的九个儿女，而其中的三位院士又是九个小亮点中的亮点。九个儿女在梁启超的精心培育下个个自强不息，闪闪发光；他们彼此交织、互相照耀，使每个人更加明亮。

此书再次增订出版，我主要做了以下修改和补充：

对饮冰室纪念馆从开始规划到修复后开放的情况，作了简单叙述。

补写了几位亲人去世的情况。这十年中，梁家有三位亲人去世：五舅思达、六姨思宁，还有三舅妈——思永的夫人李福曼。三舅妈于 2008 年 5 月 13 日晚在家中平静离世，享年一百岁。她的骨灰已被安葬在八宝山三舅思永的墓旁，她的名字被刻在三舅墓碑的背面。从此，这对阴阳相隔五十多年的恩爱夫妻可以永远相守在一起了。由于未及写入正文，在这里对三舅妈的去世作一些补充。

今年是梁思庄一百周年诞辰，在《我的妈妈梁思庄》一章后面，附了一篇纪念文章。

增写了《梁家三代的燕大情结》一章。燕京大学在中国近现代高等教育史上占有重要的地位。它是中西结合的、具有“中国化”和“国际化”的一流大学。由于种种原因，它仅存在了三十三年，而它培养出来的莘莘学子，很多都已成为国家的栋梁。我自一岁半作为燕大子弟生活在燕园里，至今已有数十年，经历了燕京大学司徒雷登、吴雷川、陆志韦、梅贻宝四任校长。我虽然年纪小，但在燕京精神的熏陶下，有很多美好的回忆。这比大学生们四年一换届时间长得多。当年，司徒雷登任燕大校长时，买地、建房，在燕园营造起湖光塔影等诸多美景。1952 年院系调整后，燕园成了北大的校园。我两三岁时，妈妈梁思庄常带着我在燕大的未名湖边散步；二十多年后，我又带着我两三岁的儿子在北大的未名湖边散步；又过了二十多年，我和儿子带着我两三岁的孙子在北大的未名湖边散步。我们祖孙四代，几十年里在燕园目睹并经历了各种欢乐和痛苦，几经磨难。如今虽已物是人非，但燕园的湖光塔影依旧那样美丽，它将继续滋养一批又一批杰出人才。我的儿子杨念群非常喜欢燕园美景，我常爱给他讲一些当年燕大的小故事，他也很感兴趣。他一直鼓励我把这些小故事写出来。因为燕京大学是一种独特的文化现象，它的师生员工们构成了一个独特的、了不起的群体，应当大书特书，人们不应当将其遗忘。作为燕大的子弟、小字辈，我所能挖掘出的都是童年和少年时的故事，但这却是我一生难忘的记忆。透过这些小故事，读者可以从另一个角度看到“燕京精神”和“燕大一家”的生活面貌。

我也很爱北大，我的事业从这里开始，我的小家庭在这里建立。在北大几十年的教师生涯中，我和许多同事结成了莫逆之交，我们一起切磋业务，带领学生们在野外大自然中实习。我们共同经历了北大的风风雨雨，在恐怖的浩劫中我们互相保护，我们的友谊经受了考验，更加牢固。尤其感谢大家冒着风险帮助我保护我的妈妈梁思庄，使她免于更大的迫害。北大的校系领导关心、培养我，给我创造各种学习机会；更令我感激的是妈妈得脑栓塞后学校对她的照顾：系里减轻了我的工作，还破例请外校同行来为我代课，使重病的妈妈得到很好的护理。妈妈病故后，学校为她隆重办理后事，力争将她的骨灰葬在公公梁启超的墓园，这一切我将永远铭记在心。

同一个燕园，两所知名学校——燕京大学和北京大学在我心中分量同重。每当在校合唱团唱起《燕园情》这首歌，或在校园里听见这首歌时，我的脑海中就会浮现两所学校当年难忘的画面，这种交织的情感无法用言语表达，人们也是难以理解的。听到导游指着燕园建筑对游客说："这是古代皇家的楼房。"我心中真是五味杂陈，可又没有能力去纠正它。时代不同了，燕园渐渐敞开了大门，过去宁静的校园已不复存在。燕京大学渐渐远去，成为历史。但愿人们了解这段历史，珍惜这段历史。

在书中我还增补了几张最近的照片，并应一些读者的要求附上了《梁启超家谱简图》；这是非常简单的家谱图，不详细，但一目了然，只是为了便于读者阅读。

2008 年 4 月 18 日至 20 日，在杭州师范大学召开了"中国现代美学、文论与梁启超"全国学术研讨会，由中华美学会、中国中外文论学会和杭州师范大学主办。研讨会邀请了全国各大学教授及社科院的美学专家以及相关的博士生、硕士生等一百多人，提交论文近六十篇，并印出了会议论文集。这是我国首次召开的关于梁启超美学研究和美学教育思想的研讨会。专家们指出了梁启超在美学研究领域的开创意义以及他的"趣味教育"的思想对当代美学教育的启示。

2008 年是梁启超诞辰一百三十五周年，6 月中旬，广东新会区政府举办了大型纪念会及学术研讨会，会议邀请了一些梁启超研究专家参加，并出版了精美的《纪念梁启超诞辰一百三十五周年新会梁启超学术研讨会文集》。人称梁启超为“梁新会”，新会人也以梁启超为骄傲。地方政府对他高度尊崇，他的故居得到修缮保护，被列为全国重点文物保护单位，并建立了梁启超故居纪念馆，成立了新会梁启超研究会。政府每隔十年都会举办大型的系列纪念活动，新会已成为国内梁启超研究的中心。新会区中学“我心中的梁启超”演讲大会决赛也在此时举行，这些年轻的高中学生以高昂的热情表述了对祖国的热爱，他们个个充满朝气，正体现了梁启超所说的“少年强，则国强”，展现了“壮哉，我中国少年”的风采。

我和几位表姐、表妹、表弟作为梁启超的第三代代表参加了上述的两个会，受到了极热烈的欢迎。通过各种活动和许多学术报告，我们学习到很多东西；看到家乡繁荣的经济和浓厚的文化气息，又十分兴奋感动。只愧我们对梁启超的了解和爱不及家乡的人们，更愧我们没有为家乡做什么贡献。梁家是一个正统而又开放的家庭，虽然小字辈都已成才，各自有了自己的小家庭，但大家都非常珍惜和热爱这个大家庭。八舅思礼是我们的“掌门人”，他已荣升为“八太公”。平日大家各自忙于工作很少见面，但只要“八老爷”一声令下，大家就会从北京的四面八方火速奔向他家，每次聚会都有三十人以上。大家见面有说不完的话，其乐融融。几十年来，全家的感情一代传一代，始终保持着极强的凝聚力。

随着时代的前进，国人也慢慢走近了梁启超。作为他的后人，我们没有能力、没有资格来评价他；国内外的专家学者们对梁启超和他的儿女们已经做了很多研究工作，现在这样的工作正在持续深入拓展。我们能做的是把鲜为人知的梁启超家庭的一面如实地告诉读者，以填补一些研究上的空白。

得知这本书要增订再版，全家人都很高兴，各尽其力帮忙收集资料和照片，提醒我应修改的内容。这本书是全家努力的成果。

非常感谢北京大学出版社、北大培文教育文化产业（北京）有限公司高秀芹博士的鼎力支持。两年前，她就着手准备再版本书，百忙之中许多个夜晚加班亲自核对稿样。年龄不饶人，我常常力不从心、信心不足，是她的激情感动了我，成为我下决心修订好这本书的动力！还要感谢编辑丁超，他帮助我扫描了许多未刻录的图片，使本书能以更好的形式呈现出来。

吴荔明

2008 年 8 月于北京大学蔚秀园

后记三

《梁启超和他的儿女们》一书最初于1999年由上海人民出版社推出，后又有2009年北京大学出版社第一版和2013年第二版，其间还有2001年台湾立绪文化事业有限公司的台湾版和2011年香港中和出版有限公司的香港版。二十余年间，该书已有五种版本在两岸三地流传，每次推出新版，我们都对旧版予以了修订和增补。应当说，它一本长期受到读者欢迎的图书，对许多读者了解梁启超及其子女的生平，对许多家长进行家风家教都提供了很大帮助。

这次，由于中国大百科全书出版社王一珂先生的推动，经出版社领导和同志们的大力支持，促成了《梁启超和他的儿女们》最新增订本的面世。遗憾的是，本书的作者——我的夫人吴荔明于2015年10月罹患脑溢血病倒，一直住院治疗，已经无力再对书稿直接进行增删修改。鉴于这样的原因，加之过去也曾参与吴荔明对该书的写作与修订，了解成书的来龙去脉；于是，配合出版社完成增订本的任务就落在了我的肩上。我与王一珂商定，此次新版以北京大学出版社第二版（精装本）为底本，在这个基础上进行修订与增补。

这次推出的《梁启超和他的儿女们（增订本）》由几方力量重新核校了书稿，对其中部分细节与表述做了润色，对其中部分史实及出处做了勘误，对其中部分人物的最新情况做了必要的交代。尤其值得一提的是，新版增补了许多弥足珍贵的历史照片，有些系首次刊出；同时，我们对旧版中不清晰的插图也尽最大努力进行了替换，即对老照片重新进行了扫描，对部分重要插图做了放大。经过一番努力，增订版比旧版厚近百页。这样，使得本书面貌一新，更加精良，成为一个图文并茂、精致可人，集可读性、观赏性于一体的优质版本。

随着时间的推移，这些年又有许多新的史料发现，又有许多新的学术观点提出。为了尽量尊重吴荔明的原著，此次修订增补没有进行板块的大动，对部分内容这里特别予以简要说明：

关于梁启超晚年在协和医院被误割好肾的问题在本书第一章有专节记述，这是吴荔明和我早先听妈妈梁思庄和二舅梁思成讲的。这种说法在梁启超死后四十余年才广为流传，它源起于梁思成。1971 年，病中的二舅梁思成住进了协和医院，他从为自己看病的医生（当时参加手术的两位年轻实习医生）口中得知了这个秘密，了解到他的父亲梁启超早逝的原因。美国哈佛大学教授、中国问题专家费正清的夫人费慰梅后来将其记录在自己的著作《梁思成与林徽因》一书中，从而使之流播甚广。但后来，2016 年，我和吴荔明在撰写《杨度与梁启超——我们的祖父和外祖父》一书时，又找到了新的材料，了解到不同的观点。当时，梁启超之弟梁启勋在《晨报》曾发表《病院笔记》一文，详细记述了他的兄长梁启超在协和医病的经过，文中难掩对医生的失望和不信任。因为梁启超是社会名流，所以此文引起了轩然大波，众多文化名人都来关注此事，对于应该不应该采用割肾的治疗方案，颇有异议。但即使如此，也从未有人提到梁启超健康的右肾被误割这一细节。协和这样大的医疗事故时隔四十余年才被才揭发出来，且没有充分的文献档案佐证，我认为是不足为据的，不应予以采信。对此详述，可见我和吴荔明所写的《杨度与梁启超——我们的祖父与外祖父》一书。

关于五姨梁思懿和五姨丈张炜逊晚年的家庭生活，吴荔明没有详细介绍。读者如有兴趣，也可以通过我们所写的《杨度与梁启超——我们的祖父和外祖父》一书了解相关情况。在《梁启超和他的儿女们（增订本）》一书中，由于它不是需要介绍的重点，没有进行增补。

本书的责编王一珂先生与梁启超的后人，尤其与梁思成、林徽因的亲友较为熟悉，曾策划出版过多本涉及梁氏家族的图书。很早，他就与我的夫人吴荔明时常联系，我们也对他的工作予以支持，彼此间建立了信任和友谊。他也是我和吴荔明的著作《杨度与梁启超——我们的祖父和外祖父》一书的编辑。修订、增补吴荔明的作品《梁启超和他的儿女们》是我们夫妇，也是王一珂一个长久的心愿。为促成此书增订本早日问世，王一珂大夏天来回奔波于大百科和北大蔚秀园我家之间。在吴荔明已瘫痪在床，住院五年的情况下，我们齐心协力，力求将此书更加完美地呈现给读者，这也是对病人的最好告慰！在此，谨对王一珂，对中国大百科全书出版社，对所有喜爱这本书的读者表示衷心的感谢！

杨友麒

2020 年 10 月于北京大学蔚秀园

孩子们：

前日得思成八月十二日、思永十二日信，今日得思顺八月四日及十二日两信，庄庄给忠忠的信也同时到。成、永此时当已回美了，我很着急，不知永去得成去不成，等下次信就揭晓了。

我搬到清华已经五日了（住北院教员住宅第二号），因此次乃自己租房住，不受校中供应。王姑娘又未来（因错过了时期入学），达灿又困困在广东，已今来到，我独自一人住着不便极了。昨天大伤风（连夜不甚睡得着），有点发烧，想洗热水澡也没有，找如意油、甘露茶也没有，颇觉狼狈，今日已渐好了。王姊大约一二日也来了，以后便长住校中，你们来信可直寄此间。〇〇〇

梁启超家谱系统简图

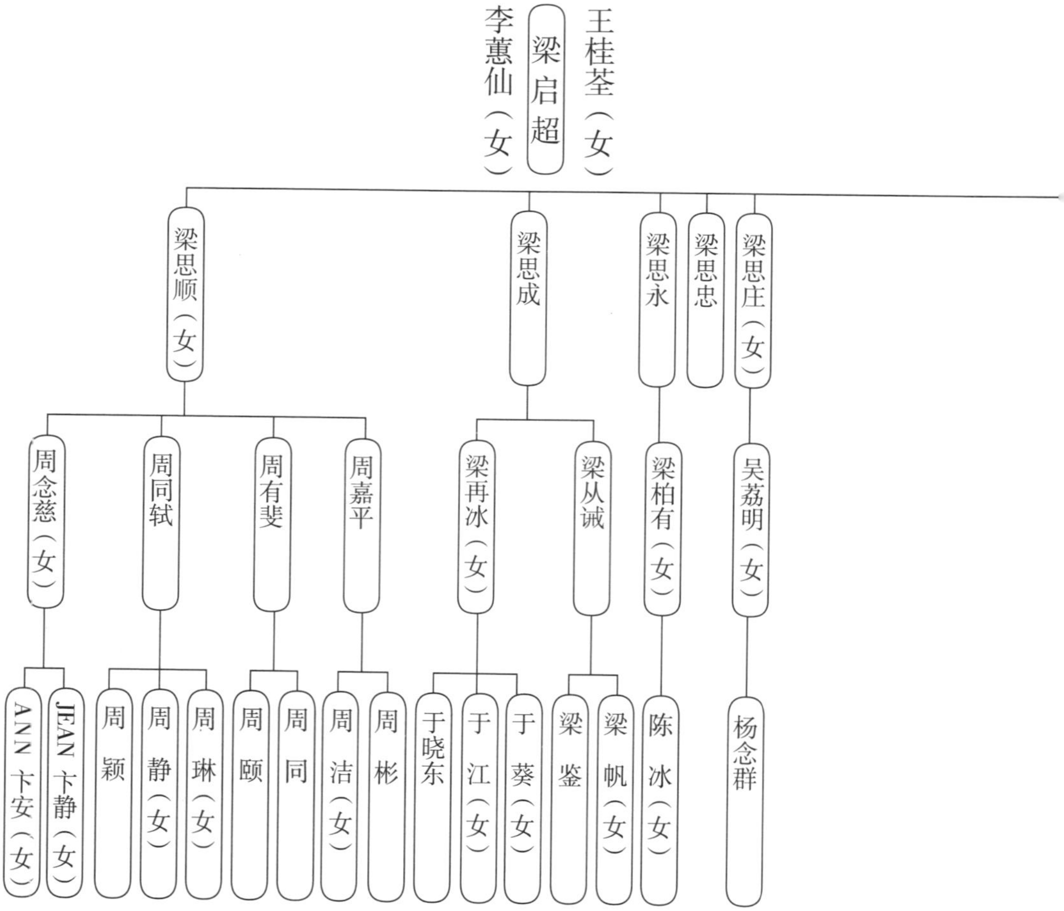
李蕙仙（女）
梁启超
王桂荃（女）
梁思顺（女）
梁思成
梁思永
梁思忠
梁思庄（女）
周念慈（女）
周同轼
周有斐
周嘉平
梁再冰（女）
梁从诫
梁柏有（女）
吴荔明（女）
ANN 卞安（女）
JEAN 卞静（女）
周颖
周静（女）
周琳（女）
周颐
周同
周洁（女）
周彬
于晓东
于江（女）
于葵（女）
梁鉴
梁帆（女）
陈冰（女）
杨念群

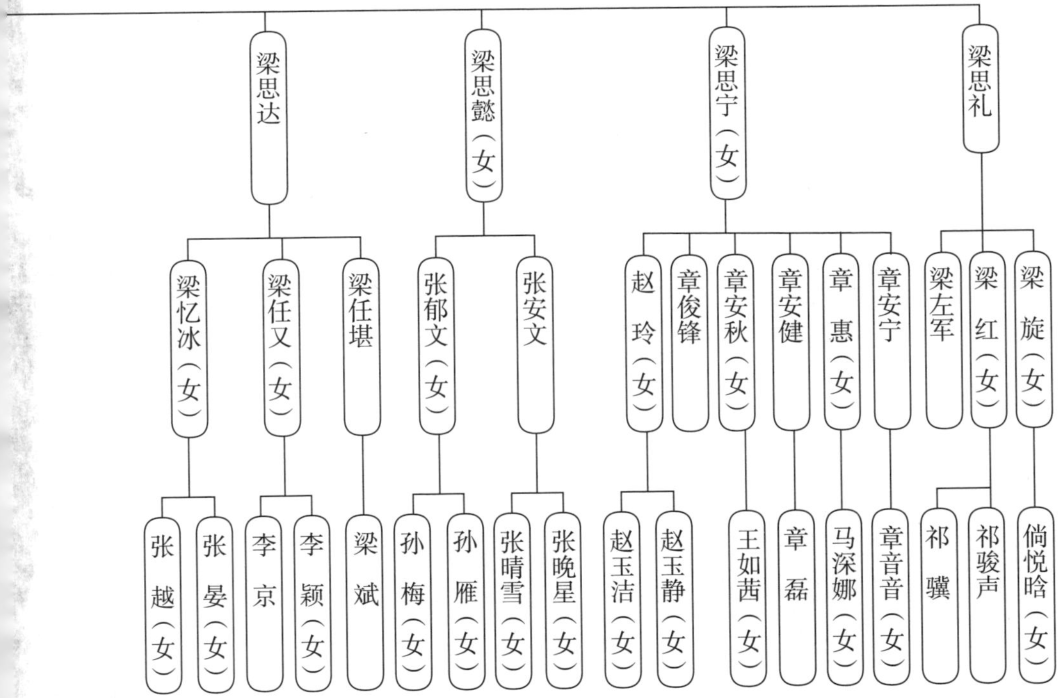
梁思达
梁思懿（女）
梁思宁（女）
梁思礼
梁忆冰（女）
梁任又（女）
梁任堪
张郁文（女）
张安文
赵玲（女）
章俊锋
章安秋（女）
章安健
章惠（女）
章安宁
梁左军
梁红（女）
梁旋（女）
张越（女）
张晏（女）
李京
李颖（女）
梁斌
孙梅（女）
孙雁（女）
张晴雪（女）
张晚星（女）
赵玉洁（女）
赵玉静（女）
王如茜（女）
章磊
马深娜（女）
章音音（女）
祁骥
祁骏声
倘悦晗（女）

（李良格　李良筑　编）